神《しん》理《り》正《せい》法《ほう》のみ教《おし》え

初《しょ》代《だい》教《おし》え主《ぬし》・聖《せい》凰《おう》真《ま》光《ひかり》大《だい》導《どう》主《しゅ》様《さま》のみ意《こころ》

堀口よしかつ・著

たま出版

はじめに

天地《てんち》創造《そうぞう》の天祖《てんそ》で在《あ》らせられ、人祖《じんそ》の大根本《おおねもと》の神様《かみさま》で在《あ》らせられます御《み》親元《おやもと》主《スの》真《ま》光《ひかり》大御神様《おほみかみさま》、人類《じんるい》に対《たい》しまして、神様《かみさま》の地上代行者《ちじょうだいこうしゃ》として、神様《かみさま》の世界《せかい》を、物質《ぶっしつ》を使《つか》って地上《ちじょう》に顕現《けんげん》するみ役《やく》を賜《たま》わり、又《また》、一切《いっさい》の物《もの》を頂戴《ちょうだい》して居《お》りますこと、真《まこと》に有《あ》り難《がと》う御座《ござ》います。

更《さら》に、救《すく》い主《ぬし》・聖凰真光大導主様《せいおうまひかりだいどうしゅさま》を通《とう》されまして、真光《まひかり》のみ業《わざ》と神理正法《しんりせいほう》のみ教《おし》えを賜《たま》わり、日々《ひび》、貴《とうと》きみ光《ひかり》と数限《かずかぎ》り無《な》き御守護《ごしゅご》お導《みちび》きを賜《たま》わりまして、真《まこと》に有《あ》り難《がと》う御座《ござ》います。

併《しか》し乍《なが》ら、未《いま》だに、主《ス》の大神様《おほかみさま》のみ意《こころ》に叶《かな》いませぬこと、真《まこと》に申《もう》し訳御座《わけござ》いません。

私《わたくし》は、平成《へいせい》十五年《ねん》（二〇〇三）十二月《がつ》に、「教《おし》えが変《か》わるということは間違《まちが》っているのではないだろうか」との疑問《ぎもん》から、崇教《すうきょう》真光《まひかり》　教団《きょうだん》に対《たい》しまして内容証明書《ないようしょうめいしょ》を提出《ていしゅつ》させて頂《いただ》きました。

現状《げんじょう》は、運移《ときうつ》り世異《よかわ》りて、今《いま》から千三百年《せんさんびゃくねん》の昔《むかし》、和銅五年《わどうねん》（七一二）に、時《とき》の天《てん》皇元明女帝《のうげんめいじょてい》に献上《けんじょう》されました『古事記《ふることのふみ》』の編者《へんしゃ》、太安萬侶《おおのやすまろ》が自《みずか》ら記《しる》した序文《じょぶん》と同様《どうよう》であり、初代教え主《しょだいおしぬし》（救《すく》い主《ぬし》）・聖凰真光大導主様《せいおうまひかりだいどうしゅさま》が、昭和《しょうわ》四十二年《ねん》（一九六七）九月二日《がつふつか》に執《と》り行《おこな》われました幹部会《かんぶかい》にて御教導下《ごきょうどうくだ》されました「霊媒信仰《れいばいしんこう》について」の御教示《ごきょうじ》のなかで述《の》べられております、『ほとんど普通《ふつう》の先祖《せんぞ》は地獄《じごく》に行《い》っています。よほど偉《えら》い人《ひと》でもそうなのです。たとえばイエス・キリストは地獄《じごく》には行《い》っておられません。しかしイエスの霊《れい》に二回《にかい》、交霊《こうれい》してお会《あ》いしましたが、霊界《れいかい》で泣《な》いていらっしゃる。又《また》、仏教《ぶっきょう》のある一派《いっぱ》の有名《ゆうめい》な宗祖《しゅうそ》にお会《あ》いしたら、今地獄《いまじごく》にいらっしゃる。この方《かた》とも二度《にど》お会《あ》いしているけれども、地獄《じごく》からしゃにむに出《で》てきておられる。「どうして出《で》てこられたのですか」と聞《き》くと、「どうしても光玉《かうたま》に伝《つた》えたいことがある。自分《じぶん》の遺《のこ》した教《おし》えが曲《ま》げられたために、この苦《くる》しい行《ぎょう》をしている。頼《たの》むから、どうか信者《しんじゃ》を改魂《かいこん》させて欲《ほ》しい」というのです。立派《りっぱ》な、歴史的《れきしてき》に有名《ゆうめい》な宗祖《しゅうそ》でさえ地獄《じごく》の行《ぎょう》をしておられるのです。私《わたし》が正法《せいぼう》の教《おし》えをオウム返《がえ》しするように覚《おぼ》えて欲《ほ》しいというのも実《じつ》はこれなんです。そうしないと、何十年何百年後《なんねんなんびゃくねんご》にデタラメな教《おし》えになってしまいます。困《こま》るのは宗祖《しゅうそ》なんです。つまり「お前《まえ》の教《おし》え方《かた》が悪《わる》かった」ということになるんです。私《わたし》を苦《くる》しめようと思《おも》うのなら別《べつ》ですが、そうでないなら弟子《でし》はよほど考《かんが》えてもらわないといけないことです。これは御神業《ごしんぎょう》を進《すす》めるにあたって非常《ひじょう》に大切《たいせつ》な点《てん》だと思《おも》います』とのみ教《おし》えが、早《はや》くも忘《わす》れられようとしております。

「神御経綸《かみごけいりん》」そして「初代教え主《しょだいおしぬし》・聖凰真光大導主様《せいおうまひかりだいどうしゅさま》のみ意《こころ》」を拝《はい》しました時《とき》、崇《すう》教真光《きょうまひかり》教団《きょうだん》の弥栄《いやさか》えを祈念《きねん》し、「神理正法《しんりせいほう》のみ教《おし》え」の誤《あやま》り忤《たが》へるを惜《お》しみ、また、謬《あやま》り錯《まじ》れるを正《ただ》さんとして、元環《もとがえ》りのみ役《やく》にお使《つか》い賜《たま》わりたく、謹《つつし》み畏《かしこ》みましてお願《ねが》い申《もう》し上《あ》げます。

平成《へいせい》二十一年《ねん》（二〇〇九）二月《がつ》十二日《にち》　堀口《ほりぐち》よしかつ

目次《もくじ》

第三章　釈尊《しゃくそん》の真実《しんじつ》から見《み》える信仰《しんこう》の姿《すがた》　107

第四章　日本《にほん》の仏教《ぶっきょう》　175

第一章　家族《かぞく》と生活《せいかつ》のなかにある教《おし》え

祖霊祀《それいまつ》り

私《わたし》の家《いえ》は、当時《とうじ》の佐々野重雄《ささのしげお》前橋中道場長《まえばしちゅうどうじょうちょう》のお奨《すす》めにより、昭和《しょうわ》五十九年《ねん》（一九八四）九月《がつ》から平成《へいせい》八年《ねん》（一九九六）二月迄《がつまで》の十一年半《じゅういちねんはん》、崇教真光《すうきょうまひかり》の渋川連絡所《しぶかわれんらくしょ》として、二階《にかい》をお使《つか》いいただきました。その縁《えん》で、連絡所《れんらくしょ》の所長《しょちょう》を最初《さいしょ》にされて居《お》りました佐藤武久様《さとうたけひささま》から、「連絡所《れんらくしょ》で使《つか》って下《くだ》さい」と、昭和《しょうわ》五十一年《ねん》（一九七六）に作製《さくせい》されました宗教法人《しゅうきょうほうじん》・世界真光文明教団《せかいまひかりぶんめいきょうだん》の『班長用《はんちょうよう》・班員指導《はんいんしどう》カセット教本《きょうほん》（その1）』のカセットテープを提供《ていきょう》していただきました。

そのテープから、次《つぎ》のように教《おし》えていただきました。

『神祀《かみまつ》りに次《つ》ぐ重要《じゅうよう》なお祀《まつ》りとしては祖霊祀《それいまつ》りがあります。現代《げんだい》は神主《かんぬし》、僧侶《そうりょ》、神《しん》父《ぷ》など霊心科学上《れいしんかがくじょう》あまりに無知《むち》になっているので、神組《かみく》み手《て》としては、祖霊祀《それいまつ》りの意義《いぎ》、そして方法《ほうほう》もしっかり把握《はあく》することが大切《たいせつ》です。まず、なぜ祖霊《それい》のお祀《まつ》りをするのでしょうか。それは、現界《げんかい》に自分《じぶん》が存在《そんざい》することについての、神様《かみさま》と先祖《せんぞ》の存在《そんざい》への感謝《かんしゃ》を表《あら》わすためです。

本来先祖《ほんらいせんぞ》も神《かみ》の子《こ》です。段々遡《だんだんさかのぼ》れば、ついには四十八《ヨトヤ》の神様《かみさま》のどなたかがみ魂元《たまもと》であるという関係《かんけい》があるわけです。そこで祖霊祀《それいまつ》りが必要《ひつよう》になってくるのです。もちろん、神向《かみむ》き信仰《しんこう》としては主神《スしん》のお祀《まつ》りが第一《だいいち》ですが、先祖《せんぞ》が存在《そんざい》するおかげでこの世《よ》に肉体《にくたい》の生《せい》を受《う》けることができた。という神様《かみさま》からの宿命《しゅくめい》があります。すなわち、先祖《せんぞ》あってはじめて人《ひと》としての現界《げんかい》のみ役《やく》を果《は》たせる関係《かんけい》があるので、先祖《せんぞ》に感謝《かんしゃ》し大切《たいせつ》にする必要《ひつよう》があるのです。また、神《しん》・幽《ゆう》・現三界《げんさんがい》の連動《れんどう》の関係《かんけい》があるため、先祖《せんぞ》を蔑《ないがし》ろにすると、神様《かみさま》がお喜《よろこ》びになりません。ですから、祖霊《それい》を祀《まつ》らなければいけない、ということもあります。

神様《かみさま》は四六時中《しろくじちゅう》、私達《わたしたち》に守護霊《しゅごれい》を付《つ》き添《そ》わせて、色々に活動《かつどう》をおさせになっておられます。その守護霊《しゅごれい》に対《たい》する感謝《かんしゃ》のあらわれとしても、祖霊《それい》をお祀《まつ》りせねばなりません。先祖《せんぞ》を大切《たいせつ》にしないときには、神様《かみさま》は先祖《せんぞ》の戒告現象《かいこくげんしょう》をお認《みと》めになります。しかし、子孫《しそん》がなすべきことをよくしているのに、先祖《せんぞ》が戒告《かいこく》すれば、神様《かみさま》は子孫《しそん》の肩《かた》をおもちになって、先祖《せんぞ》の方《かた》をお叱《しか》りになるのです。したがって、祖霊《それい》の戒告《かいこく》が多《おお》くなっている現代《げんだい》では、ことさらに祖霊《それい》のお祀《まつ》りを大切《たいせつ》なこととしなければなりません。そうすれば戒告現象《かいこくげんしょう》を避《さ》けられるか、あるいは軽減《けいげん》が可能《かのう》となるのです。また、祖霊祀《それいまつ》りには、位牌《いはい》を通《つう》じて食物《しょくもつ》の供養《くよう》をすることによって、先祖《せんぞ》の幽界《ゆうかい》での修業《しゅぎょう》を少《すこ》しでも楽《らく》にしてさしあげる。という意義《いぎ》もあります』

と教《おし》えて頂《いただ》きましたが、「正《ただ》しい祖霊祀《それいまつ》りの仕方《しかた》」について、初代教《しょだいおし》え主《ぬし》・聖凰真《せいおうま》光《ひかり》大導主様《だいどうしゅさま》のみ教《おし》えをご存知《ぞんじ》の方《かた》は教《おし》えて頂《いただ》きたく、尚且《なおか》つ助言《じょげん》を賜《たま》わりたく、謹《つつし》みましてお願《ねが》い申《もう》し上《あ》げます。

我《わ》が師《し》の恩《おん》

目《め》を覚《さ》まさせていただき、「天地創造《てんちそうぞう》の天祖《てんそ》で在《あ》らせられ、人祖《じんそ》の大根本《おおねもと》の神様《かみさま》で在《あ》らせられます御親元主真光大御神様《みおやもとスのまひかりおほみかみさま》、おはようございます。本日《ほんじつ》も清々《すがすが》しい朝《あさ》を迎《むか》えさせていただきまして、真《まこと》にありがとうございます。今朝《けさ》も我《わ》が魂《たま》、スの大神様《おほかみさま》を慕《した》いて目《め》を覚《さ》まさせていただきました。お恵《めぐ》みにより貴《とうと》き命《いのち》ここにあり、五体《ごたい》に異《い》常《じょう》なく歓喜《かんき》に満《み》ちた朝《あさ》を迎《むか》えさせていただきました。願《ねが》わくば感謝《かんしゃ》と報恩《ほうおん》（受《う》けた恩《おん》に報《むく》いること）に光《ひか》り輝《かがや》く一日《いちにち》とならんことを」と、我《わ》が師《し》で在《あ》ります初代教え主《しょだいおしぬし》（救《すく》い主《ぬし》）・聖凰真光大導主様《せいおうまひかりだいどうしゅさま》、本名《ほんみょう》・岡田良一《おかだよしかず》師《し》から教《おし》えていただきました「起《き》床《しょう》感謝《かんしゃ》の言葉《ことば》」を、スの大神様《おおかみさま》に申《もう》し上《あ》げさせていただきました。

我《わ》が師《し》といえば、近《ちか》ごろの人々《ひとびと》は、小学唱歌《しょうがくしょうか》であり、明治《めいじ》の時代《じだい》から卒業式《そつぎょうしき》には、必《かなら》ずといっていいほど歌《うた》われてきました「仰《あお》げば尊《とうと》し」の歌詞《かし》を勘違《かんちが》いしている人《ひと》がほとんどではないかと思《おも》われますが、私《わたし》の思《おも》い過《す》ごしでしょうか。

一番《いちばん》は、仰《あお》げば尊《とうと》し、我《わ》が師《し》の恩《おん》。教《おし》えの庭《にわ》にも、早《は》や幾年《いくとせ》。
思《おも》えばいと疾《と》し、この年月《としつき》。今《いま》こそ別《わか》れめ、いざさらば。
二番《にばん》は、互《たが》いに睦《むつ》みし、日《ひ》ごろの恩《おん》。別《わか》るる後《のち》にも、やよ忘《わす》るな。
身《み》を立《た》て名《な》をあげ、やよ励《はげ》めよ。今《いま》こそ別《わか》れめ、いざさらば。
三番《さんばん》は、朝夕《あさゆう》馴《な》れにし、学《まな》びの窓《まど》。蛍《ホタル》の燈《とも》し火《び》、積《つ》む白雪《しらゆき》。

忘《わす》るる間《ま》ぞなき、ゆく年月《としつき》。今《いま》こそ別《わか》れめ、いざさらば。

と歌《うた》われていますが、本来《ほんらい》は、規定《きてい》の学業《がくぎょう》を終《お》えて、その学校《がっこう》を離《はな》れていくから、「いざさらば」といっているのに、はじめと終《お》わりをくっつけて、「我《わ》が師《し》の恩《おん》」を「いざさらば」と、忘《わす》れてしまっている人《ひと》がほとんどではないでしょうか。

このことについて、昭和《しょうわ》四年《ねん》（一九二九）二月《がつ》十一日《にち》に山口県《やまぐちけん》に生《う》まれ、昭和《しょうわ》二十三年《ねん》（一九四八）二月《がつ》十八日《にち》に、十九歳《さい》で世界救世教《せかいきゅうせいきょう》に入信《にゅうしん》し、昭和《しょうわ》二十六年《ねん》（一九五一）から三年間《ねんかん》を明主様《めいしゅさま》、本名《ほんみょう》・岡田茂吉《おかだもきち》師《し》の側近《そっきん》としてご奉仕《ほうし》され、その後《あと》、世界救世教関東地区本部代表等《せかいきゅうせいきょうかんとうちくほんぶだいひょうとう》を歴任《れきにん》されました小田信彦《しょうだのぶひこ》先生《せんせい》は、その著書《ちょしょ》『明主様《めいしゅさま》に照《て》らされた日々《ひび》』のなかで、

『明主様《めいしゅさま》に絶対《ぜったい》の〈信《しん》〉を置《お》いて信仰《しんこう》を高《たか》めていくのが私《わたし》たちの想念《そうねん》の正《ただ》しい在《あ》り方《かた》であるから、明主様《めいしゅさま》のつくられたものに対《たい》し、その遺志《いし》を受《う》け継《つ》ぐ者《もの》（弟子《でし》）が功利《こうり》主義《しゅぎ》におちいり、自分《じぶん》たちの都合《つごう》のいいように改竄《かいざん》（文字《もじ》や語句《ごく》を書《か》き換《か》えること）や、改修《かいしゅう》（変《か》えて直《なお》すこと）は断《だん》じて許《ゆる》されるものではない。明主様《めいしゅさま》の創造《そうぞう》された、

そのままを後世《こうせい》の人々《ひとびと》に伝《つた》え残《のこ》すのが、その時代《じだい》の責任者《せきにんしゃ》（代表責任者《だいひょうせきにんしゃ》・教《おし》え主《ぬし》）の使命《しめい》であろう。日本《にほん》の国宝文化財《こくほうぶんかざい》等《とう》の価値《かち》あるものが老朽化《ろうきゅうか》した場合《ばあい》は、必《かなら》ず原状復元《げんじょうふくげん》しているのを見《み》ても明《あき》らかである。

また、明主様《めいしゅさま》は、「私《わたし》の周辺《しゅうへん》には邪神《じゃしん》がうようよしている。彼《かれ》らはお光《ひかり》が怖《こわ》いから私《わたし》には直接憑《ちょくせつか》かることができず、側近《そっきん》の者《もの》に憑《か》かって私《わたし》の仕事《しごと》の邪魔《じゃま》をする」と、その油断《ゆだん》の本質《ほんしつ》と原因《げんいん》をお説《と》きになっておられた。

幹部《かんぶ》クラスと面会《めんかい》されたときの出来事《できごと》で、明主様《めいしゅさま》はいつもお座《すわ》りになる座布団《ざぶとん》が用意《ようい》されていないことに気付《きづ》かれ、「私《わたし》の座《すわ》る座布団《ざぶとん》がないではないか」と側近《そっきん》の者《もの》を見渡《みわた》せられ、お叱《しか》りになったが、そのとき、幹部《かんぶ》の人《ひと》たちは他人事《ひとごと》のように聞《き》いているように見受《みう》けられたのである。

明主様《めいしゅさま》のお言葉《ことば》を、一言半句《いちごんはんく》聞《き》き漏《も》らすまいとする真剣《しんけん》な姿勢《しせい》こそが信仰《しんこう》の行《ぎょう》である。とくに、信者《しんじゃ》にお伝《つた》えする義務《ぎむ》のある幹部専従者《かんぶせんじゅうしゃ》は、信徒《しんと》の代表《だいひょう》として明主様《めいしゅさま》に接《せっ》することができるのであるという謙虚《けんきょ》な姿勢《しせい》がほしかった。こうした幹部専従者《かんぶせんじゅうしゃ》が、明主様《めいしゅさま》の言葉《ことば》を、さも自分《じぶん》も明主様《めいしゅさま》と同《おな》じ考《かんが》えだといわんばかりの態度《たいど》で信徒《しんと》に伝《つた》え、接《せっ》していたのなら問題《もんだい》である。

自分《じぶん》は正《ただ》しい、神様《かみさま》のお気《き》に入《はい》っていただいているという自負心《じふしん》、自分《じぶん》こそは間違《まちが》っていないというこの慢心《まんしん》（いい気《き》になって、勝手《かって》なふるまいをする心《こころ》）こそが、すでに邪神《じゃしん》が自己《じこ》に胚胎《はいたい》、すなわち取《と》り憑《つ》いていることの証《あか》しと知《し》らなければならないだろう。神様《かみさま》のご用《よう》をしているから大丈夫《だいじょうぶ》という心《こころ》がますます自己判断《じこはんだん》を甘《あま》くし、自負心《じふしん》を増長《ぞうちょう》させるのではないか。

信仰《しんこう》は自分《じぶん》を見《み》つめる作業《さぎょう》が常《つね》についてまわる。それを忘《わす》れたとき、信仰《しんこう》の成長《せいちょう》はないし、ご用《よう》も務《つと》まらないということを教《おし》えられたのである』と、教《おし》えられております。

誰《だれ》に教《おそ》わったか

初代教え主《しょだいおしえぬし》・聖凰真光大導主様《せいおうまひかりだいどうしゅさま》も、「誰《だれ》に教《おそ》わったか」というみ教《おし》えで、『最近《さいきん》、とくに感《かん》じていることですが、これは目《め》に見《み》えないからしかたがないのかもしれないが、とかく霊的《れいてき》な面《めん》を軽《かろ》んじているような気《き》がする。私《わたし》の憶測《おくそく》かもしれない。そうでなければ非常《ひじょう》に結構《けっこう》なんだけれども、たとえば業《ごう》すなわち罪穢《ざいえ》の問題《もんだい》であるとか、病気《びょうき》にしても霊的《れいてき》な原因《げんいん》が主体《しゅたい》になっているといった、霊的《れいてき》な面《めん》に対《たい》する認識《にんしき》がどうも足《た》りないように思《おも》います。

それから、「教《おし》えの元《もと》に還《かえ》りなさいよ」とやかましくいっておいても、なかなかそれのできない人《ひと》が、自分《じぶん》ではみ教《おし》えをわかったつもりでいるから困《こま》る。結局《けっきょく》、今《いま》の人達《ひとたち》は〈唯物主義《ゆいぶつしゅぎ》〉といいますか、物主《ぶつしゅ》の教育《きょういく》でお互《たが》いが練《ね》り鍛《きた》えられてきてしまっている。だから、そういう観点《かんてん》からものを見《み》る。そこで、〈物主《ぶつしゅ》〉で考《かんが》えるにしても、肉《にく》の目《め》に見《み》えないけれども、なぜ「空気《くうき》のありがたさ」というものが感《かん》じられないのだろうか、と思《おも》います。

いったい「空気《くうき》というものは、どうしてつくられたんだろうか」ということを考《かんが》えてみればわかります。いまだに人間《にんげん》の仮学《カガク》（仮《かり》の科学《かがく》）ではできないんでしょう。酸《さん》素《そ》ひとつ、水素《すいそ》ひとつできない。空気界《くうきかい》から取《と》るよりしかたがない。植物《しょくぶつ》が吐《は》き出《だ》してくれるのを待《ま》つよりしかたがないんです。

この空気《くうき》という物質《ぶっしつ》を見《み》ても、せめてこの目《め》に見《み》えない物質《ぶっしつ》でさえも感謝《かんしゃ》しなければならなかったんじゃないのか、と思《おも》う。太陽《たいよう》の光線《こうせん》にしても、物質《ぶっしつ》ではない。非物質《ひぶっしつ》です。

しかし、太陽《たいよう》の光線《こうせん》がなかったら万物《ばんぶつ》は育《そだ》たない。すぐ死《し》んでしまう。ほんとうに太陽《たいよう》が一週間《いっしゅうかん》消《き》えたとしたら、どうなりますか。地球《ちきゅう》は氷河時代《ひょうがじだい》になってしまうではないですか。それで人間《にんげん》が一時《いっとき》も生《い》きておれるはずがない。

また、「命《いのち》」という問題《もんだい》にしても、やっぱり見《み》えない。命《いのち》の容《い》れものの肉体《にくたい》だけがわかるだけです。こういう式《しき》で、非常《ひじょう》に〈物主《ぶっしゅ》〉に慣《な》れてしまっています。

目《め》に見《み》えない世界《せかい》、すなわちパワー、力《ちから》の世界《せかい》というのは、恐《おそ》るべきものだということは物理学上《ぶつりがくじょう》もあるんだが、さあ、そうなってみると、もうわからないんだね。

パワー（力《ちから》）というのは、unseen《アンスィーン》、不可視《ふかし》で目《め》に見《み》えないものだけれども、そのパワー（力《ちから》）が恐《おそ》ろしいものだということはわからない。電気《でんき》の通《とお》った電線《でんせん》にでも触《ふ》れてみないとわからない。電気《でんき》に触《ふ》れてみてビリビリときてからはじめて、ハハア、電気《でんき》の力《ちから》というのは怖《こわ》いんだナ、と感《かん》じる。二百《にひゃく》ボルト以上《いじょう》になると一瞬《いっしゅん》にして真《ま》っ黒焦《くろこ》げになってしまう。けれどもまた、そうなってみないとわからない。それほど、目《め》に見《み》えない世界《せかい》というのは見《み》にくい。また、目《め》に見《み》えない霊界《れいかい》の法則《ほうそく》は、現界《げんかい》の物理《ぶつり》法則《ほうそく》より、もっと細《こま》やかに編《あ》み出《だ》されてしまっておる。そういうことは見《み》えない。それで、頭《あたま》から「見《み》えないのだから、ない」「あるはずがない」と断定《だんてい》してしまっている。

それほどに、人類《じんるい》は目《め》に見《み》えないものに気《き》がつかない。だから、たとえば、真光《まひかり》の業《わざ》を覚《おぼ》えたり、み教《おし》えを覚《おぼ》えたりすると、すぐ「我《が》と慢心《まんしん》」が出《で》てくる。

教団《きょうだん》の教《おし》えにしても、真光《まひかり》の業《わざ》にしても、初級研修《しょきゅうけんしゅう》を受《う》け、中級研修《ちゅうきゅうけんしゅう》を受《う》け、そして師《し》、すなわち聖凰《せいおう》に教《おし》えられ、またまわりには、私《わたし》、聖凰《せいおう》から習《なら》った先輩《せんぱい》がいて、いろいろ教《おし》えてくれる。また、それを習《なら》う。そして、真光《まひかり》の業《わざ》で体験《たいけん》する。だんだんと教《おし》えがわかりだす。そういうことを積《つ》み重《かさ》ねて、おのおの一人《ひとり》ひとりが今日《こんにち》になっている。そういう因縁《いんねん》の世界《せかい》になると、もう見《み》えない。すると、「もうオレはこれくらいになった。ずいぶん罪穢《ざいえ》が消《き》えたナア」「オレはこれでミソギがすんだ」と思《おも》ってしまう。私《わたし》は、「世《よ》のなかには、ずいぶんずうずうしい人《ひと》がいる」と思《おも》います。

こうやって「世《よ》のため、人《ひと》のため、世救《よすく》いに、世直《よなお》しに」と、十数年《じゅうすうねん》あらゆる反《はん》発《ぱつ》を受《う》けながら、「気違《きちが》い」「馬鹿《ばか》」とさえいわれてきて、ミソギを受《う》けてきながら、苦心《くしん》してやってきて、それで今日《こんにち》、私《わたし》は「ミソギが済《す》んだ」なんて夢《ゆめ》にも思《おも》っていません。

正法《せいほう》の教《おし》えにしても、真光《まひかり》教団《きょうだん》で習《なら》った教《おし》えです。聖凰《せいおう》に賜《たまわ》った聖言《せいげん》でサトリ、研修《けんしゅう》でサトリ、あるいは真光《まひかり》誌《し》でサトリ、そして今度《こんど》は体験《たいけん》を通《とお》して、またサトル。けれども、そのサトリえる特殊《とくしゅ》な能力《のうりょく》を与《あた》えられてきたという「目《め》に見《み》えない因《いん》縁《ねん》」というものは、いつのまにか忘《わす》れてしまう。

肉体《にくたい》の世界《せかい》だけ見《み》ると、「オレはこれだけ人《ひと》を救《すく》ってきた」「自分《じぶん》は、これだけご奉《ほう》仕《し》をしてきた」とか、「ご本山《ほんざん》のご奉納《ほうのう》をしてきたじゃないか」という考《かんが》え方《かた》になってしまう。

そうすると、いつもいうように、神歌《みうた》にもあるけれども、「オレはこれだけやってきたゾ、という考《かんが》えが起《お》きた時《とき》に、その人《ひと》は我《われ》と慢心《まんしん》が出《で》ている証拠《しょうこ》と考《かんが》えないといかんゾ」とご注意《ちゅうい》をしております。そうではない。実《じつ》は、それだけさせていただけるような自分《じぶん》になれた。そのこと自体《じたい》に感謝《かんしゃ》しなければならない。そうしていけば、その人《ひと》は霊的《れいてき》に永久《とわ》に進展《しんてん》する。その人《ひと》はそれだけ霊的《れいてき》にも想念的《そうねんてき》にも昇華《しょうげ》するはずです。

私《わたし》にしても、昭和《しょうわ》三十四年《ねん》（一九五九）六月十一日《にち》から、第一回初級真光研修《だいいっかいしょきゅうまひかりけんしゅう》会《かい》を東京大森《とうきょうおおもり》の天祖神社《てんそじんじゃ》で開催《かいさい》し、立教以来弟子《りっきょういらいでし》を養《やしな》ってきた。その皆《みな》もこれから益々進展《ますますしんてん》していくのだろうけれども、そのときに忘《わす》れてもらいたくないことは、「誰《だれ》に教《おそ》わったか」ということです。人間《にんげん》はそういう方《ほう》は忘《わす》れるのです。いろいろな道場《どうじょう》へ配属《はいぞく》されて真光業《まひかりわざ》の体験《たいけん》もし、社会勉強《しゃかいべんきょう》もした。そうして神様《かみさま》がお育《そだ》て下《くだ》さり、また育《そだ》つのを待《ま》っていて下《くだ》さった。そういうことは「つい忘《わす》れがち」になる。

私《わたし》は小学校《しょうがっこう》でズウット教《おし》えてもらった先生《せんせい》には、その先生《せんせい》が亡《な》くなられるまで、ご挨拶《あいさつ》を忘《わす》れなかった。その恩義《おんぎ》は決《けっ》して忘《わす》れません。人《ひと》である以上《いじょう》、どんなに遠《とお》く離《はな》れていても、「教《おし》えて下《くだ》さった人《ひと》に対《たい》する敬意《けいい》を永久《とわ》になくしてはいけない」と思《おも》う』と、ご教導下《きょうどうくだ》されております。

天照日大神様《あまてらすひのおほかみさま》を拝《おが》む

「起床感謝《きしょうかんしゃ》の言葉《ことば》」を主《ス》の大神様《おほかみさま》に申《もう》し上《あ》げさせていただいた後《あと》、雨戸《あまど》を開《あ》けると、ちょうど朝日《あさひ》が昇《のぼ》るところでした。「裾野《すその》は長《なが》し赤城山《あかぎさん》」と、上毛《じょうもう》カルタ、上毛《じょうもう》とは、奈良時代以前《ならじだいいぜん》から群馬県《ぐんまけん》を上毛野国《かみつけののくに》と呼《よ》ぶ古語《こご》によるもので、現在《げんざい》でも上州《じょうしゅう》とともに用《もち》いられています。そのカルタに歌《うた》われている赤城山《あかぎさん》の裾野《すその》の向《む》こうに、薄《うす》い雲《くも》がわずか掛《か》かっていました。その雲《くも》の中《なか》に、皆《みな》さんも、小学生《しょうがくせい》のとき、日食《にっしょく》をセルロイドの下敷《したじ》きで見《み》たり、夕焼《ゆうや》け雲《くも》のなかの太陽《たいよう》を見《み》たことがあると思《おも》いますが、真《ま》っ赤《か》な太陽《たいよう》ではなく、橙色《だいだいいろ》をした太陽《たいよう》が真《ま》ん丸《まる》い大《おお》きな姿《すがた》をみせたのです。

しばらく眺《なが》めていると、雲《くも》の切《き》れ間《ま》から、朝《あさ》の日《ひ》の光《ひかり》の輪《わ》が七色《なないろ》に輝《かがや》き、それが幾《いく》重《え》にも広《ひろ》がってきました。そして、一筋《ひとすじ》の光《ひかり》が差《さ》しはじめると、次《つぎ》から次《つぎ》へと光《ひかり》が差《さ》してきて、眩《まぶ》しくて見《み》ていられなくなりました。天照日大神様《あまてらすひのおほかみさま》が顔《かお》を覗《のぞ》かせたのです。

「明《あか》るく暖《あたた》かい陽光《ようこう》を賜《たま》わり、万生《ばんせい》をお育《そだ》て下《くだ》されます天照日大神様《あまてらすひのおほかみさま》、おはようございます。本日《ほんじつ》も清々《すがすが》しい朝《あさ》を迎《むか》えさせていただきまして、真《まこと》にありがとうございます。日々《ひび》、貴《とうと》きみ光《ひかり》と数限《かずかぎ》りなき御守護《ごしゅご》お導《みちび》きを賜《たま》わりまして、真《まこと》にありがとうございます。なにとぞ、本日《ほんじつ》もみ光《ひかり》と御守護《ごしゅご》お導《みちび》きを賜《たま》わりたく、謹《つつし》み畏《かしこ》みましてお願《ねが》い申《もう》し上《あ》げます」と、天照日大神様《あまてらすひのおほかみさま》に朝《あさ》のご挨拶《あいさつ》をさせていただきましたが、毎日《まいにち》、太陽《たいよう》を拝《おが》んでいる人《ひと》はどのくらいいるのでしょうか。

初代教え主《しょだいおしえぬし》・聖凰真光大導主様《せいおうまひかりだいどうしゅさま》は、昭和《しょうわ》四十七年《ねん》（一九七二）十二月《がつ》十六日《にち》のご教示《きょうじ》のなかで、

『私《わたし》は毎朝《まいあさ》、たいてい六時半《ろくじはん》ごろに起《お》きて太陽《たいよう》を拝《おが》みますが、今朝《けさ》も六時《ろくじ》に下《した》の元《もと》み魂座《たまざ》から東《ひがし》の空《そら》をうち眺《なが》めましたところ、私《わたし》は熱海《あたみ》の空《そら》でははじめての、それこそ奇《き》現象《げんしょう》を見《み》せられました。と申《もう》しますのは、今朝《けさ》ご覧《らん》になった方《かた》はご承知《しょうち》だと思《おも》いますが、沖《おき》の方《ほう》はもう大島《おおしま》も初島《はつしま》も、天《てん》の雲《くも》とつながってしまって、それこそ真《ま》っ黒《くろ》な黒雲《こくうん》が一面《いちめん》にズーッとたなびいておりました。ところがその黒雲《こくうん》の頂上《ちょうじょう》が線《せん》を引《ひ》いたごとく、あるいはスーッとなにかで切《き》られたようにあたりがクッキリしていて、そ

れから上《うえ》は碧空《へきくう》になっております。そこに朝日《あさひ》がだんだんと駆《か》けあがりまして、その真《ま》っ黒《くろ》な雲《くも》を上《うえ》から照《て》らす。紫紺《しこん》の空《そら》に輝《かがや》く。まさに夜《よる》の文明《ぶんめい》が終《お》わりを告《つ》げんとして、光《ひかり》が世界《せかい》の夜《よる》の終《お》わりを照《て》らすがごとき朝方《あさがた》でございました』と、おっしゃられております。

また、昭和《しょうわ》四十一年《ねん》（一九六六）二月五日《がついつか》の立春祭《りっしゅんさい》の御教示《ごきょうじ》「神魂《しんこん》の建《た》て換《か》え」のなかで、

『日本《にほん》では、神道界《しんとうかい》、仏教界《ぶっきょうかい》がすっかり眠《ねむ》り込《こ》んで、死《し》せる宗教《しゅうきょう》と化《か》してしまったので、やむをえず国常立大神様《くにとこたちのおほかみさま》が、約二百年前《やくにひゃくねんまえ》に、黒住宗忠《くろずみむねただ》さんを通《とお》して「天意《てんい》の転換《てんかん》」の警鐘《けいしょう》を乱打《らんだ》されたのがはじまりです』と、ご教導下《きょうどうくだ》されております。

ご教導《きょうどう》のなかに出《で》てくる黒住教《くろずみきょう》の黒住宗忠教祖《くろずみむねただきょうそ》は、たま出版発行《しゅっぱんはっこう》の『古神道《こしんとう》は甦《よみがえ》る』によれば、安永九年《あんえいねん》（一七八〇）旧暦《きゅうれき》十一月《がつ》二十六日《にち》の冬至《とうじ》の日《ひ》に、備前《びぜんの》国御野郡上中野村《くにみのごうりかみなかのむら》、現在《げんざい》の岡山市上中野《おかやましかみなかの》の今村宮《いまむらぐう》の禰宜《ねぎ》を務《つと》めてきた神職《しんしょく》の家《いえ》の三男《さんなん》として生《う》まれました。

そして文化九年《ぶんかねん》（一八一二）、三十三歳《さい》のとき、両親《りょうしん》を相次《あいつ》いで失《うしな》い、孝行息子《こうこうむすこ》だ

ったけに、この両親《りょうしん》の死《し》は大《おお》きなショックで、以後《いご》は悶々《もんもん》として日《ひ》を送《おく》るようになってしまったのです。

翌文化《よくぶんか》十年秋《ねんあき》になると、みずからも病《やまい》の床《とこ》に就《つ》くようになり、文化《ぶんか》十一年《ねん》の正月《しょうがつ》には、医者《いしゃ》も匙《さじ》を投《な》げるほどの重態《じゅうたい》におちいってしまったのです。病名《びょうめい》は労咳《ろうがい》、おそらく肺結核《はいけっかく》であろうが、その死《し》の床《とこ》で最期《さいご》の覚悟《かくご》を決《き》めました。ところがそのとき、「自分《じぶん》は父母《ふぼ》の死《し》を嘆《なげ》き悲《かな》しんで〈陰気《いんき》〉になったため大病《たいびょう》になったのだから、心《こころ》を〈陽気《ようき》〉にすれば治《なお》ってしまうハズだ」と気《き》づいたのです。そして、その日《ひ》から徐々《じょじょ》に快方《かいほう》に向《む》かいました。

それからちょうど二《に》カ月《げつ》が経《た》った三月《がつ》十九日《にち》、臥床中《がしょうちゅう》の宗忠教祖《むねただきょうそ》は妻《つま》や周囲《しゅうい》の反対《はんたい》を押《お》し切《き》って入浴《にゅうよく》をして、おそらく禊《ミソギ》の意味《いみ》でしたと思《おも》われますが、縁側《えんがわ》での日拝《にっぱい》を強行《きょうこう》し続行《ぞっこう》するのです。それを契機《けいき》に、ますます病状《びょうじょう》は好転《こうてん》していきました。

こうして〈天命直授《てんめいじきじゅ》〉の文化《ぶんか》十年《ねん》（一八一四）旧暦《きゅうれき》十一月《がつ》十一日《にち》の冬至《とうじ》の朝《あさ》、三十五歳《さい》のとき、太陽《たいよう》に向《む》かって一心不乱《いっしんふらん》に大祓《おおはら》いを唱《とな》えていると、とつぜん、宗忠教祖《むねただきょうそ》の口《くち》から体《からだ》のなかへ日輪《にちりん》が飛《と》び込《こ》んだのです。そのとたん、病気《びょうき》は全快《ぜんかい》し、太陽《たいよう》の陽《よう》気《き》が全身《ぜんしん》に満《み》ち満《み》ちて、『宗忠大明神御伝記《むねただだいみょうじんごでんき》』によれば、「笛《ふえ》を吹《ふ》き、糸《いと》を調《しら》べ、鉦《かね》を叩《はた》き、鼓《つづみ》を鳴《な》らして歌《うた》い舞《ま》うとも及《およ》びがたい」という状態《じょうたい》になったのです。この時《とき》の宗忠教祖《むねただきょうそ》の体験《たいけん》を、黒住教《くろずみきょう》では「ご日拝《にっぱい》の行《ぎょう》」として、陽光《ようこう》を飲《の》み込《こ》む仕種《しぐさ》を日課《にっか》として続《つづ》けています。

宗忠教祖《むねただきょうそ》は、この神人合一《しんじんごういつ》の境地《きょうち》を、天照大神《あまてらすおおかみ》の分心《ぶんしん》（分霊《わけみたま》）が宿《やど》ったものと理《り》解《かい》し、天照大神《あまてらすおおかみ》は宇宙《うちゅう》を創造《そうぞう》し、万物《ばんぶつ》をお育《そだ》て下《くだ》さる神《かみ》であると仰《おっ》しゃられております。

天照日大神様《あまてらすひのおほかみさま》を拝《おが》んだあと、仏壇《ぶつだん》の扉《とびら》を開《あ》けて、「堀口家《ほりぐちけ》のご先祖《せんぞ》の皆様《みなさま》、おはようございます。本日《ほんじつ》も清々《すがすが》しい朝《あさ》を迎《むか》えさせていただきまして、真《まこと》にありがとうございます。日々《ひび》、子孫一同《しそんいちどう》に対《たい》しまして、数限《かずかぎ》りなき御守護《ごしゅご》お導《みちび》きを賜《たま》わりまして、真《まこと》にありがとうございます。なにとぞ、本日《ほんじつ》も御守護《ごしゅご》お導《みちび》きを賜《たま》わりたく、謹《つつし》みましてお願《ねが》い申《もう》し上《あ》げます」と、ご先祖様《せんぞさま》に朝《あさ》のご挨拶《あいさつ》をさせていただきました。

そして、母《はは》の部屋《へや》に入《い》り、顔《かお》を見《み》ると、まだフトンのなかで目《め》を閉《と》じて寝《ね》ていました。部屋《へや》のなかはファン・ヒーターが点《つ》けてあって、温《あたた》かくなっていました。「母《かあ》ちゃん、朝《あさ》になったよ。母《かあ》ちゃん、朝《あさ》になったよ」と、二《に》、三回声《さんかいこえ》をかけると、母《はは》は目《め》を覚《さ》ましました。

「おはようございます。昨日《きのう》はありがとうございました。本日《ほんじつ》もよろしくお願《ねが》い致《いた》します」と、お互《たが》いに朝《あさ》の挨拶《あいさつ》をさせていただいたあとで、「よく眠《ねむ》れたかい」と聞《き》くと、「夜中《よなか》に目《め》を覚《さ》ましたが、病院《びょういん》と違《ちが》って寒《さむ》かったからストーブを点《つ》けて寝《ね》たよ」「一《ひと》晩中《ばんじゅう》、ストーブを点《つ》けておくわけにはいかないから、消《き》えていたら点《つ》けておくれ」等《など》と話《はなし》をして、時計《とけい》を見《み》ると、ちょうど七時《しちじ》になるところでした。急《いそ》いで食事《しょくじ》をすませ、「行《い》って参《まい》ります」と勤《つと》めに出《で》かけました。

節分《せつぶん》の由来《ゆらい》と豆《まめ》まきの罪《つみ》

勤《つと》めを終《お》えて、「ただいま帰《かえ》りました」とガラス戸《ど》を開《あ》けると、母《はは》はコタツで横《よこ》になっていました。そして、コタツの上《うえ》には電話機《でんわき》が置《お》いてありました。「具合《ぐあい》はどうだい」と聞《き》くと、「大丈夫《だいじょうぶ》だよ。どこも痛《いた》くはないよ。さっきまで、兄弟《きょうだい》と親戚《しんせき》にお礼《れい》の電話《でんわ》をしていて、疲《つか》れたから横《よこ》になっていたんだよ」と、体《からだ》を起《お》こして話《はな》しはじめました。

「皆《み》んなは、こんなに早《はや》くよくなるとは思《おも》っていなかったみたいだよ。これは神様《かみさま》のおかげなんだね。今度《こんど》の研修会《けんしゅうかい》はいつなんだい」

「どうして」

「再聴講《さいちょうこう》をして、神様《かみさま》の話《はなし》を皆《み》んなにさせて貰《もら》おうと思《おも》っているんだよ」

「まだ早《はや》いんじゃないかい。もう少《すこ》し暖《あたた》かくなってからの方《ほう》がいいんじゃないかい」と、母《はは》と話《はなし》をしていると、「コタツの上《うえ》を片《かた》づけて下《くだ》さい」と、妻《つま》が夕飯《ゆうはん》を運《はこ》んできました。

家族揃《かぞくそろ》ったところで合掌《がっしょう》して、「天地一切《てんちいっさい》の恵《めぐ》みと、これをつくられた人々《ひとびと》のご苦労《くろう》を感謝《かんしゃ》して、いただきます」と、「食前感謝《しょくぜんかんしゃ》の言葉《ことば》」を申《もう》し上《あ》げさせて頂《いただ》き、食事《しょくじ》をはじめました。

しばらくすると、母《はは》が、

「昨日《きのう》は節分《せつぶん》だったが、豆《まめ》まきをしなくなってどのくらいになるのかね」

といい出《だ》しました。

「母《かあ》ちゃんが、昭和《しょうわ》五十四年《ねん》（一九七九）に真光《まひかり》に入《はい》ってからだから」と指折《ゆびお》り数《かぞ》えて、

「ちょうど三十年経《ねんた》ったところだね」

「もうそんなになるんだ。早《はや》いもんだね」

そんな話《はなし》をしました。

「なぜ豆《まめ》まきをしなくなったか」と言《い》いますと、ちょうど三十年前《ねんまえ》の昭和《しょうわ》五十四年《ねん》（一九七九）の五月《がつ》に、私《わたくし》の母《はは》、堀口ゑよ子《ほりぐちえこ》が、崇教真光《すうきょうまひかり》教団《きょうだん》の初級真光研修会《しょきゅうまひかりけんしゅうかい》を受講《じゅこう》し、「豆《まめ》まきは正神《せいしん》を天《あま》の岩戸《いわと》に押《お》し込《こ》め祀《まつ》ったときの呪術《じゅじゅつ》であるから、やめた方《ほう》がいいですよ」と、教《おし》えていただきましたので、私《わたくし》の父《ちち》、堀口十三《ほりぐちじゅうぞう》にその話《はなし》をして頼《たの》みました。父《ちち》は「そんな話《はなし》は信《しん》じられないな」といいながらも、身体《からだ》の弱《よわ》かった母《はは》の頼《たの》みに、「俺《おれ》は信《しん》じないぞ」といいながら応《おう》じたのです。

節分《せつぶん》の由来《ゆらい》について、聖凰真光大導主様《せいおうまひかりだいどうしゅさま》は、昭和《しょうわ》四十一年《ねん》（一九六六）二月五日《がついつか》の立春祭《りっしゅんさい》で、

『節分《せつぶん》というものはどうしてできたか、と申《もう》しますと、主神《スしん》の経綸《けいりん》、言《い》い換《か》えますと、人類《じんるい》をいちおう進歩《しんぽ》させせなきゃならん。物質《ぶっしつ》を開発《かいはつ》する方向《ほうこう》へ心《こころ》をどうしても向《む》けなければならない。欲心《よくしん》を発揮《はっき》させせなければならん。そのご経綸上《けいりんじょう》、神霊界《しんれいかい》に非常《ひじょう》な競争心《きょうそうしん》を発揮《はっき》させる必要《ひつよう》が起《お》きまして、そこで、いわゆる今日《こんにち》の言葉《ことば》で申《もう》しますと、神霊界《しんれいかい》に自由競争時代《じゆうきょうそうじだい》を誘発《ゆうはつ》されたのです。それが霊界《れいかい》と現界《げんかい》はあわせ鏡《かがみ》の原理《げんり》ですから、現界《げんかい》すなわち人間界《にんげんかい》にも自由競争心《じゆうきょうそうしん》が起《お》きてくるわけです。

ようするに、神様《かみさま》のご経綸上《けいりんじょう》、そういう体制《たいせい》が神政上《しんせいじょう》とられましたが、残念《ざんねん》なことに、それがだんだんに神霊界《しんれいかい》でも曲解《きょっかい》が起《お》きる。なかには神霊《しんれい》の非常《ひじょう》な邪欲《じゃよく》をすら出《だ》されてきた神々《かみがみ》も出現《しゅつげん》するようになり、いろんな政治上《せいじじょう》の争《あらそ》いが神霊界《しんれいかい》に起《お》きます。

元来《がんらい》、天地創造《てんちそうぞう》の神様《かみさま》の体《タイ》の面《メン》をご担任《たんにん》になりました、国万造主之大神様《くによろずづくりぬしのおほかみさま》は正神《せいしん》でいらっしゃいますから、ちょっといわばお堅《かた》い一方《いっぽう》の神様《かみさま》です。したがって、ご政《せい》

治《じ》は自由闊達化《じゆうかったつか》という面《メン》から申《もう》しますと、非常《ひじょう》にきゅうくつです。と同時《どうじ》に天国《てんごく》のような時代《じだい》ですから、競争心《きょうそうしん》がいよいよ起《お》きない。神霊界《しんれいかい》が因習《いんしゅう》にとらわれる。そういう現象《げんしょう》が起《お》きてきたのです。

そこで、今度《こんど》は自由競争時代《じゆうきょうそうじだい》を誘発《ゆうはつ》して、その影響《えいきょう》によって人類《じんるい》に物質開発力《ぶっしつかいはつりょく》を起《お》こさせていかなければいかん。神霊界《しんれいかい》のはじめのころは、あまりやかましいことをいって、正《ただ》しい、善一点《ぜんいってん》ばかりでは進歩《しんぽ》が考《かんが》えられない。こういう関係《かんけい》が起《お》きまして、ついに、主《ス》の大神様《おほかみさま》のご采配《さいはい》で、正神《せいしん》が霊界《れいかい》から引退《いんたい》をされた。いわば神霊界《しんれいかい》の政変《せいへん》です。そのご引退事件後《いんたいじけんご》ひどく混乱《こんらん》し、したがって、戦争《せんそう》なんか盛《さか》んに行《おこな》われています。その現象《げんしょう》がすべて現界《げんかい》における現象《げんしょう》として出《で》てきているのです。簡潔《かんけつ》に申《もう》しますと、たとえば、そういう影響《えいきょう》が今《いま》では国際関係《こくさいかんけい》となってあらわれているものであり、社会事象《しゃかいじしょう》であり、大事故《だいじこ》というようなことが人間《にんげん》の災厄《さいやく》となって現実化《げんじつか》しているのです。

そこで、一時神霊界《いちじしんれいかい》におきます正神《せいしん》のご神霊《しんれい》がご引退《いんたい》になりましたために、神霊界《しんれいかい》の自由競争時代《じゆうきょうそうじだい》が起《お》きましたが、少《すこ》し行《ゆ》き過《す》ぎが起《お》きまして、神霊界《しんれいかい》の政治体制《せいじたいせい》が紊乱《ぶんらん》いたすようになるのです。この正神《せいしん》のご引退《いんたい》を一番画策《いちばんかくさく》されましたのが、潮土《うしおど》の神《かみ》です。そこで正神《せいしん》にかわって副神《ふくしん》のほうが政治《せいじ》の主体者《しゅたいしゃ》となった。政権《せいけん》の移動《いどう》がおこなわれております。そういうようなことが古事記《ふることのふみ》、日本書紀《にほんしょき》などの古文献《こぶんけん》の記《き》述《じゅつ》や、歴史上《れきしじょう》の現象《げんしょう》になって現界的《げんかいてき》にいろいろ出《で》てくるのです。神霊界《しんれいかい》のことを抜《ぬ》きにして考《かんが》えるからわからないのですが、そういう関係《かんけい》がずっとしばらく続《つづ》きました。

ところが、ご引退《いんたい》のときにまずかったんです。いずれ正神《せいしん》が、これは主《ス》の大神様《おほかみさま》の、先程《さきほど》の、人類《じんるい》を進化《しんか》させるための方便的《ほうべんてき》ご経綸《けいりん》ですから、無条件《むじょうけん》で退位《たいい》してはおられますが、その時《とき》に、いずれまた経綸上《けいりんじょう》出《で》てくる。出《で》てくるのはいつ出《で》てくるか、という問題《もんだい》がある。それを副神《ふくしん》のほうの神様《かみさま》では、「イリ豆《まめ》に花《はな》の咲《さ》いたころ」と表《ひょう》現《げん》しました。ちょうどその日《ひ》が、今日《こんにち》で申《もう》しますとお正月元旦《しょうがつがんたん》の前日《ぜんじつ》、つまり立春《りっしゅん》の前日《ぜんじつ》、今年《ことし》でいえば三日《みっか》、去年《きょねん》でいえば四日《よっか》、いわゆる節分《せつぶん》の祭《まつ》りになっておるわけです。つまり、ご引退《いんたい》のときを節《ふし》と致《いた》しまして、神霊界《しんれいかい》の政権《せいけん》が変革《へんかく》をした。その節日《ふしび》、それが節分《せつぶん》です。

であればこそ、「イリ豆《まめ》に花《はな》の咲《さ》いたとき」という意味《いみ》はどういうことかと申《もう》しますと、イリ豆《まめ》は永久《えいきゅう》に花《はな》が咲《さ》かない。これは「永久《えいきゅう》に出《で》てくるな」という呪術《じゅじゅつ》なのです。神霊界《しんれいかい》における呪術《じゅじゅつ》です。

さあ、ご引退《いんたい》に決《き》まりましたので、副神《ふくしん》のほうの神霊《しんれい》の皆様方《みなさまがた》は喜《よろこ》んだ。「これからうるさい政治《せいじ》はなくなるわい」というので手《て》を叩《たた》いて喜《よろこ》んだ。その酒盛《さかも》りのときに、観音金龍《かんのんきんりゅう》の龍体《りゅうたい》のほうを苛《さいな》みまして、そうして臓腑《ぞうふ》まで煮《に》て食《た》べて、政権《せいけん》に勝《か》った祝《いわ》いをした。それが今日《こんにち》の「雑煮《ぞうに》の祝《いわ》い」であります。さらに、正神《せいしん》に残虐《ざんぎゃく》な行為《こうい》までしました。柊《ひいらぎ》の葉《は》のトゲで、残《のこ》されたご霊体《れいたい》の目《め》を刺《さ》しまして、ご引退《いんたい》の神《かみ》に後《うし》ろからイリ豆《まめ》をぶつけられたのが、今日《こんにち》の「イワシの目《め》に柊《ひいらぎ》を刺《さ》して門《もん》にまつる」また「豆《まめ》まき」です。

そこで、艮《うしとら》の金神《こんじん》と伝《つた》わっております神様《かみさま》、この艮《うしとら》の金神《こんじん》と申《もう》しますのは、国《くに》万造主之大神様《よろずづくりぬしのおほかみさま》、またの名《な》をいや栄《は》えの神《かみ》（ヤハエ）といいますが、東北《とうほく》に神幽《かみさ》っておられます。艮《うしとら》の金神《こんじん》の奥様《おくさま》は苦《くる》しみを分《わ》かったために、西南《せいなん》の方《ほう》に行《ゆ》かれました坤《ひつじさる》の金神《こんじん》です。第五次元《だいごじげん》にご活動《かつどう》なさるときには金龍《きんりゅう》としてご活動《かつどう》になりますために、金《きん》という字《じ》を使《つか》って金神《こんじん》といいます。（浅草《あさくさ》の観音様《かんのんさま》に金龍《きんりゅう》を祀《まつ》るのもこの関《かん》係《けい》です）艮《うしとら》の金神《こんじん》が鬼門《きもん》（東北《とうほく》）の方《ほう》へいらしたので、これを「鬼門《きもん》はこわい」といわせて「正神《せいしん》を封《ふう》じた」んです。

鬼《おに》というのもそうです。鬼《おに》というのはオンニの神《かみ》ということですが、御ニ《おんに》は鬼《おに》になっちゃった。そうして、この神様《かみさま》から人類《じんるい》を引《ひ》き離《はな》そうとした呪術《じゅじゅつ》、これが今日《こんにち》の鬼門《きもん》という迷信《めいしん》になってきているわけです。

そうして「鬼《おに》は外《そと》、福《ふく》は内《うち》」というんですが、追放《ついほう》のときの仕打《しう》ちにはたいへんお怒《いか》りがある。人類《じんるい》としてお詫《わ》びしないかぎり、神界《しんかい》では、いよいよ主神《スしん》のご計画通《けいかくどお》り、この真神正神《まがみせいしん》、鬼《おに》として封《ふう》じた神《かみ》のご出現期《しゅつげんき》になっていますので、面倒《めんどう》なことになってしまいました。人類《じんるい》は戒告《かいこく》を受《う》けねばならなくなってしまったのです。

大本教《おおもときょう》などで、「艮《うしとら》の金神《こんじん》この世《よ》にでるぞよ」「神《かみ》も堪忍袋《かんにんぶくろ》の緒《お》が切《き》れるぞよ」「三千世界一度《さんぜんせかいいちど》に開《ひら》く梅《うめ》の花《はな》」とか、釈迦《しゃか》の弥勒下生《みろくげしょう》、ヨハネやイエスのメシア降臨《こうりん》、釈迦《しゃか》や弘法《こうぼう》がお供《とも》して、第四兜率天《だいよんとそつてん》（第四次元界《だいよじげんかい》、すなわち幽界《ゆうかい》であり、仏教《ぶっきょう》ではそこの上層部《じょうそうぶ》に浄土《じょうど》を構《かま》えて住《す》まわせ給《たま》うとあります）からまたくる、とかがそれで、そこに人類《じんるい》は今引《いまひ》っ掛《か》かっているのに、驚《おどろ》くことに依然《いぜん》として、神社《じんじゃ》や仏《ぶっ》教《きょう》の本尊《ほんぞん》を祀《まつ》りながら、平気《へいき》で「豆《まめ》まき」をやっている。阿弥陀様《あみださま》や聖観音《せいかんのん》や大日如来《だいにちにょらい》を祀《まつ》りながら、それに向《む》かって豆《まめ》をまいて平気《へいき》でいるではありませんか。そしてこれを鬼《おに》といって、あとは助《たす》けをお願《ねが》いするときだけ拝《おが》んでいる。「南無阿弥陀仏《ナムアミダブツ》」といってみたり、「アミダブーハ」といってみたり、「弥勒様《みろくさま》」といってみたり、「観音《かんのん》」といって拝《おが》んでおりながら、行事《ぎょうじ》では豆《まめ》をまいてぶっけている。

さあ、そういうような人類《じんるい》が共通《きょうつう》で神《かみ》を侵《おか》している。間違《まちが》った行事《ぎょうじ》というものが、今《いま》は、おびただしく全国《ぜんこく》にいろいろの面《めん》で行《い》き渡《わた》っています。問題《もんだい》は「天意《てんい》の転換《てんかん》の時期《じき》」になって、こういう逆行事《ぎゃくぎょうじ》が許《ゆる》されなくなってきてしまった。したがって、どうしても、神霊《しんれい》の本当《ほんとう》の歴史《れきし》をはっきりと観念《かんねん》のなかにもち直《なお》しを致《いた》しまして、そうしてお詫《わ》びをするべきものはお詫《わ》びをする。お詫《わ》びの証《あか》しにいよいよ神策《しんさく》を成就《じょうじゅ》されんとする。その神策《しんさく》に参加《さんか》すべきは参加《さんか》する。そういう考《かんが》え方《かた》に人類想念《じんるいそうねん》を切《き》り換《か》えませんことには、どうしても神裁《かみさば》き現象《げんしょう》と仏滅《ぶつめつ》の現象《げんしょう》、ついには火《ひ》の洗礼《せんれい》は、本年《ほんねん》からは急《きゅう》カーブになっていくのです』と、ご教導下《きょうどうくだ》されております。

天意《てんい》の転換《てんかん》と大経綸《だいけいりん》（豆《まめ》まきは大罪《たいざい》）

豆《まめ》まきがなぜ大罪《たいざい》かといいますと、昭和《しょうわ》五十年《ねん》（一九七五）の四月号《がつごう》真光《まひかり》百五十一号《ごう》にあります、初代教え主《しょだいおしえぬし》・聖凰真光大導主様《せいおうまひかりだいどうしゅさま》のみ教《おし》えで、

『皆《みな》さんのなかに、まだ豆《まめ》まきをしている方《かた》があるかどうかを尋《たず》ねてみたら、遠慮《えんりょ》して手《て》を挙《あ》げた方《かた》もいたようですが、さすがに陽光子《ようこうし》の皆《みな》さんは、あまり豆《まめ》をまかんと見《み》えますね。もうこの豆《まめ》まきが、だんだんと神《かみ》の戒告現象《かいこくげんしょう》の一《ひと》つになってきます。なぜかというと、これも太古《たいこ》の文献《ぶんけん》に明《あき》らかに出《で》てきますが、天地創造《てんちそうぞう》の神々《かみがみ》、正神《せいしん》、火《ひ》の霊統《れいとう》の神々《かみがみ》の政府《せいふ》が神霊界《しんれいかい》で引退《いんたい》する事件《じけん》が起《お》きた。

というのは、第五次元界《だいごじげんかい》では、国万造主之大神様《くによろずづくりぬしのおほかみさま》、すなわち人間《にんげん》の霊成型《ヒナガタ》たる五色人《イロビト》をおつくりになり、さらに、あらゆる生物《せいぶつ》のために、地上《ちじょう》の木《き》や草《くさ》や、獣《けもの》や魚《さかな》や虫《むし》の種《たね》をおつくりになった神様《かみさま》が、たいへん厳《きび》しく、うるさく、まるで閻魔様《えんまさま》のように、針《はり》で突《つ》いたほどの不正《ふせい》もお見逃《みのが》しにはならないお方《かた》だった。

　この神様《かみさま》がお出《で》ましのあいだは、天地《てんち》のあいだは明々白々《めいめいはくはく》で、少《すこ》しの競争心《きょうそうしん》も起《お》こらず、欲望《よくぼう》も起《お》きないために、主《ス》の大神様《おほかみさま》のご経綸上《けいりんじょう》、人類《じんるい》に物質文明《ぶっしつぶんめい》を起《お》こさせるためには、どうしても政権交替《せいけんこうたい》しなければならんということになった。主《ス》の大神《おほかみ》様《さま》のこのお考《かんが》えは、極《きわ》めて秘密《ひみつ》の大神策《だいしんさく》ですから、国万造主之大神様《くによろずづくりぬしのおほかみさま》はじめほんの少《すこ》しの正神《せいしん》にしかお漏《も》らしにならなかったので、あとの神々《かみがみ》はなにもご存《ぞん》じない。

　ただしかし、理由《りゆう》はわからないながらに、厳《きび》しい火《ひ》の霊統《れいとう》の神様《かみさま》にかわって、今度《こんど》は優《やさ》しい月《つき》の霊統《れいとう》の神様《かみさま》が政権《せいけん》を取《と》るとわかると、「ああ、あのうるさい神様《かみさま》が引退《いんたい》してくれる」というので、もう大喜《おおよろこ》びをした。それまで小《ちい》さくなっていたいわゆる軟派《なんぱ》の神々《かみがみ》は、今《いま》こそ造反運動《ぞうはんうんどう》をやれというので急《きゅう》にのさばり出《だ》し、いままでのやかましさの腹《はら》いせにとことん追《お》いつめてやろうと、その造反《ぞうはん》の総大将《そうだいしょう》になったのが、天若彦《あまわかひこ》の神《かみ》です。今《いま》でも横紙破《よこがみやぶ》りをする人間《にんげん》を「天《あま》の邪鬼《じゃく》」といいますが、それはこの天若彦《あまわかひこ》の神《かみ》を指《さ》していうのです。

　いよいよ国万造主之大神様《くによろずづくりぬしのおほかみさま》がご引退《いんたい》のとき、「これからおれが引退《いんたい》するが、お前《まえ》達《たち》はさぞせいせいするだろう。この次《つぎ》、おれはいつ出《で》てくればいいんだ」と試問《しもん》されると、「イリ豆《まめ》に花《はな》が咲《さ》いたら出《で》ておいで」と答《こた》えました。つまり豆《まめ》は煎《い》ったら、もういくら蒔《ま》いても絶対《ぜったい》に芽《め》は出《で》ません。五色人《いろびと》の霊成型《ヒナガタ》をつくられた神様《かみさま》は、「永久《えいきゅう》に出《で》てくるな」という恐《おそ》ろしい呪術《じゅじゅつ》の言葉《ことば》と一緒《いっしょ》に、月《つき》の霊統《れいとう》の神々《かみがみ》がいっせいに正神《せいしん》の背《せ》にイリ豆《まめ》をぶっつけて、東北《とうほく》のいわゆる鬼門《きもん》の方《ほう》に、おっかない神様《かみさま》すなわち鬼神《きじん》として追《お》いやってしまった。

それで「鬼《おに》は外《そと》、福《ふく》は内《うち》」というのです。福《ふく》は内《うち》というのは、実《じつ》は副神《ふくしん》（月系神《げっけいしん》）の霊統《れいとう》の神々《かみがみ》は内《うち》に来《き》てくれ、うるさい鬼《おに》のような正神《せいしん》（日《ひ》の系統《けいとう》）は外《そと》へ出《で》て行《い》け、という意味《いみ》です。

現代《げんだい》、家相上《かそうじょう》から一番恐《いちばんおそ》れられている方角《ほうがく》に、鬼門《きもん》（東北《とうほく》）と裏鬼門《うらきもん》（西南《せいなん》）があります。月《つき》の霊統《れいとう》の副神《ふくしん》は、火《ひ》の正神《せいしん》を鬼《おに》にしてしまって、東北《とうほく》（艮《うしとら》）に押《お》し込《こ》めてしまった。また、正神《せいしん》の奥様《おくさま》のほうは夫神《おっとがみ》から引《ひき》き離《はな》して、西南《せいなん》に追《お》いやって坤《ひつじさる》の神《かみ》にしました。いわゆる「ホドキの世《よ》」のはじまりになる。神祀《かみまつ》りが一切《いっさい》ほどきになる。釈尊《しゃくそん》のいった「フトケの世《よ》」になるわけです。

そのときに国万造主之大神様《くによろずづくりぬしのおほかみさま》は金龍《きんりゅう》になられたのですが、その龍体《りゅうたい》に豆《まめ》をぶつけるだけでは気《き》がすまず、寄《よ》ってたかってトゲのある柊《ひいらぎ》の枝《えだ》を目《め》に突《つ》き刺《さ》して見《み》えなくしてしまった。それらの行為《こうい》がそのまま今《いま》も、節分《せつぶん》の晩《ばん》に豆《まめ》をまき、イワシの目《め》に柊《ひいらぎ》の枝《えだ》を刺《さ》して軒先《のきさき》に突《つ》き刺《さ》し、臓腑《ぞうふ》を肴《さかな》にした名残《なごり》が、お正月《しょうがつ》の雑煮《ぞうに》となったのです。

この意味《いみ》におきまして、日本《にほん》にだけ残《のこ》った「豆《まめ》まき」の悪業《あくぎょう》は、絶対《ぜったい》に止《や》めていかなければならない。神社仏閣《じんじゃぶっかく》でさえやっている大罪《たいざい》をどうするのか。我々《われわれ》は、そんな経緯《いきさつ》を知《し》らなかったとはいいながら、今度《こんど》、天意《てんい》の転換《てんかん》から、次《つぎ》の大経綸《だいけいりん》のために一番表面《いちばんひょうめん》にお出《で》ましになる中心《ちゅうしん》の神様《かみさま》、人類《じんるい》の祖《そ》であり、皇祖《こうそ》であり、日本人《にほんじん》からいえば民族《みんぞく》の祖《そ》である国万造主之大神様《くによろずづくりぬしのおほかみさま》に、今《いま》もってイリ豆《まめ》を投《な》げつけて、日《ひ》の神様《かみさま》のご出現《しゅつげん》を妨害《ぼうがい》してきた罪《つみ》はたいへん大《おお》きい。

これは、人類共通《じんるいきょうつう》のたいへんな罪穢《ざいえ》になっている。つまり知《し》らず知《し》らずに大罪《たいざい》を犯《おか》したことになる。「三千年一度《さんぜんねんいちど》に開《ひら》く梅《うめ》の花《はな》」も、「ウドンゲの花《はな》（三千年目《さんぜんねんめ》に咲《さ》く）が咲《さ》くと、聖転輪王《せいてんりんおう》（インド神話《しんわ》において、ただ正義《せいぎ》のみによって全世界《ぜんせかい》を統治《とうち》する理想《りそう》の帝王《ていおう》）があらわれる」のも、皆《みな》その太古史《たいこし》をなぞったものです。

犯《おか》した罪《つみ》の非《ひ》を悔《く》いて、どうしてもお詫《わ》びしないといけない。まず、このお詫《わ》びから入《はい》らねば、今後《こんご》の神向《しんこう》（信仰《しんこう》）の第一義《だいいちぎ》にはなりません。人類《じんるい》がこれに気《き》づかないかぎり、人類的広範囲《じんるいてきこうはんい》に神《かみ》の戒告現象《かいこくげんしょう》が果《は》てしなく降《ふ》りかかってくる宿命《しゅくめい》がある。

イエスや釈尊《しゃくそん》は、皆《みな》このことを知《し》っていたから、「世《よ》の終末期《しゅうまつき》がくる」とか、「火宅《かたく》の世《よ》がくる」といってきた。モーゼの十戒《じっかい》を見《み》ましても、「第一《だいいち》に天国《てんごく》の祖神《おやがみ》を全《ぜん》五色人《イロビト》は拝《おが》まなきゃならん。これを忘《わす》れたらユダヤでさえ滅《ほろ》びる。五色人《イロビト》は滅《ほろ》びに向《む》かう」と石《いし》に書《か》き残《のこ》してある。豆《まめ》をぶつけたとき、三千年経《さんぜんねんた》ったら出《で》てこいというのですが、これがすべての宗教《しゅうきょう》にあらわれて、マホメット教《きょう》では「聖転輪王《せいてんりんおう》が三千年《さんぜんねん》目《め》にあらわれる」といい、大本教《おおもときょう》では「三千世界一度《さんぜんせかいいちど》に開《ひら》く梅《うめ》の花《はな》」といったり、仏教《ぶっきょう》では「ウドンゲの花《はな》が咲《さ》いたら弥勒《みろく》が下生《げしょう》する」といっている。

主《ス》の大神様《おほかみさま》と国万《くによろず》造主《づくりぬし》之《の》大神様《おほかみさま》（第三次元《だいさんじげん》では国常立《くにとこたち》の神《かみ》）とのあいだには、「いましばらく、物質文明《ぶっしつぶんめい》を起《お》こすために我慢《がまん》して引退《いんたい》していてくれ。いずれお前達《まえたち》が立《た》て直《なお》しをしなきゃならん時期《じき》がくるから、それまで引退《いんたい》をたのむぞ」という神策《しんさく》が取《と》り交《か》わされて引退《いんたい》なさったものの、そのときの天若彦《あまわかひこ》を筆頭《ひっとう》にした月《つき》の霊統《れいとう》の神々《かみがみ》のやり方《かた》のあまりの無謀《むぼう》さに、正神《せいしん》がたは非常《ひじょう》に怒《おこ》っておられる面《めん》がある。大慈大悲《だいじだいひ》の観音様《かんのんさま》の大悲《だいひ》のほうを発動《はつどう》されて、雷《いかづち》のように怒《おこ》り出《だ》さんともかぎらぬ状態《じょうたい》でいらっしゃるのが現代《げんだい》です。そのお怒《いか》りがあるときはおそろしい台風《たいふう》の目《め》にもなるのです。

しかし、いよいよ神界《しんかい》に正神《せいしん》がご出現《しゅつげん》の大切《だいき》り換《か》えが起《お》きて、火《ひ》の霊統《れいとう》の神々《かみがみ》がうち揃《そろ》ってお出《で》ましになり、果《は》てしもなく暴走《ぼうそう》する物質科学文明《ぶっしつかがくぶんめい》を「行《い》きづまらせて見《み》せるぞ」という、強《つよ》いご意志《いし》を発表《はっぴょう》なさるようになったのはその前兆《ぜんちょう》で、一切《いっさい》を壊滅《かいめつ》せしめられるのかもしれない。

火《ひ》の神様《かみさま》をお産《う》みになった国万造主之大神様《くによろずづくりぬしのおほかみさま》がご出現《しゅつげん》になれば、その火《ひ》と日《ひ》の光《ひかり》の強烈《きょうれつ》さに、邪神《じゃしん》が非常《ひじょう》に苦《くる》しむようになる。神霊界《しんれいかい》のあがきの様相《ようそう》は、そのまま幽界《ゆうかい》から現界《げんかい》へと移《うつ》って、全人類《ぜんじんるい》に憑依《ひょうい》している邪霊《じゃれい》のあがきがたいへんきつくなる。したがって、世界《せかい》はいくら平和《へいわ》を唱《とな》えようと、「ますます混迷混乱《こんめいこんらん》と暴虐《ぼうぎゃく》と天変地異《てんぺんちい》への世《よ》と化《か》す」と神様《かみさま》は予告《よこく》していらっしゃるのです』と、教《おし》えていただきました。

重《かさ》なる母《はは》の病《やまい》

昭和《しょうわ》五十四年《ねん》（一九七九）四月《がつ》の末《すえ》に、私《わたくし》の母《はは》、堀口《ほりぐち》ゑ《え》よ子《こ》は、群馬県前橋市《ぐんまけんまえばし》椡《しぬで》島町《じままち》の実家《じっか》に行《い》きました。そして、母《はは》の兄《あに》である今井一郎《いまいいちろう》伯父《おじ》さんから、「ゑ《え》よ子《こ》、お前《まえ》も行《い》ってみないか」と誘《さそ》われたそうです。母《はは》が「どこへ？」と聞《き》くと、「お浄《きよ》め」というものがあるという。

このあいだ、交通事故《こうつうじこ》にあって入院《にゅういん》していたろう。ケガも治《なお》り仕事《しごと》に行《い》ったところ、さあ仕事《しごと》をはじめようとしたら便所《べんじょ》に行《い》きたくなり、便所《べんじょ》に行《い》ったんだが出《で》ないので、また仕事《しごと》をはじめようとしたら、また便所《べんじょ》に行《い》きたくなり、また出《で》ないので戻《もど》るのくり返《かえ》しで、その日《ひ》は仕事《しごと》にならずに帰《かえ》ってきたんだ。これは困《こま》ったなと思《おも》っていたら、同級生《どうきゅうせい》の木下君《きしたくん》に会《あ》ったので、その日《ひ》の出来事《できごと》を話《はな》したら、木下君《きしたくん》が「俺《おれ》は脳梗塞《のうこうそく》で倒《たお》れたが、よくなった。俺《おれ》の行《い》っているところがあるんだが、遊《あそ》びみたいなところだから、行《い》ってみないか」という。そこで連《つ》れて行《い》ってもらい、「お浄《きよ》め」というのを女《おんな》の人《ひと》からしてもらったんだよ。そして終《お》わりに、女《おんな》の人《ひと》が「排便《はいべん》は朝《あさ》がいいですか、それとも夜《よる》がいいですか」というから、「それは朝《あさ》した方《ほう》が一日《いちにち》気分《きぶん》がいいね」といって帰《かえ》ってきたら、翌朝《よくあさ》には排便《はいべん》があり、それからは普通《ふつう》に便《べん》が出《で》るようになって、仕事《しごと》にも行《い》けるようになったんだ。一回《いっかい》行《い》っただけでよくなっちゃったから、これは本物《ほんもの》だと思《おも》って、四月《がつ》の研修会《けんしゅうかい》というのを受《う》けたところだ。だから、あっちこっちが悪《わる》くなるお前《まえ》も、「お浄《きよ》め」というのを受《う》けるとよくなると思《おも》うから、受《う》けた方《ほう》がいいと思《おも》うよ。帰《かえ》りに寄《よ》ってみないか、というのです。

私《わたくし》の母《はは》は、昭和《しょうわ》二十二年《ねん》（一九四七）二月《がつ》、二十二歳《さい》で結婚《けっこん》しましたが、結婚《けっこん》して一月《ひとつき》たったころから腹痛《ふくつう》がして、医者《いしゃ》に行《い》ったところ子宮後屈《しきゅうこうくつ》とのことで手術《しゅじゅつ》をしましたが、それほどよくはならなかったのです。そして妊娠《にんしん》しましたが、スバコ筋《すじ》といって足《あし》のふくらはぎの血管《けっかん》が腫《は》れあがり、破《やぶ》れるのではないかと心配《しんぱい》するほど脹《ふく》れて、痛《いた》い、痛《いた》いの毎日《まいにち》でした。

翌年《よくねん》の昭和《しょうわ》二十三年《ねん》(一九四八)二月《がつ》十二日《にち》に、当時《とうじ》は上川淵村《かみかわふちむら》橳島《ぬでじま》という片田舎《かたいなか》の母《はは》の実家《じっか》で、私《わたくし》、堀口芳雄《ほりぐちよしかつ》を生《う》みましたが、無事《ぶじ》に生《う》まれるかたいへん心配《しんぱい》していたそうです。実家《じっか》で生《う》まれた最初《さいしょ》の子供《こども》だったので、かつ祖母《ばあ》さんや一郎伯父《いちろうおじ》さん、さわ江《え》伯母《おば》さんもたいへん喜《よろこ》んでくれたそうです。

しかし、五十日《にち》ほどたって母《はは》が勢多郡北橘村大字八崎《せたぐんきたたちばなむらおおあざはっさき》の婚家《こんけ》に帰《かえ》り、畑仕事《はたけしごと》をしたところ、次《つぎ》の日《ひ》から身体中《からだじゅう》が痛《いた》み、それから病院通《びょういんがよ》いがはじまりました。血液《けつえき》検査《けんさ》をしても悪《わる》いところが見《み》つからず、お腹《なか》は痛《いた》み腰《こし》は痛《いた》み、その上《うえ》に頭痛《ずつう》がするようになり、寝《ね》ると身体《からだ》が板《いた》のように硬《かた》くなり、朝方《あさがた》はとくに動《うご》けない状態《じょうたい》でした。別《べつ》の病院《びょういん》にも行《い》きましたが原因《げんいん》はわかりませんでした。

昭和《しょうわ》二十五年《ねん》（一九五〇）一月《がつ》に、私《わたくし》の弟《おとうと》が生《う》まれました。翌年《よくねん》九月《がつ》、父《ちち》の勤《つと》めている会社《かいしゃ》の近《ちか》くに古《ふる》い家《いえ》を買《か》い、渋川《しぶかわ》に移《うつ》り住《す》みました。そして、昭和《しょうわ》二十七年《ねん》（一九五二）十月《がつ》に、妹《いもうと》が生《う》まれました。

それでも母《はは》の病院通《びょういんがよ》いは続《つづ》いていました。指圧《しあつ》で良《よ》くなった人《ひと》から「高崎《たかさき》にいい人《ひと》がいる」と聞《き》くと、家《いえ》からは遠《とお》いので母《はは》の実家《じっか》に泊《と》めてもらい、母《はは》の兄嫁《あによめ》のさわ江《え》伯母《おば》さんについてきてもらって、乳飲《ちの》み子《ご》の私《わたくし》の面倒《めんどう》を見《み》てもらいながらモミ治療《ちりょう》を続《つづ》けました。そのころ、母《はは》の寝《ね》ている襖《ふすま》の向《む》こうで、母《はは》の兄達《あにたち》が「このままでは子《こ》供《ども》がかわいそうだから、離縁《りえん》してこの家《いえ》で子供《こども》を育《そだ》てた方《ほう》がいいんじゃないか、帰《かえ》ってもまた悪《わる》くなったらそれもかわいそうだ」と話《はな》しあったそうです。数日後《すうじつご》、父《ちち》の兄《あに》の堀口甚太郎伯父《ほりぐちじんたろうおじ》さんが様子《ようす》を見《み》にきて、「だいぶ顔色《かおいろ》もよくなったし、もう少《すこ》ししたら帰《かえ》れるだろう」ということになりました。

モミ治療《ちりょう》を続《つづ》けたかいあって、身体《からだ》が楽《らく》になったので母《はは》は家《いえ》に帰《かえ》ったのですが、しかしいつの間《ま》にか、またお腹《なか》が痛《いた》み、腰《こし》が痛《いた》み、頭痛《ずつう》がするようになってしまったそうです。その後《ご》、「前橋駅《まえばしえき》の南《みなみ》に指圧《しあつ》をする人《ひと》がいる」と聞《き》き、そこへ行《い》くようになりました。治療《ちりょう》を受《う》けてしばらくは楽《らく》になるのですが、よくなったからと止《や》めると、またいつの間《ま》にか身体《からだ》が痛《いた》み、頭痛《ずつう》がするようになるのです。

次《つぎ》に、上越線敷島駅《じょうえつせんしきしまえき》の近《ちか》くの鍼灸院《しんきゅういん》を知《し》り、そこでハリ治療《ちりょう》を受《う》けるようになりました。しかし、その鍼灸院《しんきゅういん》にはいつも大勢《おおぜい》の人《ひと》がいて、朝一番《あさいちばん》か二番《にばん》の電車《でんしゃ》で行《い》かないと帰《かえ》りの電車《でんしゃ》がなくなってしまうほど混《こ》んでいたので、たいへんだったそうです。治療《ちりょう》を受《う》けるとたいそう楽《らく》にはなりましたが、「楽《らく》になったから」と休《やす》むと、また身体《からだ》が痛《いた》み、頭痛《ずつう》がするようになって、ハリ治療《ちりょう》を続《つづ》けなくてはならなかったのでした。

その後《ご》、前橋市《まえばしし》の治療院《ちりょういん》でニンニク灸《きゅう》をしてもらうようになりました。しかし、お灸《きゅう》をしてもらった後《あと》しばらくはいいのですが、やはりまた悪《わる》くなってしまうのでした。

しばらくして、父方《ちちかた》のとく祖母《ばあ》さんがおカイコの世話《せわ》をしていて腰《こし》を痛《いた》め、「月夜《つきよ》野《の》によくしてくれる人《ひと》がいる」と聞《き》きつけ、母《はは》がつきそいで行《い》ったところ、「つきそいの方《ほう》がもっと病人《びょうにん》じゃないか」といわれ、祖母《ばあ》さんの次《つぎ》に母《はは》が整体治療《せいたいちりょう》をしてもらいました。そうするとたいへん楽《らく》になったので、それからは月夜野《つきよの》に通《かよ》うようになりました。「お産《さん》ではじまった病気《びょうき》は治《なお》りにくい」といわれましたが、五年《ねん》ほどお世《せ》話《わ》になり、とてもよくなって喜《よろこ》びました。しかし、整体治療《せいたいちりょう》を止《や》めるとやはり身体《からだ》が硬《かた》くなり、痛《いた》みも出《で》てきて、頭痛《ずつう》がするのです。そのあいだも熱《ねつ》を出《だ》したり貧血《ひんけつ》で動《うご》けず、寝《ね》たり起《お》きたりで、まわりの人《ひと》のお世話《せわ》になり、お医者《いしゃ》さんにも往診《おうしん》していただくような具合《ぐあい》です。結局《けっきょく》「子宮筋腫《しきゅうきんしゅ》ですね」といわれ手術《しゅじゅつ》をしましたが、それほどよくはならず、しまいには身体全体《からだぜんたい》が硬《かた》くなってしまいました。

病気《びょうき》はどんどん増《ふ》え、自律神経失調症《じりつしんけいしっちょうしょう》、全身《ぜんしん》リュウマチ、神経痛等《しんけいつうなど》といわれました。最後《さいご》には「神経痛《しんけいつう》は一生《いっしょう》もっている病気《びょうき》ですね」といわれ、一生痛《いっしょういた》むのなら薬《くすり》に頼《たよ》らないで我慢《がまん》しようと考《かんが》えていたそうです。

母《はは》の入信《にゅうしん》

そうして、母《はは》ゑ《え》よ子《こ》は𣜿島《ぬでじま》の実家《じっか》からの帰《かえ》りに、母《はは》の兄《あに》である今井《いまい》一郎《いちろう》伯父《おじ》さんにしたがって、前橋市《まえばしし》市民会館《しみんかいかん》のそばにあったプレハブ式《しき》の建物《たてもの》に行《い》くことになりました。看板《かんばん》には、「崇教《すうきょう》真光《まひかり》前橋《まえばし》中《ちゅう》魂霊《たまひ》修験道場《しゅうけんどうじょう》」と書《か》かれてありました。

なかに入《はい》り、一郎《いちろう》伯父《おじ》さんの後《あと》について、一番奥《いちばんおく》のご神殿《しんでん》の前《まえ》に座《すわ》り、まず、天地《てんち》創造《そうぞう》の天祖《てんそ》で在《あ》らせられ、人祖《じんそ》の大根本《おおねもと》の神様《かみさま》で在《あ》らせられます御親元主真光大御《みおやもとスのまひかりおほみ》神様《かみさま》に、次《つぎ》に、国土《くにつち》をつくられ、万物《ばんぶつ》をお与《あた》え下《くだ》されます伊都能売大国魂大国主之大《いづのめおほくにたまおほくにぬしのおほ》神様《かみさま》に、その次《つぎ》に、人類永遠《じんるいとわ》の生命《いのち》の師《し》で在《あ》らせられます初代《しょだい》教え主《おしぬし》・聖凰《せいおう》真光《まひかり》大導主様《だいどうしゅさま》に、ご神体《しんたい》・ご尊像《そんぞう》・ご尊影《そんえい》を通《とお》しましてお参《まい》りをさせていただきました。

そして、手《て》をかざして人《ひと》を救《すく》い、浄《きよ》める「真光《まひかり》の業《わざ》」というのをしていただきましたところ、身体《からだ》が温《あたた》かくなるような気《き》がしてきたといいます。終《お》わった後《あと》に「できれば一週間位続《いっしゅうかんくらいつづ》けられた方《ほう》がいいですよ」といわれたので、一週間《いっしゅうかん》ほど通《かよ》ったところたいへん楽《らく》になったそうです。それから、「初級真光研修会《しょきゅうまひかりけんしゅうかい》を受講《じゅこう》して、施受光《せじゅこう》に励《はげ》んでみてはいかがですか」といわれて、その月《つき》、昭和《しょうわ》五十四年《ねん》（一九七九）五月《がつ》十二日《にち》に満《まん》五十五歳《さい》になった母《はは》は、一週間後《いっしゅうかんご》の五月《がつ》十八、十九、二十日《はつか》の三日《みっか》間《かん》、研修会《けんしゅうかい》を受講《じゅこう》し、神組《かみく》み手《て》（信者《しんじゃ》）になったのです。

研修会《けんしゅうかい》のはじめに、この真光研修会《まひかりけんしゅうかい》というのは、教団《きょうだん》の初代教《しょだいおし》え主様《ぬしさま》、現在《げんざい》は救《すく》い主様《ぬしさま》と申《もう》し上《あ》げております聖凰真光大導主様《せいおうまひかりだいどうしゅさま》、本名《ほんみょう》、岡田良一《おかだよしかず》師《し》が大病《たいびょう》から救《すく》われた体験《たいけん》と、大東亜戦争《だいとうあせんそう》による莫大《ばくだい》な借金《しゃっきん》を返《かえ》せた体験《たいけん》を通《とお》しまして、主《ス》の大神《おほかみ》様《さま》から賜《たま》わりましたみ教《おし》えを、聖凰様《せいおうさま》に成《な》り代《か》わってお伝《つた》えさせていただくものであり、教《おし》え主《ぬし》・聖凰真光大導主様《せいおうまひかりだいどうしゅさま》は、

『この教団《きょうだん》は、宗教法人崇教真光《しゅうきょうほうじんすうきょうまひかり》と申《もう》しまして、世界《せかい》の五大宗教《ごだいしゅうきょう》、仏教《ぶっきょう》、キリスト教《きょう》、回教《かいきょう》、儒教《じゅきょう》、道教《どうきょう》、その他各教《たかくきょう》、すなわち万教《ばんきょう》の大元《おおもと》を説《と》く教《おし》えであり、

いずれは人類教《じんるいきょう》になりますよ。

そして、三日間《みっかかん》の研修《けんしゅう》を受《う》けた直後《ちょくご》から、皆様《みなさま》は、お釈迦様《しゃかさま》やイエス様《さま》がなされた「手《て》かざし」をさせていただけるようになるのです。ですから、まず、そんな馬鹿《ばか》などという先入主観《せんにゅうしゅかん》を取《と》り、手《て》をかざすと救《すく》われの事実《じじつ》を知《し》ることができます。ためしに、自分《じぶん》で自分《じぶん》のお浄《きよ》めをしてみるとわかります。次《つぎ》に、砂糖《さとう》と塩《しお》はなめてみないとわからないのと同《おな》じで、ス直《なお》に、すなわち童心《どうしん》に返《かえ》り教《おし》えを聞《き》き入《い》れることが大切《たいせつ》です。その次《つぎ》に、土瓶《どびん》とお茶碗《ちゃわん》の関係《かんけい》でいうと、お茶碗《ちゃわん》を土瓶《どびん》の口《くち》から低《ひく》く離《はな》せば離《はな》すほど、水《みず》の投下力《とうかりょく》は強《つよ》くなり、そして、落下中《らっかちゅう》の水《みず》の酸素《さんそ》吸収量《きゅうしゅうりょう》は滝《たき》の原理《げんり》で大《だい》となって、水《みず》のうまみは増大《ぞうだい》するのです。これと同《おな》じように、神《かみ》の光《ひかり》と教《おし》えは、受《う》ける人《ひと》が下座《げざ》をすればするほど強《つよ》く己《おの》れに入《はい》り、妙味深々《みょうみしんしん》となるのです。ですから、教《おし》えをス直《なお》の徳《とく》で聞《き》かれ、実践《じっせん》されることが得《とく》に通《つう》ずるのです。万事観音下座《ばんじかんのんげざ》の行《ぎょう》が大切《たいせつ》となってくるわけであり、救《すく》われの妙術《みょうじゅつ》なのです』とご教導《きょうどう》を下《くだ》されております。

と教《おし》えていただきました。

そして、母《はは》が一番最初《いちばんさいしょ》に手《て》にした真光誌《まひかりし》は、兄《あに》の一郎伯父《いちろうおじ》さんからいただいた昭和五十四年《しょうわごじゅうよねん》（一九七九）五月号《がつごう》でした。その真光誌《まひかりし》の御聖言《ごせいげん》は「ス直《なお》がコツなり」というものでした。

ス直《なお》がコツなり

聖言《せいげん》

昭和《しょうわ》39年《ねん》9月《がつ》11日《にち》　神示《しんじ》

神《かみ》の仕組《しくみ》みしス直《なお》なる変化《へんげ》の妙《みょう》にス直《なお》に従《したが》うべし。と申《もう》すも綿花《めんか》が全《まった》く金塊《きんかい》となり得《え》ざるやと言《い》えば、無理《むり》せず順序《じゅんじょ》を知《し》ればなり得《う》るなり。まず綿糸《めんし》となり、綿布《めんぷ》となり、色《いろ》つや美《うつく》しく、丈夫《じょうぶ》なる綿布《めんぷ》となりて売《う》り買《か》われて見《み》るべし。金塊《きんかい》にも、宝石《ほうせき》にも、ダイヤにも変《か》わり得《う》るなり。

大事《だいじ》なることは、いかに変化《へんげ》し来《き》たるとも、その本然《ほんねん》の姿《すがた》に綿《わた》は綿《わた》、絹《きぬ》は絹《きぬ》、金《きん》は金《きん》、己《おの》も己《おの》もの本質《ほんしつ》をどこまでも失《うしな》わざれ。否々本質《いないなほんしつ》をよりよく昇華《しょうげ》し行《ゆ》く他《ほか》なかるべし。我《が》と慢心《まんしん》と執着《しゅうちゃく》にては大《おお》いなる値打《ねう》ちの代《しろ》ものには神《かみ》なし難《がた》し。まずス直《なお》がコツなり。ス（主《ス》のみ意《こころ》と掟《おきて》と教《おし》え即正法《そくせいほう》のこと）に直《なお》くなるべし。

人々《ひとびと》おのもおのも天命《てんめい》、宿命厳《しゅくめいげん》としてあり。天命《てんめい》、宿命《しゅくめい》をさとりて、この変化《へんげ》の運《はこ》びにてひろめ行《ゆ》くが運命《うんめい》なり。命《いのち》の運《はこ》びの仕方《しかた》は人間《にんげん》の自在《じざい》に任《まか》せあるなり。是神《これかみ》の人《ひと》に与《あた》えある自由《じゆう》の一《ひと》つなり。人間《にんげん》の精進《しょうじん》、大事《だいじ》なることはこれなり。マコトの「利巧《りこう》と馬鹿《ばか》のわかれ道《みち》」なり。神《かみ》は冷《ひ》ややかに見《み》えんも、人間《にんげん》の進歩《しんぽ》、進化《しんか》を求《もと》むる奥深《おくふか》き愛《あい》の仕組《しく》み悠遠《ゆうえん》なり。汝等《なんじら》この心《こころ》にて精進《しょうじん》せよ。（御聖言集《ごせいげんしゅう》「要《かなめ》のカナメ」より抜粋《ばっすい》）

とありましたが、「教《おし》えられた通《とお》りに伝《つた》えよ」との聖凰様《せいおうさま》のみ教《おし》えを思《おも》うと、何《なに》か不充分《ふじゅうぶん》な気《き》がするのですが、気《き》づかれた方《かた》は教《おし》えていただきたく、謹《つつし》みましてお願《ねが》い申《もう》し上《あ》げます。

聖凰様《せいおうさま》の肉体的《にくたいてき》ミソギハラヒ

昭和《しょうわ》四十五年《ねん》（一九七〇）五月号《がつごう》真光《まひかり》九十二号初研講座《ごうしょけんこうざ》および昭和《しょうわ》四十三年《ねん》（一九六八）十一月号《がつごう》真光《まひかり》七十四号初研講座等《ごうしょけんこうざとう》より

『西洋医学《せいよういがく》を輸入《ゆにゅう》して百年《ひゃくねん》、もし、まことに治《なお》し、健《けん》の理《り》であったのなら、医大《いだい》も国立病院《こくりつびょういん》も製薬会社《せいやくがいしゃ》も亡《ほろ》びているか、微々《びび》たる存在《そんざい》になっていなければならぬはずであろう。それが逆《ぎゃく》にますます増設《ぞうせつ》せねばならない、弥栄《いやさか》えるということに気《き》づかねばならない。もはや根本観念《こんぽんかんねん》を改《あらた》めねばならぬ天《てん》のときが来《き》ているのです。

私《わたくし》は、身体《からだ》が悪《わる》い、弱《よわ》いと母《はは》からいいつづめにされて、ついに中将湯《ちゅうじょうとう》まで飲《の》まされた男《おとこ》の子《こ》。いまだに胃弱《いじゃく》と男《おとこ》の子《こ》と中将湯《ちゅうじょうとう》の関係《かんけい》はわからずじまいだが、要《よう》するに青少年期《せいしょうねんき》は慢性胃腸病《まんせいいちょうびょう》、成人《せいじん》になってからは腎盂炎《じんうえん》から腎臓結石《じんぞうけっせき》で、いずれも治《なお》るどころか、医者通《いしゃがよ》いは年《とし》とともに次第《しだい》にひんぱんになり、慢性的業病《まんせいてきごうびょう》へと進《すす》むだけで苦《くる》しみ通《とお》した私《わたくし》です。

そして、軍人《ぐんじん》として、上海戦《しゃんはいせん》および仏領《ふつりょう》インドシナ戦《せん》の初動《しょどう》に派遣《はけん》されました。最後《さいご》は昭和《しょうわ》十六年《ねん》（一九四一）、四十歳《さい》のとき、大東亜戦争《だいとうあせんそう》の開戦《かいせん》を前《まえ》に戦地《せんち》で病《やまい》を得《え》まして、日本《にほん》に送還《そうかん》されました。以前《いぜん》、背骨《せぼね》を折《お》りましたところがインドシナで再《さい》発《はっ》を致《いた》しまして、内地《ないち》の陸軍病院《りくぐんびょういん》で一年間《ねんかん》の療養《りょうよう》を命《めい》ぜられました。おはずかしいことですが、腎臓結石《じんぞうけっせき》、慢性胃炎《まんせいいえん》、胸椎《きょうつい》カリエスの病名《びょうめい》をあたえられ、「退院《たいいん》して三年《ねん》の命《いのち》」と宣告《せんこく》された男《おとこ》で御座《ござ》います。三年後《ねんご》には骨《ほね》が腐《くさ》って死《し》ぬという証明《しょうめい》をもらって、私《わたくし》はそのとき、病院《びょういん》のベッドで三日間《みっかかん》というもの、「人生断崖《じんせいだんがい》から突《つ》き落《お》とされた」思《おも》いに男泣《おとこな》きに泣《な》き明《あ》かしました。

そして泣《な》きに泣《な》いたあげくフト悟《さと》ったことは、「医者《いしゃ》と薬《くすり》じゃ治《なお》らなくて、死《し》への道《みち》が三年《ねん》、どうせ死《し》ぬならいっそのこと今世《こんせ》の命《いのち》は終《お》わったとあきらめて、医者《いしゃ》と薬《くすり》を一切捨《いっさいす》ててしまったらどうなるであろう」と変《へん》な興味《きょうみ》に誘《さそ》われて、逆《ぎゃく》に気持《きも》ちが明《あか》るくなって退院《たいいん》、コルセットをつけたまま家《いえ》に帰《かえ》ったのです。そして、一年間入《ねんかんはい》れなかった垢一面《あかいちめん》の身《み》を、思《おも》い切《き》って、痛《いた》くて仕方《しかた》なかった身体《からだ》を無理《むり》やりに風呂《ふろ》へ入《い》れてもらったのです。

しばらくして、急《きゅう》にアマリ痛《いた》みを感《かん》じなくなったその風呂《ふろ》のなかで、「一体自分《いったいじぶん》は誰《だれ》につくってもらったんだろう、製品《せいひん》マークは何《なに》がある?」とつくづく考《かんが》えさせられたのです。

そして、〈臍《ヘソ》、臍《ヘソ》!〉という声《こえ》が聞《き》こえるような気《き》がして気《き》がついたのです。人間《にんげん》のヘソ、これだ。摩訶不思議《まかふしぎ》、父母《ふぼ》の意志《いし》でもなく、自然《しぜん》と大人《おとな》と同《おな》じものを一切揃《いっさいそろ》えて、しかも人形《にんぎょう》とは違《ちが》って、自《みずか》らで動《うご》き、声《こえ》を発《はっ》し得《え》、不思議不思議《ふしぎふしぎ》、自然《しぜん》に育《そだ》ってきたのです。

そういえばこの身体《からだ》、このマツ毛《げ》一本《ぽん》、細胞一《さいぼうひと》つ、人造可能《じんぞうかのう》の科学《かがく》はまだ人間界《にんげんかい》にはできていなかったんだ。そんな貧弱《ひんじゃく》きわまる科学《かがく》であり、薬剤学《やくざいがく》なのです。それで人間《にんげん》の病気《びょうき》が治《なお》ると考《かんが》えたことそれ自体《じたい》の迷信《めいしん》に気《き》がついたのです。この精細微妙《せいさいびみょう》の大芸術品《だいげいじゅつひん》、人知人力《じんちじんりょく》を超絶《ちょうぜつ》し過《す》ぎた「生《い》き物《もの》」、それを創造《そうぞう》した超次元科学知《ちょうじげんかがくち》の大医学者《だいいがくしゃ》、大科学者《だいかがくしゃ》が別《べつ》にあるはず。それが「神《かみ》」というものじゃないのか、と思《おも》いついたとき、〈上《うえ》、上《うえ》、上《カミ》の方《ほう》だ!〉と、また、声《こえ》なき声《こえ》がしたのです。そうだ、自然万生《しぜんばんしょう》、宇宙《うちゅう》さえつくった上《カミ》のほうの方《かた》にお縋《すが》りすれば治《なお》らぬはずはない。そうだ、これこそ人間創造《にんげんそうぞう》の神《かみ》だ！　と断《だん》じ得《え》たのです。

そういえば「毒《どく》をもって毒《どく》を制《せい》する原理《げんり》」がおかしい。とも気《き》がついたのです。毒《どく》！　毒《どく》！　肉《にく》の身《み》に入《い》れた毒《どく》は、一ミリグラムでも毒《どく》のはずです。清浄無垢《せいじょうむく》だったかも知《し》れない天与《てんよ》の身《み》に毒《どく》を入《い》れただけダメになるのが当然《とうぜん》で、この精細微妙《せいさいびみょう》の大芸術《だいげいじゅつ》品《ひん》である人間《にんげん》、すなわち人知《じんち》ではつくれない身体《カラダ》を、マツ毛《げ》一本《ぽん》もつくれもしない細《さい》胞医学《ぼういがく》でいじめられるのは、大見当違《だいけんとうちが》いだった。悪意《あくい》ではないが、いずれは自然《しぜん》に壊《こわ》してしまうか殺《ころ》してしまうのがせきの山《やま》で当然《とうぜん》であったのです。誰《だれ》の罪《つみ》でもない。私《わたくし》自体《じたい》が狂人《きょうじん》だったのです。医学《いがく》というものの根底《こんてい》に大盲点《だいもうてん》があったことは、いかんともしがたい「人類《じんるい》の誤謬《ごびゅう》」というべきであると確信《かくしん》したのです。

ああそうだ、製造《せいぞう》してくれたのは、ヘソの元《もと》の親《おや》、先祖《せんぞ》、いやその先祖《せんぞ》の先祖《せんぞ》、人《じん》類《るい》というものの製造元《せいぞうもと》と人間《にんげん》そのものの製造元《せいぞうもと》があるはずだ。それが古来《こらい》、聖者《せいじゃ》宗《しゅう》祖《そ》の唱《とな》えた天地《てんち》や人類創造《じんるいそうぞう》の神《かみ》というものであろう。きっとこの世《よ》の自然《しぜん》は無計画《むけいかく》にはつくられていないはずだと。あらゆる生物《せいぶつ》も人間《にんげん》も酸素《さんそ》がなかったら死《し》んでしまう。

酸素をつくるのは、何十億年たった今日でも、植物《しょくぶつ》しかない。この動物《どうぶつ》と植物《しょくぶつ》の相《そう》互交換関係《ごこうかんかんけい》の大仕組《おおしく》みを仕組《しく》んだ方《かた》がいるはずだ。そうだ、これこそ天地創造《てんちそうぞう》、人類《じんるい》創造《そうぞう》の神《かみ》だ！　と気《き》がついたのです。

万象《ばんしょう》の一切《いっさい》を創造《そうぞう》した、恐《おそ》るべき超高次元《ちょうこうじげん》の科学智《かがくち》と科学力《かがくりょく》を持《も》った方《かた》があるはずだ。それによって一切《いっさい》を好転《こうてん》するのが「信仰力《しんこうりょく》」というものじゃないかナ、と気《き》づいてよかったのです。そして、かたわらにいた者《もの》に、薬《くすり》を一切捨《いっさいす》てさせ得《え》たため、神《かみ》を祈《いの》る他《ほか》なくなったのです。そして「神様《かみさま》に、真剣《しんけん》で謙虚《けんきょ》な祈《いの》りの人《ひと》と自分《じぶん》を化《か》す」ことができた結果《けっか》は、腐《くさ》るはずの骨《ほね》は三年《ねん》にしてできて、その後《ご》はなんともないし、薬《くすり》もいらない人間《にんげん》となることができたのです。

医学《いがく》から見捨《みす》てられましたおかげで、医学《いがく》と薬《くすり》を捨《す》てることができ、そして何億年《なんおくねん》もかかって人類《じんるい》をつくられました神様《かみさま》こそ、「真《まこと》の科学者《かがくしゃ》、すなわち大神学者《だいかがくしゃ》」でいらっしゃることに気《き》がつきまして、父《ちち》の信仰《しんこう》していた天照大神様《あまてらすおほかみさま》と大国主様《おほくにぬしさま》（出雲《いずも》の神様《かみさま》）を通《とお》して、天地創造《てんちそうぞう》、人類創造《じんるいそうぞう》の親神様《おやがみさま》に縋《すが》らなければ治《なお》りはしないと、一《いっ》心《しん》に拝《おが》み出《だ》したんです。そして、ご先祖様《せんぞさま》を祀《まつ》ることに真剣《しんけん》になりました結果《けっか》は、医《い》者《しゃ》も薬《くすり》もいらない身体《からだ》になってしまったのです。

「医学《いがく》で病気《びょうき》を治《なお》す」という考《かんが》え方《かた》は、もちろん大切《たいせつ》だと思《おも》います。動脈《どうみゃく》を切《き》ったとか、骨折《こっせつ》をした、あるいは歯《は》が折《お》れたというように、天与《てんよ》のものを破壊《はかい》したときには、取《と》りあえず人間《にんげん》の知恵《ちえ》で物質的《ぶっしつてき》に処置《しょち》をしなくてはなりません。血《ち》を止《と》めたり、キチッと骨《ほね》を入《い》れたり、歯《は》の処置《しょち》を早《はや》くしてもらうことが大切《たいせつ》です。

しかし、本来《ほんらい》「神《かみ》の子《こ》」として地上《ちじょう》に顕現《けんげん》させられております人類《じんるい》や、あらゆる生物《せいぶつ》は、なんの医学《いがく》も薬《くすり》もいらないようにつくられていることに、もっと早《はや》く気《き》がつかなければならないのです』と、救《すく》い主《ぬし》・聖凰真光大導主様《せいおうまひかりだいどうしゅさま》は、ご教導《きょうどう》を下《くだ》されております。

聖凰様《せいおうさま》の経済的《けいざいてき》ミソギハラヒ

また、救《すく》い主《ぬし》・聖凰真光大導主様《せいおうまひかりだいどうしゅさま》は、『それからもう一《ひと》つ、戦災《せんさい》のとき、五《いっ》つ六《むっ》つの会社《かいしゃ》を経営《けいえい》してたが、財産《ざいさん》を全部《ぜんぶ》なくしてしまったのです。そして借金《しゃっきん》だけ残《のこ》してしまった。どうしてこの借金《しゃっきん》を返《かえ》すか、途方《とほう》にくれちゃって自殺《じさつ》しようとまで決《けっ》心《しん》したんです。そして、最後《さいご》に残《のこ》っていた軍服《ぐんぷく》を質《しち》に入《い》れ、お玉串《たまぐし》として神様《かみさま》にお詫《わ》びのお参《まい》りをし、死《し》に場所《ばしょ》を求《もと》めはじめたとき、〈お前《まえ》の先祖《せんぞ》の罪《つみ》が消《き》えるぞ！　消《き》えるぞ！〉と声《こえ》なき声《こえ》がしたのです。そのときはじめて、先祖《せんぞ》の犯《おか》した罪《つみ》と、自分自《じぶんじ》身《しん》の犯《おか》した罪《つみ》に気《き》がついたのです。父方《ちちかた》の先祖《せんぞ》は織田家《おだけ》で、母方《ははかた》の先祖《せんぞ》は徳川家《とくがわけ》であり、いずれも、戦国時代《せんごくじだい》に天下《てんか》を統一《とういつ》せんという由緒《ゆいしょ》ある家系《かけい》であり、私《わたくし》は織田《おだ》を改姓《かいせい》した岡田家《おかだけ》の十四代目《だいめ》です。「天下《てんか》を取《と》るために、どれほど多《おお》くの人《ひと》の命《いのち》が奪《うば》われたかわからないほどのたいへんな罪《つみ》」を犯《おか》している家系《かけい》であることに気《き》がついたのです。

また、三年《ねん》の命《いのち》ならと、お国《くに》のために死《し》ぬまで働《はたら》くのも生《い》き甲斐《がい》だと、軍《ぐん》の飛行機《ひこうき》をつくる会社《かいしゃ》や、その他《た》の軍需産業《ぐんじゅさんぎょう》をやって、人殺《ひとごろ》しの手伝《てつだ》いをしていたのです。そして儲《もう》かったために「信仰《しんこう》」を忘《わす》れちゃって「我《が》が出《で》る、慢心《まんしん》する、悪《わる》いところへ行《い》って金《かね》を惜《お》し気《げ》もなく使《つか》い遊《あそ》ぶ」という罪《つみ》を犯《おか》したわけです。そして空襲《くうしゅう》で全部《ぜんぶ》やられた。残《のこ》ったのは借金《しゃっきん》だけです。

それがミソギだったとさとりました。途端《とたん》に人生《じんせい》が明《あか》るくなったんです。神様《かみさま》が鍛《きた》えて下《くだ》さった。ミソギして下《くだ》さった。と、こう考《かんが》えたんです。それから一生懸命信《いっしょうけんめいしん》仰《こう》を取《と》り戻《もど》しました。

自分自身《じぶんじしん》の過去世《かこせ》の、あるいはその前世《ぜんせ》の、あるいは先祖《せんぞ》からの罪《つみ》・穢《けが》れが、財《ざい》を失《うしな》うことによって消《き》えるということ。言霊《ことだま》では、「財《ざい》は罪《ざい》に通《つう》ずる」のです。そして不思議《ふしぎ》に「半分《はんぶん》ぐらいは消《き》えたかな」と思《おも》ったのです。すると「あと残《のこ》った罪穢《ざいえ》は、自分《じぶん》がこれからさらに消《け》していけばいい」という気持《きも》ちになったのです。これが私《わたくし》の「救《すく》い」でした。

そう思《おも》ったら、先祖《せんぞ》からの借金《しゃっきん》の大《おお》きな袋《ふくろ》が、パーッと取《と》れたような気《き》がして、身軽《みがる》になった感《かん》じがしたのです。それでいっぺんに陽気《ようき》になって「死《し》ぬのは止《や》めた」と思《おも》ったのです。

それからは罪穢《ざいえ》を消《け》すことに一生懸命《いっしょうけんめい》になりました。現界《げんかい》で借金《しゃっきん》を残《のこ》すと、それだけ他人様《ひとさま》に迷惑《めいわく》を与《あた》えるようになるからと、血《ち》みどろで借金返《しゃっきんがえ》しをしました。私《わたくし》が借金《しゃっきん》を返《かえ》せたのもすべて「神様《かみさま》のおかげ」で返《かえ》せたのです。普通《ふつう》なら返《かえ》せるような借金《しゃっきん》ではないのですから。

親娘《おやこ》で行商《ぎょうしょう》をはじめました。「罪穢《ざいえ》を消《け》すため」に商売《しょうばい》をはじめたのです。しかし、行商《ぎょうしょう》というものは嫌《いや》なものだと思《おも》いました。玄関《げんかん》をガラッと開《あ》けて入《はい》っていくと、「うちになんの用《よう》だ！」と怒鳴《どな》られる。そして「どうも、あいすいません」といって玄関《げんかん》を出《で》るのですが、そのときに、下駄《げた》を揃《そろ》えて帰《かえ》ってくるとか、紙《かみ》くずがあれば拾《ひろ》って帰《かえ》ってくるとかしていたら、二、三度《ど》行《い》くうちに、「お前《まえ》さんかね、このあいだ、下《げ》駄《た》を揃《そろ》えて行《い》ったのは。あんた変《か》わった人《ひと》だね」と向《む》こうから話《はなし》をしてくるようになり、「それなら買《か》ってやるよ」ということになってきたのです。

なにをやったかというと、当時《とうじ》、農家《のうか》の人《ひと》はゴム靴《ぐつ》がなくて、蛭《ひる》に食《く》われて困《こま》っていたから、ゴム靴《ぐつ》をもっていって救《すく》おうと考《かんが》えたわけです。そうすれば、農家《のうか》の人《ひと》の「救《すく》い」になるから、「神様《かみさま》にお借金《しゃっきん》が一《ひと》つ返《かえ》せる」と思《おも》ったのです。それで、品物《しなもの》がなくてなんでも高《たか》く売《う》れたときだったが、「罪穢《ざいえ》を消《け》すために」闇相場《やみそうば》でなく、公《こう》定相場《ていそうば》（定価《ていか》）で売《う》ったら、農家《のうか》の人《ひと》が喜《よろこ》んで、一足《そく》が二足《そく》になり、「三足頼《そくたの》む」「今《こん》度《ど》は五足頼《そくたの》む」というふうに注文《ちゅうもん》されるようになってきたのです。

しかし、こちらは金《かね》がないから、「そんなに仕入《しい》れてこれませんよ」といったら、「あんたに金《かね》がないのなら先《さき》に金《かね》を出《だ》すよ」といって、お金《かね》を出《だ》してくれるようになったのです。それが評判《ひょうばん》になって「十足《そく》だ」「二十足《そく》だ」ということになってしまった。それで現金《げんきん》をもって買《か》いにくるから、問屋《とんや》さんのほうでもいいお得意様《とくいさま》になってしまいました。

また、建設会社《けんせつがいしゃ》に勤《つと》めたときでもそうです。とにかく「会社《かいしゃ》に儲《もう》けさせよう」と一《いっ》生懸命《しょうけんめい》になってやりました。けれども借金《しゃっきん》の期日《きじつ》が近《ちか》づいてきましたから、私《わたくし》はいよいよ困《こま》って他《ほか》の会社《かいしゃ》に身売《みう》りしようとしたのです。そうしてとうとう期日《きじつ》が来《き》ていよいよ困《こま》りましたから、「申《もう》しわけないけど、辞《や》めさせてほしい」とお願《ねが》いしました。するとと社長《しゃちょう》が三日《みっか》も続《つづ》けて家《いえ》にきて、「どこが気《き》に入《い》らないのだ」と聞《き》くのです。それでしょうがないから、「実《じつ》は、いよいよ借金《しゃっきん》の期日《きじつ》がきてしまうから、これを返《かえ》さないと、私《わたし》は首《くび》をくくらなければならないのです。よその会社《かいしゃ》では月給《げっきゅう》を今《いま》の三倍《ばい》にしてくれるというし、借金《しゃっきん》があるのなら返《かえ》してあげるといってくれます。だから私《わたし》はその会社《かいしゃ》に行《い》こうと思《おも》うのです。これまで会社《かいしゃ》を伸《の》ばしてきたのですから、どうか堪忍《かんにん》してもらいたい」と打《う》ち明《あ》けました。

そうしますと、「そんな借金《しゃっきん》があるなら、なぜ言《い》わなかったんですか。そんなものは、私《わたし》が払《はら》ってあげます」と、社長《しゃちょう》は言《い》って残《のこ》りの借金《しゃっきん》を全部《ぜんぶ》払《はら》ってくれました。それでとうとう十三年《ねん》かかったが、私《わたくし》は借金《しゃっきん》を全部《ぜんぶ》返《かえ》すことができたのです。「自分《じぶん》を捨《す》てて、己《おの》れのためでなく、世《よ》のため、人《ひと》のために」と考《かんが》えて一生懸命《いっしょうけんめい》にやっていれば、人間《にんげん》は弥栄《いやさか》にできているのです。ですから困《こま》っている人《ひと》は、そういう生《い》き方《かた》をしてごらんなさい。私《わたくし》と同《おな》じように復活《ふっかつ》します。それを「自捨新生《じしゃしんせい》」といいます。

だから「想念《そうねん》の転換《てんかん》」だと思《おも》うのです。救《すく》おう、人《ひと》のためになろうという「愛《あい》」なのです。施《ほどこ》しが大切《たいせつ》です。それで現界《げんかい》の借金《しゃっきん》がなくなったから、今度《こんど》は「神様《かみさま》にお借金返《しゃっきんがえ》しをしよう」という気持《きも》ちになったのです。そして同時《どうじ》に、「他人様《ひとさま》に感謝《かんしゃ》されることによって、先祖《せんぞ》への怨《うら》みを一《ひと》つひとつ消《け》していこう」と思《おも》ったのです。この二《ふた》つがありました』と、ご教導《きょうどう》を下《くだ》されております。

救《すく》え、然《しか》らば救《すく》われん

そして、救《すく》い主《ぬし》・聖凰《せいおう》真《ま》光大導主様《ひかりだいどうしゅさま》は、『そういうわけで私《わたくし》は欲《よく》がなくなってしまったのです。「物質《ぶっしつ》のはかなさ」というものをしみじみサトされて、神様《かみさま》への「ご恩奉仕《おんほうし》」に生《い》きようと考《かんが》えました。ただ「救《すく》われる人《ひと》が多《おお》くなりさえすればいい」との想《おも》いでした。そのうちにだんだんと救《すく》われる方《かた》がどんどん出《で》てこられる。すると、その救《すく》われた方《かた》が、実《じつ》は私《わたくし》をまた救《すく》って下《くだ》さっているのです。これが「救《すく》え、然《しか》らば救《すく》われん」ということです。

そういう式《しき》に、チョットした「想念転換《そうねんてんかん》」が後《のち》の一生《いっしょう》を決《き》めてしまいます。ですから、普通《ふつう》の人《ひと》と同《おな》じような想念《そうねん》をもっていたら救《すく》われません。「救《すく》われよう」と思《おも》ったら、他人様《ひとさま》以上《いじょう》の「想念《そうねん》のもち方《かた》」をするよりしょうがないのです。

信仰《しんこう》に致《いた》しましても、「正法《せいほう》の神向《しんこう》」でなければ「真実《しんじつ》の救《すく》われ」というものは起《お》きないのです。よく「現実《げんじつ》は信仰《しんこう》の世界《せかい》と違《ちが》う」などという考《かんが》えをもつ人《ひと》がありませすが、これでは本当《ほんとう》の神向《しんこう》ではないのです。本当《ほんとう》の神向《しんこう》は、神様《かみさま》のために夢中《むちゅう》になって人助《ひとだす》けをしていれば、知《し》らぬまに罪穢《ざいえ》が消《き》えて、救《すく》われてしまうのです。

神様《かみさま》は大《おお》きなご経綸《けいりん》をしていらっしゃると同時《どうじ》に、致《いた》れり尽《つ》くせりで細《こま》やかなご愛《あい》情《じょう》をおもちになっていらっしゃる。だから、人力《じんりき》だけでなく、神力《しんりき》をプラスしていただける人《ひと》に切《き》り換《か》わることが大切《たいせつ》です。

それと、人《ひと》の長所《ちょうしょ》を見《み》ることのできる人《ひと》に切《き》り換《か》わることです。

自分《じぶん》は相手《あいて》よりも欠点《けってん》が多《おお》いと考《かんが》えて、相手《あいて》の長所《ちょうしょ》だけを見《み》ていればいいのです。「あの人《ひと》はこういうところがいいナ」と思《おも》ったら、それを自分《じぶん》の身《み》につけてしまう。十人《にん》とつきあったら十人《にん》の長所《ちょうしょ》を頂載《ちょうだい》する。やがてその人《ひと》は自然《しぜん》に行動《こうどう》しても徳《とく》がにじみ出《で》てくるようになる。そういうふうに他人様《ひとさま》から学《まな》ばなければならないのです。それでなければ人間《にんげん》は進歩《しんぽ》しません。

それなのに、「あの人《ひと》は欠点《けってん》がある」と見《み》るから、自分《じぶん》の欠点《けってん》の隠《かく》れ蓑《みの》にしてしまい、自分《じぶん》はそこに隠《かく》れる。人《ひと》の欠点《けってん》が目《め》につく人《ひと》が進歩《しんぽ》しないのは、自分《じぶん》に欠点《けってん》があっても、同《おな》じようにあの人《ひと》にも欠点《けってん》があるから同《おな》じだ、という安心感《あんしんかん》が出《で》るからです。

ところが、人《ひと》の長所《ちょうしょ》ばかり見《み》ていると、自分《じぶん》の欠点《けってん》がよくわかるからそれを直《なお》そうとする。だからその人《ひと》は短期間《たんきかん》に進歩《しんぽ》する。「あの人《ひと》は英語《えいご》が下手《へた》だ。自分《じぶん》の方《ほう》が上手《じょうず》だな」と思《おも》ったらもうその人《ひと》は進歩《しんぽ》しない。だから英語《えいご》の上手《じょうず》な人《ひと》ばかりを見《み》ていればいいのです。

逆《ぎゃく》にいうと、人《ひと》の欠点《けってん》が目《め》につく人《ひと》ほど、自分《じぶん》の心《こころ》の卑《いや》しさや魂《たましい》の汚《きたな》さを自分《じぶん》で暴露《ばくろ》している人《ひと》なのです。上《うえ》の立場《たちば》の人《ひと》から見《み》ると、その人《ひと》の人間《にんげん》がすぐにわかってしまうから、責任《せきにん》のある立場《たちば》へは持《も》っていけないということになってしまう。使《つか》いものにならないと思《おも》われてしまいます。現実《げんじつ》の世《よ》のなかは人間《にんげん》が一生《いっしょう》を伸《の》びていくことになると、実《じつ》に厳《きび》しい世界《せかい》なのです。

そして、自分《じぶん》の今《いま》までの悪《わる》いところは直《なお》して、やるべきことはやる。『神組《かみく》み手《て》の想念《そうねん》』として示《しめ》しているような生《い》き方《かた》をしておりますと、曇《くも》りが取《と》れていくにつれて自然《しぜん》によくなるように仕組《しく》んでいっていただけるのです。これが「神様《かみさま》と人間《にんげん》との繋《つな》がり」なのです。つまり「神様《かみさま》と一緒《いっしょ》にお仕事《しごと》をさせていただく」、「神様《かみさま》と一緒《いっしょ》にお勉強《べんきょう》をさせていただく」という考《かん》え方《がた》で毎日生活《まいにちせいかつ》できる人《ひと》になることです。これが

「幸せ《しあわ》」になる道《みち》なのです。

そして今《いま》は、どんな病人《びょうにん》にも、どんな理不尽《りふじん》で破《やぶ》らんと、人生《じんせい》のどん底《ぞこ》に立《た》とうと、私《わたくし》、光玉《こうたま》の正法神向《せいほうしんこう》を真剣《しんけん》に体得《たいとく》する限《かぎ》り立《た》ち上《あ》がり得《う》るもので、立《た》ち上《あ》がった限《かぎ》り「嬉《うれ》し嬉《うれ》しの人生《じんせい》」の再出発《さいしゅっぱつ》ができぬはずがないし、もしそうなれないとしたら、どこか神《かみ》の教《おし》え、すなわち、私《わたし》、光玉《こうたま》が教《おし》える正法《せいほう》からは間違《まちが》っている、つまり、どこかその人《ひと》の想念《そうねん》に間違《まちが》いがあるか、神様《かみさま》のお気《き》に入《い》らない点《てん》があるとか、他人様《ひとさま》よりも非常《ひじょう》に罪穢《ざいえ》が深《ふか》いということをサトルことに徹底《てってい》しないといけない。

「あの人《ひと》が救《すく》われているのに私《わたし》はなかなか救《すく》われない」というのではなく、人類共通《じんるいきょうつう》の罪穢《ざいえ》をさとり、自分《じぶん》の家《いえ》の罪穢《ざいえ》をさとり、先祖《せんぞ》がどれだけ人《ひと》を苦《くる》しめてきたかわからないほど、罪穢《ざいえ》が深《ふか》いということをさとることが必要《ひつよう》です。救《すく》われないはずがないのです。

そこで、「救《すく》われ方《かた》によって自《みずか》らが反省《はんせい》する」ところに「神向《しんこう》」があるのです。反省《はんせい》をして、自己主義《じこしゅぎ》の人《ひと》が利他愛《りたあい》の人《ひと》に転換《てんかん》したりというように、想念《そうねん》の転換《てんかん》をしたり、魂改《たまあらた》めをしたりすることが大切《たいせつ》なのです。その結果《けっか》、はじめて神様《かみさま》のお気《き》に入《い》って救《すく》われていくのです。

そして、太古《たいこ》より伝《つた》わる古神道《こしんとう》、惟神道《かんながらのみち》の救《すく》いの業《わざ》、「真光の業《まひかりのわざ》」によって、病気《びょうき》、家庭《かてい》の不和《ふわ》、あるいは犯罪《はんざい》・闘争《とうそう》・災害《さいがい》・事故《じこ》等の霊的障害《れいてきしょうがい》を解消《かいしょう》して、「世界《よかい》救《すく》い、人救《ひとすく》い」をさせていただきまして、真《まこと》の平和《へいわ》な天国《てんごく》のような幸福《こうふく》に満《み》ちた世界《せかい》をつくりあげようとするものです。

それから、霊界《れいかい》の掟《おきて》と仕組《しく》みは、宗教《しゅうきょう》がどうであろうと厳然《がんぜん》として決《き》まっているのです。たとえば、やるべき先祖《せんぞ》の祀《まつ》りをしないでいくら信仰《しんこう》をしても、戒告《かいこく》ばかり降《お》りてくるようになる。まず、幽界《ゆうかい》のことをきちっとしておいてから、真光《まひかり》の業《わざ》を受《う》けるなり、神様《かみさま》にお願《ねが》いするなりしないと、戒告《かいこく》や霊障《れいしょう》は取《と》れないから、奇跡《きせき》は起《お》きないのです。ですから、正《ただ》しい祖霊祀《それいまつ》りをしてから真光《まひかり》の業《わざ》を受《う》けるようにするのです。

そうしますと、憑依霊《ひょういれい》は自《みずか》らさとっていき、やがては浄化《じょうか》が進《すす》み、執着《しゅうちゃく》を取《と》って人体《じんたい》から離脱《りだつ》し幽界《ゆうかい》に帰《かえ》っていくようになります。また、離脱《りだつ》しきれない場合《ばあい》でも、真光《まひかり》によって萎縮《いしゅく》させられ、霊力《れいりょく》が弱《よわ》くなって悪《わる》アガキができないようになります。

憑依霊《ひょういれい》がさとり、善想念《ぜんそうねん》に変《か》わってゆくと、霊障《れいしょう》はだんだんと解消《かいしょう》されてしまいます。

ですから、「私《わたくし》、光玉《こうたま》のように神向《しんこう》にもっと徹《てっ》する必要《ひつよう》があります」と、断言《だんげん》さえできるところまでこれたのです』と、ご教導《きょうどう》を下《くだ》されております。

人類《じんるい》「幸福《こうふく》」を求《もと》めて

昭和《しょうわ》四十二年《ねん》（一九六七）三月号《がつごう》真光《まひかり》五十五号《ごう》初研講座《しょけんこうざ》より『人間《にんげん》は「幸福《こうふく》」を求《もと》めて一生《いっしょう》無我夢中《むがむちゅう》で努力《どりょく》をします。そしてそれは、まさに万人《まんにん》の人情《にんじょう》というべきであります。自然《しぜん》で、共通《きょうつう》に、切実《せつじつ》に、真剣《しんけん》に求《もと》めているものは、「幸福《こうふく》」というたった二字《じ》で、どんなお偉《えら》い方《かた》にも、貧乏《びんぼう》な方《かた》にも秘《ひ》めた願望《がんぼう》の重要《じゅうよう》なものの一《ひと》つでしょう。「幸福《こうふく》」の二字《じ》を血眼《ちまなこ》になって追《お》い求《もと》めている、というのが現実《げんじつ》でしょう。

その証拠《しょうこ》は、人類史《じんるいし》を通覧《つうらん》すれば明《あき》らかでしょう。「幸福《こうふく》」という二字《じ》のために、人類《じんるい》は、汗《あせ》の労働《ろうどう》、涙《なみだ》の悲劇《ひげき》、血《ち》の闘争《とうそう》を繰《く》り返《かえ》し、それを綴《つづ》ったのが人生歴史《じんせいれきし》、社《しゃ》会史《かいし》、民族史《みんぞくし》、人類史《じんるいし》であることを誰《だれ》しも否定《ひてい》することはできないでしょう。

だのに、人生本当《じんせいほんとう》の意味《いみ》で幸福《こうふく》といえる人《ひと》ははたして幾人《いくにん》いるであろうか。私《わたくし》の六十有余年《ゆうよねん》の人生史《じんせいし》で、多《おお》くの高位高官《こういこうかん》、大廈高楼《たいかこうろう》にお住《す》まいの大家《たいか》、富者《ふしゃ》のご家庭《かてい》等《など》を宴見聞《うたげけんぶん》ではありますが、いよいよ内容《ないよう》にはいっていろいろご相談《そうだん》を受《う》けてみると、「ああ本当《ほんとう》にお幸《しあわ》せだなあ」と思《おも》えた方《かた》は、何千人《なんぜんにん》のなかにさえ五指《ごし》とは得《え》られなかったのです。なぜでしょうか。

狭《せま》い人生経験《じんせいけいけん》の代名詞《だいめいし》みたいな、俗《ぞく》にいう先輩《せんぱい》なる人《ひと》からの軽卒《けいそつ》な断定以外《だんていいがい》なにものでもなかったのではないか。いろんな宗 教者《しゅうきょうしゃ》にあたってみても、万象弥栄《ばんしょういやさか》えの原理《げんり》を創造《そうぞう》したこともない真如《しんにょ》の教《おし》えや、あるいは人間《にんげん》の生命《せいめい》すらつくり得《え》ない人間《にんげん》の才知《さいち》、浅知《あさち》の哲学《てつがく》という遊戯《ゆうぎ》の類《たぐい》しか 私 達《わたくしたち》は得《え》られなかった。否《いな》、そういう人達《ひとたち》自身《じしん》が病気《びょうき》だったり、経済不安《けいざいふあん》だ、裁判《さいばん》だ、夫婦《ふうふ》、親子《おやこ》、兄弟《きょうだい》の争《あらそ》いごとだ、身《み》よりの病災《びょうさい》だ、子供《こども》の不良化《ふりょうか》だ、小児麻痺《しょうにまひ》だ、事業《じぎょう》の失敗《しっぱい》だ、空手形《からてがた》だ、金《かね》の持《も》ち逃げだ……で苦《くる》しんでいるのです。こんなことで、どうして現実《げんじつ》の激《はげ》しい生存競争《せいぞんきょうそう》のこの世《よ》に、「幸福《こうふく》」の二字《じ》を運命《うんめい》づけられるだろうか。

元来《がんらい》、ハッキリと的《まと》を定《さだ》めず放《はな》った矢《や》は「流《なが》れ矢《や》」で、獲物《えもの》は得《え》られるべくもなく、不幸《ふこう》に終《お》わったとしても当然《とうぜん》ではなかろうか。あるいは、万人幸福者《まんにんこうふくしゃ》になれるよう創《そう》造《ぞう》して下《くだ》さった神様《かみさま》には、口達者《くちたっしゃ》で、高邁崇高《こうまいすうこう》な理念《りねん》を説《と》いていたとしても終生《しゅうせい》、人類創造主《じんるいそうぞうぬし》に対《たい》しては親不幸《おやふこう》の看板《かんばん》を下《さ》げて歩《ある》いているようなものであり、どこか「神《かみ》の仕組《しく》みの置《お》き手《て》（後世《こうせい》、掟《おきて》という字《じ》になった）」とは違《ちが》った生《い》き方《かた》をしました、という証拠《しょうこ》が闊歩《かっぽ》しているようなものです。これでは、人間創造《にんげんそうぞう》の神《かみ》にも、この世《よ》に肉身《にくしん》としての体験《たいけん》と魂《たましひ》の進化《しんか》のため、出《だ》してくれた媒体《ばいたい》である親《おや》（先祖《せんぞ》を含《ふく》む）にも申《もう》しわけない話《はなし》であり、神《かみ》の子人間《こにんげん》である己《おの》れ自身《じしん》にも申《もう》しわけのたたぬ、浮《う》き草人生《くさじんせい》に終《お》わることは当然《とうぜん》というほかありません。

そこで、議論《ぎろん》をしていればおもしろいが、短《みじか》い切実《せつじつ》な人生《じんせい》には時間《じかん》があまりにも足《た》りなすぎる。幸《こう》、不幸《ふこう》ということは明日《あした》からすぐに問題《もんだい》になるので、我々《われわれ》は、陽光子《ようこうし》（陰照《いんて》り人種《じんしゅ》でない、陽照《ようて》り人種《じんしゅ》）すなわち幸《しあわ》せ者《もの》のみのグループに切《き》り換《か》えてしまうため、頭《あたま》から神示《かみしめ》による目標《もくひょう》を定《さだ》めています。

その目安《めやす》とはなにか。私達陽光子《わたくしたちようこうし》の基本的想念《きほんてきそうねん》は次《つぎ》のこととしているのです。

（イ）まず、次《つぎ》の三《みっ》つを揃《そろ》えもった希望《きぼう》に生《い》きる。三《みっ》つとはすなわち「健《けん》」「和《わ》」「富《ふ》」です。一《ひと》つ、健《けん》とは、無病化《むびょうか》してしまう。二《ふた》つ、和《わ》とは、無対立無争心《むたいりつむそうしん》で愛和《あいわ》に生《い》きる神《かみ》の子《こ》と化《か》する。三《みっ》つ、富《ふ》とは、経済不安《けいざいふあん》のない人《ひと》や家庭《かてい》と化《か》してしまう、すなわち脱貧《だつびん》してしまう。

以上《いじょう》の三拍子《さんびょうし》は、いままでのあらゆる宗教《しゅうきょう》や哲学《てつがく》とは違《ちが》って、インスタントに現実《げんじつ》に整《ととの》える妙法《みょうほう》を体得《たいとく》して、それを一線《いっせん》の基盤《きばん》にし、一段一段《いちだんいちだん》踏《ふ》みしめ、それを揃《そろ》えて吊《つ》り上《あ》げていく。必《かなら》ず二階《かい》へ馬鹿《ばか》でもチョンでも登《のぼ》り得《う》るといういき方《かた》です。

（ロ）同時《どうじ》に、人間《にんげん》が無限《むげん》の力《ちから》に生《い》きる神《かみ》の子《こ》そのものであるという感得力《かんとくりき》をしだいに強《つよ》めて、霊的能力《れいてきのうりょく》を発見《はっけん》し、神性化《しんせいか》する。マコト不可思議力《ふかしぎりき》の出《で》る神《かみ》の子《こ》と化《か》する。かくして、健《けん》・和《わ》・富《ふ》の自由無碍界《じゆうむげかい》に万人《まんにん》が生《い》きながらはいって、はじめて「人間《にんげん》がマコトに神性化《しんせいか》し、自《おの》ずからマコトの自由解放《じゆうかいほう》、すなわち自由無碍《じゆうむげ》の境《さかい》に生《い》きる」人《ひと》と化《か》すのです。

お幸《しあわ》せ、お幸《しあわ》せというが、幸《しあわ》せとは、「健《けん》」「和《わ》」「富《ふ》」の三点《てん》をハッキリと定《さだ》めてしまう。それには、この三《みっ》つを揃《そろ》えて、それを一段一段《いちだんいちだん》上《あ》げていくほか方途《ほうと》はないはずです。多《おお》くの人々《ひとびと》は、これが漠然《ばくぜん》としているのではないでしょうか。

さて、この三《みっ》つを揃《そろ》え、それを上《あ》げていくにはどうするか。健《けん》、すなわち無病化《むびょうか》したとする（万人易々《まんにんいい》としてできるのだから）。すると、薬《くすり》も医者《いしゃ》も、あの世行《よい》きのとき以外《いがい》は、ほとんど人生《じんせい》には不必要《ふひつよう》となれる。誰《だれ》でも、疲《つか》れなどしらない人間《にんげん》に化《か》せる。精神《せいしん》は常《つね》に爽快《そうかい》、能力倍加《のうりょくばいか》、能力向上《のうりょくこうじょう》は易々《いい》たるものです。

ところが一般《いっぱん》の人《ひと》は、その法《ほう》を知《し》ろうともしないし、実践《じっせん》しようともしない。まことに不思議《ふしぎ》なことで、これだけいろいろな大宗教《だいしゅうきょう》や、医学《いがく》が高度《こうど》に発達《はったつ》している時代《じだい》に、「そんなうまい話《はなし》はない」と思《おも》い込《こ》む恐《おそ》ろしいほどのそれこそ迷信時代《めいしんじだい》におちいっている。この無病化法《むびょうかほう》の体得《たいとく》だけで、学業《がくぎょう》や事業《じぎょう》の能力《のうりょく》はそのままで、そのままの設備《せつび》でさえ成果《せいか》は倍化《ばいか》する。人生経済《じんせいけいざい》、人生力《じんせいりょく》はこれだけで一変《いっぺん》してしまい、富《ふ》の道《みち》に自《おの》ずから通《つう》じてしまうのです。その「人生無病化《じんせいむびょうか》」の法《ほう》を不知《ふち》のままで平《へい》気《き》でいるのが九十五パーセントです。

こせこせし、あくせくと焦《あせ》る必要《ひつよう》はなくなって、堂々《どうどう》たる進軍《しんぐん》が可能《かのう》である。家庭《かてい》のなかは明《あか》るくなる。和気《わき》が自然《しぜん》にみなぎり、終《しま》いには朝《あさ》から晩《ばん》まで私達《わたくしたち》のように、一家《いっか》が、アッハッハ、アッハッハの暮《く》らしと化《か》する。愛和《あいわ》の家庭《かてい》はチョットした努《ど》力《りょく》でなんでもなく得《え》られるのです。家庭内《かていない》の愛和生活《あいわせいかつ》は、さらにその人《ひと》の別《べつ》の能力《のうりょく》を倍化《ばいか》するという善循環《ぜんじゅんかん》の家《いえ》と化《か》し、社会《しゃかい》と化《か》し、国際《こくさい》と化《か》するのです。

「そんなことが、このせちがらい人間界《にんげんかい》に今時《いまどき》得《え》られるはずがない」と思《おも》う迷信《めいしん》を捨《す》てることです。人《ひと》に負《ま》けない、容易《ようい》ならざる病《やまい》と貧《ひん》のドン底《ぞこ》へたたき落《お》とされて、一《いち》ルンペン（路上生活者《ろじょうせいかつしゃ》）に事実相成《じじつあいな》ったこの男《おとこ》に一言《ひとこと》いわせて頂《いただ》ければ、「非科学的《ひかがくてき》だ、非現実的《ひげんじつてき》だ、阿片《あへん》だよ」「しかしだよ」という「小我《しょうが》」から「そんなはずがないよ」「俺《おれ》の家《いえ》には先祖《せんぞ》からの宗派《しゅうは》がある」等《など》とあらゆる理屈《りくつ》をいって、むきになって否定《ひてい》しなければ気《き》がすまないか、人類《じんるい》や自分一家《じぶんいっか》の幸《しあわ》せが目的《もくてき》なのか、宗門宗派《しゅうもんしゅうは》のための信仰《しんこう》なのかも不明《ふめい》になって、「そのはずがない」と断定《だんてい》する、その、あなたの「それこそ迷信《めいしん》」をお捨《す》てになりさえすればいい。実《じつ》は私《わたくし》は、今《いま》の人《ひと》はどうしてそんなに幸《しあわ》せ者《もの》になるのがイヤなんだろうとさえ感《かん》ぜしめられているが、人間《にんげん》の八十パーセントはインスタントに、無病化《むびょうか》・脱貧《だつひん》・愛和《あいわ》の家庭《かてい》の実現《じつげん》は易々《いい》たるものなのです。そういうふうに断言《だんげん》してはばからないほど、人《ひと》をお救《すく》いしている摩訶不思議者《まかふしぎもの》ですと申《もう》し上《あ》げたいのです。

もちろん、お茶《ちゃ》やお花《はな》や碁《ご》、将棋《しょうぎ》でさえ「手《て》」があり「法《ほう》」があります。それを体得《たいとく》しようともせず、下宿《げしゅく》でゴロゴロして棚《たな》からぼた餅《もち》を待《ま》っていても、あるいは、ナムアミダ・ナムアミダと百遍称《ひゃっぺんとな》えていても、それは特殊《とくしゅ》な人以外《ひといがい》は得《え》られません。多少《たしょう》の努力《どりょく》や精進《しょうじん》は、正神《せいしん》の世界《せかい》ではお互《たが》いにする覚悟《かくご》が必要《ひつよう》なことはもちろんですが、いままでの宗教《しゅうきょう》のような救世力《きゅうせいりょく》のないものとは、全然違《ぜんぜんちが》うことを前提《ぜんてい》としてこれから聞《き》いてほしいのです。なぜならば、「三拍子揃《さんびょうしそろ》えてお見《み》せしようかいという会《かい》」だからです。

イエスは「信《しん》ずる者《もの》よ、汝《なんじ》は幸《さいわ》いなり」といっています。「汝《なんじ》の信仰《しんこう》、汝《なんじ》を救《すく》う」とも喝破《かっぱ》していますが、それがはじめて実現《じつげん》できる時代《じだい》が訪《おとず》れているのです。

現《げん》に私《わたくし》は、慢性胃腸病《まんせいいちょうびょう》のノイローゼの腎臓結石《じんぞうけっせき》の胸椎《きょうつい》カリエスで、当時《とうじ》、東洋《とうよう》一《いち》の病院《びょういん》で、天下《てんか》の名医《めいい》といわれた三本指《さんぼんゆび》のなかにはいる二博士《にはかせ》（二人《ふたり》の博士《はかせ》）から「退院《たいいん》して三年《ねん》の命《いのち》」と宣告《せんこく》されたのです。それこそ青天《せいてん》の霹靂《へきれき》、人生真《じんせいま》っ暗《くら》な断崖《だんがい》に忽然《こつぜん》として真《ま》っ逆《さか》さまに突《つ》き落《お》とされた私《わたくし》は、さすがに病院《びょういん》の寝台《しんだい》の上《うえ》で三日《みっか》三晩《みばん》泣《な》き濡《ぬ》れたのです。しかも経済的《けいざいてき》には、戦災《せんさい》による工場《こうじょう》の焼失《しょうしつ》をきっかけに、文字《もじ》通《どお》り丸裸《まるはだか》になり、返《かえ》す見込《みこ》みのない戦災《せんさい》の借金《しゃっきん》を背負《せお》った一《いち》ルンペンにおちいった男《おとこ》です。

それが、第一《だいいち》に医学《いがく》と薬《くすり》を捨《す》てて、その捉《とら》われの不自由《ふじゆう》な枠《わく》をすっかり抜《ぬ》いて、病理学《びょうりがく》という人造知《じんぞうち》でない、在《あ》りて有《あ》った万象弥栄《ばんしょういやさか》えの法《のり》である「健《けん》の理《り》」の方《ほう》へ切《き》り換《か》え、ここは自分《じぶん》の努力《どりょく》がいる点《てん》ですが、コルセットも大胆《だいたん》に外《はず》してしまったのです。頼《たよ》るものは、己《おの》が心力《しんりき》、魂力《こんりき》の復活《ふっかつ》、すなわち人力《じんりき》と、神力仏力《しんりきぶつりき》をプラスする法《のり》に切《き》り換《か》えるほかなくなったら、前述《ぜんじゅつ》の病気《びょうき》と信《しん》じていたものは、かたっぱしから即刻《そっこく》、インスタントに自然消滅《しぜんしょうめつ》したのです。

そして、三年目《ねんめ》には逆《ぎゃく》に骨《ほね》ができて、荷物《にもつ》さえもてる人《ひと》へと切《き》り換《か》わり、四十三歳《さい》で医学理論上《いがくりろんじょう》は死《し》ぬはずであった私《わたくし》は、それ以来《いらい》二十三年《ねん》の命《いのち》を余分《よぶん》に頂戴《ちょうだい》して、しかも仁丹《ジンタン》一《ひと》つ嘗《な》めたことのない人《ひと》と化《か》し、今《いま》やまったくの無病化人《むびょうかびと》で、疲《つか》れを知《し》らぬ人間《にんげん》ができあがってしまったのです。さらに、借金《しゃっきん》も奇跡的《きせきてき》に返済《へんさい》を終《お》えることができ、家庭《かてい》は天国化《てんごくか》で、今日《こんにち》では、毎日《まいにち》が「嬉《うれ》し嬉《うれ》し、ありがたしありがたし」で暮《く》らさせて頂《いただ》ける身《み》と化《か》したわけです』と、救《すく》い主《ぬし》・聖凰真光大導主様《せいおうまひかりだいどうしゅさま》はご教導《きょうどう》を下《くだ》されております。

第二章　正神《せいしん》の系図《けいず》

新興宗教《しんこうしゅうきょう》、そりゃ低級《ていきゅう》だよ

昭和《しょうわ》四十二年《ねん》（一九六七）四月号《がつごう》真光《まひかり》五十六号《ごう》初研講座《しょけんこうざ》より

宗教迷信《しゅうきょうめいしん》その一について、救《すく》い主《ぬし》・聖凰真光大導主様《せいおうまひかりだいどうしゅさま》は、『「新興宗教《しんこうしゅうきょう》、そりゃ低級《ていきゅう》だよ」と、一知半解者《いっちはんかいしゃ》（充分《じゅうぶん》にわかっていない人《ひと》）はよくこういうことをいいますが、そういう人《ひと》に限《かぎ》って会《あ》って話《はなし》をしてみると、仏教《ぶっきょう》なら仏教《ぶっきょう》、神道《しんとう》なら神道《しんとう》をそうとう研究《けんきゅう》した人《ひと》でさえ、内容《ないよう》がいいかげんか、ごまかし宗教《しゅうきょう》しか研究《けんきゅう》していない。とくに、失礼《しつれい》だが、大衆《たいしゅう》が知《し》らない世界《せかい》だけに、博士《はかせ》ぶり権威《けんい》ぶっておられる方《かた》ほど狭士《はざせ》であることに一驚《いっきょう》させられ、あぜんとするほかないので、遠慮《えんりょ》なしにいわせていただきたい。こういうことが、前述《ぜんじゅつ》の科学迷信《かがくめいしん》と同《おな》じように大《おお》きな宗教《しゅうきょう》迷信《めいしん》をつくり出《だ》して、大衆《たいしゅう》を不幸《ふこう》に導《みちび》いている温床《おんしょう》となり、しかも権威《けんい》を落《お》とさない頑迷《がんめい》（自分《じぶん》がこうだと思《おも》ったことを変《か》えないで、道理《どうり》がわからない）か、平然《へいぜん》とした化《ば》け物《もの》の多《おお》い時代《じだい》なるゆえに。というのは、本来《ほんらい》、本物《ほんもの》の宗教《しゅうきょう》や、次代《じだい》へ何《なん》千年《ぜんねん》のあいだ重大《じゅうだい》な影響《えいきょう》をあたえるような宗教《しゅうきょう》は、既成《きせい》に対《たい》して必《かなら》ず新興宗教《しんこうしゅうきょう》というものだからであります。

たとえると、釈迦存命中《しゃかぞんめいちゅう》に仏教《ぶっきょう》という宗教《しゅうきょう》があったか、というとない。あったのは貴族宗教化《きぞくしゅうきょうか》したバラモン教《きょう》（ヒンドゥー教《きょう》の元《もと》）とその権威権勢《けんいけんせい》しかなかった。釈迦《しゃか》はインドの大衆救世《たいしゅうきゅうせい》の宗教大革命《しゅうきょうだいかくめい》を企図《きと》（計画《けいかく》）されたもので、その証拠《しょうこ》に提婆王《ダイバおう》の迫害《はくがい》を受《う》けんとし、一時亡命《いちじぼうめい》のやむなきに至《いた》ったのです。すなわち当時《とうじ》、ゴータマ・シッタッタのインドにおける仙人行《せんにんぎょう》による超人的霊能《ちょうじんてきれいのう》による「救《すく》いの業《わざ》と金口《ごんぐ》の説法《せっぽう》」しかなかったのです。経典《きょうてん》の信仰上《しんこうじょう》のゴータマ・シッタッタやイエスと、歴史上《れきしじょう》の事実上《じじつじょう》のゴータマ・シッタッタやイエスとはおのおの違《ちが》うことを承知《しょうち》しておいてほしいのです。

今日伝《こんにちつた》わっている南方《なんぽう》、北方《ほっぽう》、大乗《だいじょう》、小乗仏教《しょうじょうぶっきょう》のいずれを取《と》ってみても、大部《だいぶ》分《ぶん》は四万《まん》八千巻《かん》の大蔵経《だいぞうきょう》、すなわち弟子《でし》のつくったものです。釈迦《しゃか》の死後《しご》、研究会《けんきゅうかい》が弟子達《でしたち》によっておこなわれ、弟子《でし》五百人《にん》が集《あつ》まって、釈迦存命中《しゃかぞんめいちゅう》に「私《わたくし》にはこうおっしゃいました」といろいろ伝《つた》えられたものを、耳《みみ》から耳《みみ》へ伝承《でんしょう》したのが『五百《ごひゃく》人集《にんしゅう》』で、当時《とうじ》は書籍《しょせき》や文《ぶん》にはなっていないのです。また、その百年後《ひゃくねんご》に、第二回《だいかい》目《め》の共同研修《きょうどうけんしゅう》、すなわち七百人《ひゃくにん》の議論集等《ぎろんしゅうとう》を出《だ》し、堂々《どうどう》と経文《きょうもん》にしたのが、ほとんどその大部分《だいぶぶん》です。

釈迦《しゃか》の「金口《ごんぐ》の説法《せっぽう》」として明《あき》らかに残《のこ》っているものは、仏家《ぶっけ》においてすらほんの一部分《いちぶぶん》しか伝《つた》わっていません。たとえば、観音《かんのん》の説法《せっぽう》（経《きょう》）、法華《ほっけ》の説法《せっぽう》（経《きょう》）、般若《はんにゃ》心経《しんぎょう》、法滅尽経《ほうめつじんきょう》、弥勒下生《ミロクげしょう》の説法《せっぽう》（経《きょう》）等々《とうとう》のわずかなものしかないことは、本当《ほんとう》はよく承知《しょうち》のはずです。

また、釈迦《しゃか》は「仏教《ぶっきょう》とは、一言《ひとこと》にして申《もう》せばどういう教《おし》えか」という質問《しつもん》になんと答《こた》えておられるか、といいますと、「真如《しんにょ》の教《おし》え（仮《かり》の教《おし》え、月《つき》の教《おし》え）なり」と断言《だんげん》し、七十二か七十四歳《さい》のとき、はじめて「我見真《われけんしん》（神《しん》）実《じつ》に入《い》れり」といっています。

さらに、弥勒下生経《ミロクげしょうきょう》で、「正法《せいほう》を説《と》く者《もの》は入滅後三千年《にゅうめつごさんぜんねん》、在家《ざいけ》よりあらわる」と申《もう》されています。すなわち、真理《しんり》ではない、どこまでも真《まこと》の如《ごと》き教《おし》えなり、と言明《げんめい》しておられるのですが、とにかく当時《とうじ》の横行《おうこう》するバラモン教《きょう》に対《たい》して大修正《だいしゅうせい》を加《くわ》えんとして、ある天命《てんめい》のもとに決起《けっき》された歴史上《れきしじょう》のそれこそ新興宗教《しんこうしゅうきょう》教祖《きょうそ》なのであり、そこにモーゼ、釈迦《しゃか》、イエスの難行遂行《なんぎょうすいこう》の偉大《いだい》さがあったのです。

キリスト教《きょう》でも、イスズキリスト、俗《ぞく》にいうイエスも、まさに当時《とうじ》の国教《こっきょう》ユダヤ教《きょう》が律法偽善主義《りっぽうぎぜんしゅぎ》と儀式偏重主義《ぎしきへんちょうしゅぎ》に随《ずい》（従《したが》う）して、大衆《たいしゅう》の救《すく》いから遠《とお》ざかり過《す》ぎた貴族宗教《きぞくしゅうきょう》の大革命《だいかくめい》のため、イエスは日本《にほん》の惟神道《かんながらのみち》はもちろん、ギリシャ、エジプトからユダヤに至《いた》るあらゆる宗教《しゅうきょう》を研究《けんきゅう》した方《かた》で、主体《しゅたい》はナザレ人《じん》（イラン）のゾロアスターの教《おし》え、すなわちゾロアスター教《きょう》の流《なが》れを骨組《ほねぐ》みとした教《おし》えで改革《かいかく》し、大衆救済《たいしゅうきゅうさい》に決起《けっき》した人《ひと》で、当時《とうじ》、立派《りっぱ》な押《お》しも押《お》されもせぬ新興宗教《しんこうしゅうきょう》の教祖様《きょうそさま》であったことは、歴史上否定《れきしじょうひてい》できないのであります。

そして、釈迦《しゃか》と同《おな》じように、「真理《しんり》とは」の弟子《でし》の問《と》いに対《たい》して、釈迦《しゃか》のように何《なん》千年後《ぜんねんご》とはいわなかったが、メシア降臨《こうりん》（神《かみ》が人間《にんげん》の世界《せかい》に降《お》りてくること）の前《まえ》には「真理《しんり》のみ霊《たま》、やがて世《よ》に降《お》りて、汝等《なんじら》に真理《しんり》を述《の》べん」と、聖書《せいしょ》でぼかしていっているではないですか。ご両人《りょうにん》とも、実《じつ》は、真理《しんり》が不明《ふめい》のために説《と》いていなかったわけではない、と私《わたくし》は判断《はんだん》しています。

「真理《しんり》を説《と》いてはならぬ」という神霊界《しんれいかい》との交流《こうりゅう》があったことを、哲学化《てつがくか》した仏教《ぶっきょう》、キリスト教《きょう》では、その事《こと》が不明《ふめい》になったか、故意《こい》に隠《かく》しているとしか考《かんが》えられないのです。

要《よう》は、神《かみ》のご経綸上《けいりんじょう》、宗教《しゅうきょう》というものは出《だ》されてくるもので、日本《にほん》の近世神道《きんせいしんとう》がまったく眠《ねむ》ってしまえば、神《かみ》はやむなく、黒住《くろずみ》、御嶽《おんたけ》、金光《こんこう》、大本《おおもと》、世界救世教《せかいきゅうせいきょう》を出《だ》すほかなく、仏教《ぶっきょう》が眠《ねむ》ってしまえば、創価学会《そうかがっかい》を出《だ》さねばならずというようなもので、新興《しんこう》というものは、次代《じだい》に対《たい》して天地創造《てんちそうぞう》の神《かみ》、人類創造《じんるいそうぞう》の神様《かみさま》の、大仕組《おおしく》みの進展上《しんてんじょう》の必要《ひつよう》があって出《だ》されるもので、全部《ぜんぶ》とはいわぬが、群小霊媒《ぐんしょうれいばい》(死《し》んだ人《ひと》の霊《れい》にかわって、その意思《いし》を伝《つた》える力《ちから》をもった人《ひと》)的《てき》なものや、一時的《いちじてき》、流行的《りゅうこうてき》なものとは全然違《ぜんぜんちが》うものが出《で》てくるのです。

実《じつ》は、「新興《しんこう》なるがゆえに重大《じゅうだい》であるのが宗教史《しゅうきょうし》の本体《ほんたい》」であることを承知《しょうち》されぬと、「神《かみ》の戒告《かいこく》」として、たいへんな人類的《じんるいてき》「贖《アガ》ヒ(お金《かね》や物《もの》を出《だ》して罪《つみ》を逃《のが》れること)」現象《げんしょう》を人類《じんるい》は共同《きょうどう》で受《う》け続《つづ》け、長《なが》いあいだの「人類無駄《じんるいむだ》」をせねばならぬ霊《れい》的関係《てきかんけい》があることを、近代宗教者《きんだいしゅうきょうしゃ》は知《し》らねばならないのです。宗教《しゅうきょう》から、宗教《しゅうきょう》の本体《ほんたい》の霊的関係《れいてきかんけい》を無視《むし》したり、または軽視《けいし》するに至《いた》っては、もはや、絶対《ぜったい》に宗教《しゅうきょう》ではなく、宗教哲学《しゅうきょうてつがく》でしかないのです。次元《じげん》がだいぶ違《ちが》うものと化《か》するのであることを断言《だんげん》しておきます』と、ご教導《きょうどう》を下《くだ》されております。

黒住宗忠教祖様《くろずみむねただきょうそさま》と中山《なかやま》みき教祖様《きょうそさま》

昭和《しょうわ》四十一年《ねん》（一九六六）二月五日《がついつか》の立春祭《りっしゅんさい》の、救《すく》い主《ぬし》・聖凰様《せいおうさま》のご教示《きょうじ》「神魂《しんこん》の建《た》て換《か》え」では、『日本《にほん》では、神道界《しんとうかい》、仏教界《ぶっきょうかい》がすっかり眠《ねむ》りこんで、死《し》せる宗《しゅう》教《きょう》と化《か》してしまったので、やむをえず国常立大神様《くにとこたちのおおかみさま》が、二百年《ひゃくねん》ほど前《まえ》に、黒住宗《くろずみむね》忠《ただ》さんをとおして「天意《てんい》の転換《てんかん》」の警鐘《けいしょう》を乱打《らんだ》されたのがはじまりです。

しかし、思《おも》うように効果《こうか》があがらなかったため、次《つ》いで天理教《てんりきょう》の中山《なかやま》みきさん、大本教《おおもときょう》の出口《でぐち》ナオさんと、次々《つぎつぎ》と警報《けいほう》を発令《はつれい》してこられました』、とご教導下《きょうどうくだ》されておりますが、前項《ぜんこう》の「新興宗教《しんこうしゅうきょう》、そりゃ低級《ていきゅう》だよ」では、神《かみ》はやむなく、黒住《くろずみ》、御《おん》嶽《たけ》、金光《こんこう》、大本《おおもと》、世界救世教《せかいきゅうせいきょう》を出《だ》すほかなく、とおっしゃっており、「神魂《しんこん》の建《た》て換《か》え」では、黒住《くろずみ》、天理《てんり》、大本教《おおもときょう》とおっしゃっておりますが、どちらの教《おし》えが正《ただ》しいのでしょうか。

昭和《しょうわ》六十三年《ねん》（一九八八）にたま出版《しゅっぱん》から発行《はっこう》された『古神道《こしんとう》は甦《よみがえ》る』によれば、黒住宗忠教祖様《くろずみむねただきょうそさま》は、安永《あんえい》九年《ねん》（一七八〇）旧暦《きゅうれき》十一月《がつ》二十六日《にち》の冬至《とうじ》の日《ひ》に、備前《びぜんの》国御野郡上中野村《くにみのごうりかみなかのむら》、現在《げんざい》の岡山市上中野《おかやましかみなかの》の黒住宗繁《くろずみむねしげ》とつたの三男《なん》として生《う》まれました。黒住家《くろずみけ》は代々《だいだい》、歩《ある》いて十分《ぷん》ほどの隣村《となりむら》の今村宮《いまむらぐう》の神職《しんしょく》の家柄《いえがら》でした。文化元年《ぶんかがんねん》（一八〇四）、二十五歳《さい》の時《とき》、黒住家《くろずみけ》の跡取《あとと》りとなりましたが、文化《ぶんか》九年《ねん》（一八一二）、三十三歳《さい》の時《とき》、両親《りょうしん》を相次《あいつ》いで失《うしな》い、孝行息子《こうこうむすこ》だっただけに、この両親《りょうしん》の死《し》は大《おお》きなショックで、以後《いご》は悶々《もんもん》として日《ひ》を送《おく》るようになってしまったのです。翌文化《よくぶんか》十年《ねん》（一八一三）の秋《あき》になると、みずからも病《やまい》の床《とこ》につくようになり、文化《ぶんか》十一年《ねん》（一八一四）の正月《しょうがつ》には、医者《いしゃ》も匙《さじ》を投《な》げるほどの重態《じゅうたい》におちいってしまったのです。病名《びょうめい》は労《ろう》咳《がい》、おそらく肺結核《はいけっかく》であろうが、その死《し》の床《とこ》で最期《さいご》の覚悟《かくご》を決《き》めました。ところがその時《とき》、「自分《じぶん》は父母《ふぼ》の死《し》を嘆《なげ》き悲《かな》しんで〈陰気《いんき》〉になったため大病《たいびょう》になったのだから、心《こころ》を〈陽気《ようき》〉にすれば治《なお》ってしまうハズだ」、と気付《きづ》いたのです。そして、その日《ひ》から徐々《じょじょ》に快方《かいほう》に向《む》かいました。

それからちょうど二カ月《げつ》が経《た》った三月《がつ》十九日《にち》、臥床中《がしょうちゅう》（病気《びょうき》で寝《ね》ている）の宗忠《むねただ》教祖《きょうそ》は妻《つま》や周囲《しゅうい》の反対《はんたい》を押《お》し切《き》って入浴《にゅうよく》をして、おそらく禊《みそぎ》の意味《いみ》でしたと思《おも》われますが、縁側《えんがわ》での日拝《にっぱい》を強行《きょうこう》するのです。そして、それを契機《けいき》に、ますます病状《びょうじょう》は好転《こうてん》していきました。

こうして〈天命直授《てんめいじきじゅ》〉の文化《ぶんか》十一年《ねん》（一八一四）旧暦《きゅうれき》十一月《がつ》十一日《にち》の冬至《とうじ》の朝《あさ》、太陽《たいよう》に向《む》かって一心不乱《いっしんふらん》に大祓《おおはら》いを唱《とな》えていると、突然《とつぜん》、宗忠教祖《むねただきょうそ》の口《くち》から体《からだ》のなかへ日輪《にちりん》が飛《と》び込《こ》み、病気《びょうき》は全快《ぜんかい》したのです。

それ以降《いこう》、陽気《ようき》を吹《ふ》きかけたり、手《て》かざしによって病気《びょうき》を治《なお》し、天照大神《あまてらすおおかみ》の信仰《しんこう》を説《と》いて、山陽《さんよう》・山陰地方《さんいんちほう》に信者《しんじゃ》を拡大《かくだい》していきました。弘化《こうか》三年《ねん》（一八四六）、六十七歳《さい》の時《とき》に、『御定書《おさだめがき》』という門弟《もんてい》の心得事《こころえごと》を著《あら》わし、嘉永《かえい》三年《ねん》（一八五〇）二月《がつ》二十五日《にち》に七十歳《さい》で生涯《しょうがい》を閉《と》じました。

その後《ご》は、弟子《でし》の活躍《かつやく》により、文久《ぶんきゅう》二年《ねん》（一八六二）には、京都《きょうと》の神楽岡《かぐらおか》（京都《きょうと》市左京区吉田山下大路町《しさきょうくよしだやましもおおじちょう》）に宗忠神社《むねただじんじゃ》が創建《そうけん》され、慶応元年《けいおうがんねん》（一八六五）、明治維新《めいじいしん》の三年前《ねんまえ》には、孝明天皇《こうめいてんのう》の勅願所《ちょくがんしょ》となり、天皇《てんのう》の侍女《じじょ》や公卿《くげ》たちのあいだにも信仰《しんこう》が広《ひろ》がり、尊王運動《そんのううんどう》の拠点《きょてん》となりました。

次《つぎ》に、天理教《てんりきょう》の中山《なかやま》みき教祖様《きょうそさま》は、寛政《かんせい》十年《ねん》（一七九八）四月《がつ》十八日《にち》に、大和国《やまとのくに》山辺郡《やまべこうり》三昧田村《さんまいでんむら》、現在《げんざい》の奈良県天理市《ならけんてんりし》三昧田《さんまいでん》の庄屋《しょうや》で、大和神社《おおやまとじんじゃ》の氏子《うじこ》総代《そうだい》をつとめる家《いえ》に生《う》まれ、浄土信仰《じょうどしんこう》の篤《あつ》い家風《かふう》のなかで育《そだ》ち、文化《ぶんか》七年《ねん》（一八一〇）、十三歳《さい》のときに、富裕《ふゆう》な農家《のうか》で、従兄《いとこ》にあたる二十三歳《さい》の中山善兵衛《なかやまぜんべえ》のもとに嫁《とつ》ぎました。

そして、十六歳《さい》で家事一切《かじいっさい》を取《と》り仕切《しき》る主婦《しゅふ》となり、夫《おっと》と舅夫婦《しゅうとふうふ》に仕《つか》え、農作業《のうさぎょう》、夜《よ》なべ仕事《しごと》をこなし、文政《ぶんせい》四年《ねん》（一八二一）、結婚《けっこん》十一年目《ねんめ》の二十四歳《さい》で、長男《ちょうなん》秀司《しゅうじ》を産《う》みました。

そして、天保《てんぽう》九年《ねん》（一八三八）十月《がつ》二十三日《にち》、彼女《かのじょ》が四十一歳《さい》のとき、長男秀司《ちょうなんしゅうじ》に足痛《そくつう》が起《お》こり、夫《おっと》の善兵衛《ぜんべえ》は眼《め》、みき様自身《さまじしん》は腰痛《ようつう》と、三人《にん》も病《や》んでしまい、長滝《ながたき》

1、黒住教と黒住宗忠略年表

年号	西暦	年齢	事項
安永９年	1780	1	11月26日の冬至の日に、備前国御野郡上中野村（岡山県岡山市上中野）の今村宮の神官の三男として生まれ、幼時より孝心篤く、敬神の生活
寛政10年	1798	19	「生きながら神となる」との大志を抱く
文化元年	1804	25	父の隠居によって家督を相続する
９年	1812	33	両親を病死で相次いで失う
10年	1813	34	秋、父母の死を嘆き悲しみ病の床に就く
11年	1814	35	正月、医者も匙を投げるほどの重態になり、最期の覚悟を決めたところ、「心を陽気にすれば治るハズだ」と気付いた２カ月後、入浴と日拝を強行し、ますます病状は好転する 11月11日の冬至の朝〈天命直授〉を受ける 太陽に向かって一心不乱に大祓いを唱えていると、突然、口から体の中へ日輪が飛び込み、病気は全快し、太陽の陽気が全身に満ち満ちる その後、陽気を吹きかけたり、手かざしによって、病気を治し、天照大神の信仰を説く
文政５年	1822	43	日蓮宗や祈祷者から攻撃を受ける
７年	1824	45	神祇管領吉田家より神職の許状を受ける
８年	1825	46	今村宮で４年がかりの千日参籠を修める
天保元年	1830	51	10年計画で百社参りを始める。１回に約１カ月を要する 伊勢神宮には６回の参宮を果たす
12年	1841	62	隠居し長男宗信が跡目を相続、教勢は岡山藩士を中心に、山陰、山陽地方にまで及ぶ
弘化３年	1846	67	「御《お》定書《さだめがき》」という門定の心得書が公表される
嘉永３年	1850	71	２月25日に、満69歳で他界する
安政３年	1856		吉田家から「宗忠大明神」の神号を受ける
文久２年	1862		京都神楽岡（左京区）に宗忠神社が創建される
慶応元年	1865		宗忠神社が孝明天皇の勅願所となる
明治元年	1868		９月８日に改元が行《おこな》われ、明治と改まる
18年	1885		生地の岡山市上中野に宗忠神社が創建される

村《むら》の修験者《しゅげんじゃ》（修験道《しゅげんどう》の行者《ぎょうじゃ》）中野市兵衛《なかのいちべえ》がみき様《さま》に御幣《ごへい》（神主《かんぬし》がお祓《はら》いをする時《とき》に使《つか》うもの）をもたせて祈祷《きとう》をしたところ、「我《われ》は元《もと》の神《かみ》・実《じつ》の神《かみ》である。この屋敷《やしき》に因縁《いんねん》あり。このたび、世界一列《せかいいちれつ》を救《たす》けるために天降《あまくだ》った。みきを神《かみ》の社《やしろ》に貰《もら》い受《う》けたい」、と親神様《おやがみさま》の啓示《けいじ》がみき様《さま》の口《くち》から飛《と》び出《だ》してきたのです。

とうぜん家族《かぞく》はびっくりして、神様《かみさま》の申《もう》し出《で》を辞退《じたい》し、修験力《しゅげんりょく》で抑《おさ》えようとしましたが、万策尽《ばんさくつ》き、すべての都合《つごう》を捨《す》てて、ようやく親神様《おやがみさま》の呼《よ》び掛《か》けにこたえるのです。

その後《ご》、親神様《おやがみさま》の「貧《ひん》に落《お》ちきれ、貧《ひん》に落《お》ちきらねば、難儀《なんぎ》なる者《もの》の味《あじ》がわからん」との啓示《けいじ》があり、人間《にんげん》の悪《あ》しきを払《はら》って助《たす》けあっていくことを自《みずか》ら示《しめ》すために、まず貧《まず》しい者《もの》たちへの施《ほどこ》しに家財《かざい》を傾《かたむ》け、まっしぐらに貧《ひん》の底《そこ》に落《お》ち切《き》る道《みち》を選《えら》んだのです。そして嘉永《かえい》六年《ねん》（一八五三）、五十六歳《さい》のとき、夫《おっと》の善兵衛《ぜんべえ》が逝《い》きましたが、そのときには母屋《おもや》までが無《な》かったのです。

安政《あんせい》二年《ねん》（一八五五）、五十八歳《さい》のときに、はじめて帯屋許《おびやゆる》し（安産《あんざん》のお守《まも》り）を与《あた》えましたが、それ以後《いご》、次《つぎ》から次《つぎ》へと親神様《おやがみさま》の不思議《ふしぎ》な「たすけ」が現出《げんしゅつ》し、目《め》が見《み》えない人《ひと》はその場《ば》で目《め》をひらき、不治《ふち》の病《やまい》も治《なお》っていったのです。こうして遠隔《えんかく》地《ち》までその教《おし》えは波及《はきゅう》し、教祖中山《おやさまなかやま》みき様《さま》を慕《した》って寄《よ》り集《つど》う人々《ひとびと》が多《おお》くなったのです。

そうしたなかで、みき様《さま》の霊験《れいけん》をたたえる声《こえ》が日増《ひま》しに高《たか》くなるにつれ、神職《しんしょく》、僧侶《そうりょ》、山伏《やまぶし》、医者《いしゃ》などから圧迫《あっぱく》を受《う》けたので吉田神道《よしだしんとう》に入《はい》り、慶応《けいおう》三年《ねん》（一八六七）、七十歳《さい》のとき、吉田家《よしだけ》から「天輪王明神《てんりんおうみょうじん》」として公認《こうにん》されるのです。

翌年明治《よくねんめいじ》を迎《むか》えますが、明治《めいじ》二年《ねん》（一八六九）からは『お筆先《ふでさき》』の筆《ふで》を執《と》りはじめます。しかし、みき様《さま》の説《と》く教《おし》えは官僚制国家神道《かんりょうせいこっかしんとう》に適合《てきごう》せず、明治《めいじ》七年《ねん》（一八七四）には、七十七歳《さい》のみき様《さま》を十八回《かい》も警察《けいさつ》に拘留《こうりゅう》するなど、天理教《てんりきょう》に対《たい》する厳《きび》しい干渉《かんしょう》がおこなわれました。その後《ご》も干渉《かんしょう》は続《つづ》き、明治《めいじ》二十年《ねん》（一八八七）二月《がつ》十八日《にち》に、九十歳《さい》の天寿《てんじゅ》を全《まっと》うしましたが、〈出直《でなお》し〉のその日《ひ》も、信者《しんじゃ》たちが拘束覚悟《こうそくかくご》でおこなった「神楽勤《かぐらづと》め」の鳴《な》り物《もの》を聞《き》きながらの最期《さいご》だったといいます。

明治《めいじ》三十六年《ねん》（一九〇三）には教義《きょうぎ》を大幅《おおはば》に官僚制国家神道《かんりょうせいこっかしんとう》に近《ちか》づけたので、明治《めいじ》四十一年《ねん》（一九〇八）には教派神道《きょうはしんとう》の最後《さいご》の一派《いっぱ》として別派独立《べっぱどくりつ》が認《みと》められました。

そして、戦後昭和《せんごしょうわ》二十年以降《ねんいこう》は、「教祖《おやさま》の時代《じだい》に還《かえ》れ」を合言葉《あいことば》に教義《きょうぎ》を復元《ふくげん》させ、

2、天理教と中山みき略年表

年号	西暦	年齢	事項
寛政10年	1798	1	４月18日に、大和国山辺郡三昧田村（奈良県天理市三昧田）の庄屋の家に生まれる
文化７年	1810	13	富裕な農家で、従兄に当たる中山善兵衛に嫁ぐ
文政４年	1821	24	結婚11年目で、長男秀司を産む
天保９年	1838	41	10月23日に、長男秀司が足痛、夫の善兵衛は眼、みきは腰痛となり、修験者がみきを仮の巫女《みこ》として祈祷をすると、親神の啓示が口から出る。その後、「貧に落ちきれ、貧に落ちきらねば、難儀なる者の味がわからん」との啓示がある
嘉永６年	1853	56	夫の善兵衛が逝《い》く。母屋までが無かった
安政２年	1855	58	「帯屋許し（安産のお守り）」を初めて与える その後、盲人はその場で目をひらき、不治の業病も治っていく等、病気直しができる
元治元年	1864	67	のち本席（信者の第一人者）となった飯降伊蔵によって、最初の「つとめ」場所ができる
慶応３年	1867	70	吉田家から「天輪王明神」として公認される
４年	1868	71	３月28日に、明治政府より神仏分離令が出る
明治２年	1869	72	「お筆先」が出され、明治15年まで続く
４年	1871	74	教部省から祈祷《きとう》禁厭《まじない》行為の禁止で、修験道廃止
７年	1874	77	「国家神道に適合せず」と警察に拘留《こうりゅう》するなど、厳しい政府の干渉が行われる
８年	1875	78	人類創造の親神が鎮まる中心地が、大和国庄屋敷村の中山家の地とし、「ぢば」と定める
15年	1882	85	建造中の甘露台の石が、官憲により破壊される
20年	1887	90	２月18日に天寿を全《まっと》う、満88歳で他界、出直し拘束覚悟の「神楽勤め」の鳴り物を聞きながら
21年	1888		４月、神道本局の所属教会として天理教会設立
29年	1896		内務省訓令により弾圧事件が起きる
36年	1903		教義を大幅に国家神道に近付ける
41年	1908		教派神道の最後の一派として別派独立となる
昭和20年	1945	以降	「教祖の時代に還れ」を合言葉に教義を復元す

教《きょう》派《は》神道《しんとう》連合会《れんごうかい》を脱退《だったい》しています。

親神様《おやがみさま》である天理王命《てんりおうのみこと》については、「万物《ばんぶつ》に生命《せいめい》を授《さず》け、人類《じんるい》を創造《そうぞう》した根源者《こんげんしゃ》である」、といっております。

大本教《おおもときょう》の開祖《かいそ》出口《でぐち》ナオ様《さま》と出口王仁三郎《でぐちおにさぶろう》聖師様《せいしさま》

その次《つぎ》に、大本教《おおもときょう》の「開祖《かいそ》」と呼《よ》ばれている出口《でぐち》ナオ様《さま》は、『古神道《こしんとう》は甦《よみがえ》る』によれば、天保《てんぽう》七年《ねん》（一八三七）十二月《がつ》十六日《にち》に、丹波国福知山《たんばのくにふくちやま》、現在《げんざい》の京都府福知《きょうとふふくち》山市《やまし》の大工《だいく》、四代目《よんだいめ》桐村五郎三郎《きりむらごろうさぶろう》（角助《かくすけ》）とそよ（出口惣右衛門《でぐちそううえもん》の娘《むすめ》）の第三子《だいさんし》（長女《ちょうじょ》）として生《う》まれました。家《いえ》は貧《まず》しく、しかも九歳《さい》で父《ちち》を亡《な》くしたため、すぐ住《す》み込《こ》みの奉公《ほうこう》に出《で》て働《はたら》かねばならなかったのです。そして十六歳《さい》のとき、綾部《あやべ》の叔母《おば》出口《でぐち》ユリの養女《ようじょ》となり、安政《あんせい》二年《ねん》（一八五五）、腕《うで》のいい大工《だいく》の婿《むこ》を迎《むか》えましたが、その夫政五郎《おっとせいごろう》は大酒飲《おおざけの》みで、そのため家計《かけい》はいつも極度《きょくど》に苦《くる》しかったようです。

明治《めいじ》二十年《ねん》（一八八七）に夫《おっと》が病死《びょうし》、そのときナオ様《さま》は五十一歳《さい》でした。幼《おさな》い子《こ》供《ども》三人《にん》を抱《かか》えたナオ様《さま》は、ボロ買《が》いや糸引《いとひ》きの仕事《しごと》をして細々《ほそぼそ》と暮《く》らしてきましたが、明治《めいじ》二十三年《ねん》（一八九〇）九月《がつ》に、金光教《こんこうきょう》の熱心《ねっしん》な信者《しんじゃ》だった三女《さんじょ》の福島《ふくしま》ひさが、産後《さんご》の肥立《ひだ》ちの悪《わる》さから錯乱状態《さくらんじょうたい》におちいり、明《あ》くる年《とし》には長女《ちょうじょ》の大槻《おおつき》よねも発《はっ》狂《きょう》するなど、心《こころ》の安《やす》まることがなかったのです。

そして、明治《めいじ》二十五年《ねん》（一八九二）二月三日《がつみっか》の節分《せつぶん》に、娘《むすめ》たちの一種《いっしゅ》の〈神憑《かみがか》り〉に誘発《ゆうはつ》される形《かたち》で、激《はげ》しい神憑《かみがか》りにおちいり、「三千世界《さんぜんせかい》の立《た》て替《か》へ立《た》て直《なお》しを致《いた》すぞよ。天理《てんり》・金光《こんこう》・黒住《くろずみ》・妙霊《みょうれい》・先走《さきばし》り、止《とど》めに艮《うしとら》の金神《こんじん》が現《あら》はれて、世《よ》の立《た》て替《か》えを致《いた》すぞよ。……」（『大本神諭《おおもとしんゆ》〈天《てん》の巻《まき》〉』平凡社東洋文庫《へいぼんしゃとうようぶんこ》）と神《かみ》のことばが発《はっ》せられたのです。五十七歳《さい》のときでした。

その後《ご》、神様《かみさま》からの啓示《けいじ》を自動筆記《じどうひっき》できるようになり、それが、のちに『大本神《おおもとしん》諭《ゆ》』と呼《よ》ばれる「お筆先《ふでさき》」で、大正《たいしょう》七年《ねん》（一九一八）に亡《な》くなるまでその数約《かずやく》一万《まん》巻《かん》（半紙《はんし》十万枚《まんまい》）にのぼるといわれています。

そして、明《あ》くる明治《めいじ》二十六年《ねん》（一八九三）ごろから病気治《びょうきなお》しができるようになりました。また同年《どうねん》、翌年《よくねん》からの清国《しんこく》の支配下《しはいか》にあった朝鮮《ちょうせん》を日本《にほん》の勢力下《せいりょくか》におこうとして清国《しんこく》と争《あらそ》った「日清戦争《にっしんせんそう》」を、そして明治《めいじ》二十八年《ねん》（一八九五）には、十年先《ねんさき》の明治《めいじ》三十七年《ねん》から三十八年《ねん》にかけて、帝政《ていせい》ロシアと戦《たたか》われた「日露戦争《にちろせんそう》」を予言《よげん》し、その存在《そんざい》はしだいに知《し》れ渡《わた》っていったのです。

　そしてそのころ、ナオ様《さま》は自分《じぶん》に憑《か》かってきた「艮《うしとら》の金神《こんじん》」なる神様《かみさま》の正体《しょうたい》を証《あか》してくれる審神者《さにわ》の出現《しゅつげん》を求《もと》めていました。するとお筆先《ふでさき》に、「このことわけるみたまは、東《ひがし》からでてくるぞよ」と出《で》たのです。そして、明治《めいじ》三十一年《ねん》（一八九八）の秋《あき》、京都《きょうと》東《ひがし》の亀岡《かめおか》から、上田喜三郎《うえだきさぶろう》（後《のち》の出口王仁三郎師《でぐちおにさぶろうし》）という青年《せいねん》が出《で》てくるのです。このときの接触《せっしょく》は挨拶《あいさつ》ていどでした。ですが、その翌年《よくねん》、明治《めいじ》三十二年《ねん》（一八九九）の七月三日《がつみっか》、こんどはナオ様《さま》からの使《つか》いで彼《かれ》は再《ふたた》び綾部《あやべ》にやってくるのです。ときに、ナオ様《さま》六十二歳《さい》、喜三郎《きさぶろう》二十八歳《さい》でした。

　とありますが、昭和《しょうわ》五十九年《ねん》（一九八四）に光文社《こうぶんしゃ》から刊行《かんこう》された武田崇元氏《たけだすうげんし》の『霊界《れいかい》からの警告《けいこく》』によれば、「ときに明治《めいじ》三十二年《ねん》七月三日《がつみっか》、当時《とうじ》王仁三郎《おにさぶろう》は二十七歳《さい》、ナオは六十二歳《さい》であった」とあります。これはどちらが正《ただ》しいのでしょうか。

3、大本教と出口ナオ略年表

年号	西暦	年齢	事項
天保７年	1836	1	12月16日に、丹波国福知山紺屋町（京都府福知山市）の大工、桐村五郎三郎の長女に生まれる
		17	丹波国綾部の叔母・出口ユリの養女となる
安政２年	1855	20	婿を迎えるが、大酒飲みで生活は苦しかった
		幕末	次々に田畑・家屋敷を手放し、没落の一途
明治16年	1883	48	五女のすみ（２代教主）を産む
20年	1887	52	夫の政五郎が病死する　貧苦のどん底生活
23年	1890		９月に、三女のひさが産後の肥立ちが悪く錯乱
24年	1891		長女のよねが発狂し、見物人が集まる程
25年	1892	57	２月３日の節分に、激しい神憑りに陥り、以後13日間も続き、大本教の開教で、「艮《うしとら》の金神」と名乗り、「三千世界の立て替へ立て直しを致す」と宣言し、天理・金光・黒住・妙霊、先走り、とどめに艮の金神が現はれて、万古末代続く神国の世に致すぞよ」と告《つ》げる
26年	1893	58	「おかげ（病気治し）」ができるようになる
			また、「お筆先」と呼ばれる神からの啓示が出され、大正７年に亡くなるまで続き、日清戦争を予言するが気違い扱いされる
28年	1895	60	予言が的中し、評判が良くなる。日清戦争が終わると、次は日露戦争を予言する
			その頃、神を見わける審神者《さにわ》を求めていた
30年	1897	62	金光教の傘下で布教をしていたが、金光教離脱
31年	1898		「このことわけるみたまは、東から来るぞよ」とお筆先に出て、亀岡から上田喜三郎が来る
32年	1899	64	７月３日、喜三郎に迎えを出し再会する
33年	1900	65	正月、喜三郎はナオの五女すみ（二代教主）と結婚し、名を出口王仁三郎と改める
			王仁三郎30歳、すみ18歳
大正７年	1918	83	11月６日に、満81歳で他界する
10年	1921		第一次弾圧事件で、「不敬罪と新聞紙法違反」

さて、上田喜三郎《うえだきさぶろう》は、明治《めいじ》四年《ねん》（一八七一）八月《がつ》二十二日《にち》に、京都府《きょうとふ》南桑田郡《みなみくわだぐん》曾《そ》我部村穴太《がべむらあなお》、現在《げんざい》の京都府亀岡市《きょうとふかめおかし》の貧農上田吉松《ひんのううえだよしまつ》とよねの長男《ちょうなん》として生《う》まれましたが、中村孝道《なかむらこうどう》という言霊学中興《ことだまがくちゅうこう》の国学者《こくがくしゃ》の娘《むすめ》だった、祖母《そぼ》の宇能《うの》から教育《きょういく》されて育《そだ》ちます。そして明治《めいじ》三十一年《ねん》（一八九八）旧暦《きゅうれき》二月九日《がつここのか》、二十七歳《さい》のときから村《むら》はずれにある霊山《れいざん》、高熊山《たかくまやま》にこもって七日間《なのかかん》の修業《しゅぎょう》をし、それからはその際身《さいみ》につけた「霊能《れいのう》力《りょく》」で病気治《びょうきなお》しをはじめているのです。ちなみに、このとき霊界《れいかい》を遍歴《へんれき》したと称《しょう》し、のち『霊界物語《れいかいものがたり》』にそのときの遍歴《へんれき》の体験《たいけん》を紹介《しょうかい》しています。

この後喜三郎《あときさぶろう》は、静岡県安部郡不二見村《しずおかけんあべぐんふじみむら》、現在《げんざい》の清水市《しみずし》の月見里神社《やまなしじんじゃ》に付属《ふぞく》する稲荷講社総本部《いなりこうしゃそうほんぶ》を訪《たず》ね、同講社《どうこうしゃ》の総長《そうちょう》である長沢雄楯《ながさわかつとし》から、長沢《ながさわ》の先師《せんし》の本田親徳《ほんだちかあつ》が再興《さいこう》した、『古事記《ふることのふみ》』の神功皇后《じんぐうこうごう》のところに記《しる》されている「鎮魂帰神法《ちんこんきしんほう》」と「審神《さにわ》法《ほう》」を学《まな》んでいます。

明治《めいじ》三十三年《ねん》（一九〇〇）正月《しょうがつ》、喜三郎《きさぶろう》は、お筆先《ふでさき》によって嗣《あとつぎ》に指定《してい》されていたナオ様《さま》の末《すえ》っ子《こ》すみ（二代教主《にだいきょうしゅ》）と結婚《けっこん》し、お筆先《ふでさき》によって「鬼三郎《きさぶろう》」と改名《かいめい》するよう申《もう》し渡《わた》されましたが、鬼《おに》の字《じ》を嫌《きら》って、ここに出口王仁三郎師《でぐちおにさぶろうし》が誕生《たんじょう》するのです。

こうして出口家《でぐちけ》に入《はい》った王仁三郎師《おにさぶろうし》は、金明霊学会《きんめいれいがっかい》をつくって布教活動《ふきょうかつどう》に力《ちから》を入《い》れたのですが、しばしば警察《けいさつ》の干渉《かんしょう》を受《う》けました。そして明治《めいじ》三十九年《ねん》（一九〇六）に、京都《きょうと》の皇典講究所《こうてんこうきゅうしょ》に入学《にゅうがく》し、翌年卒業《よくねんそつぎょう》して神職《しんしょく》の資格《しかく》を取《と》りました。しかし、公認宗教化《こうにんしゅうきょうか》には至《いた》らず、大正《たいしょう》三年《ねん》（一九一四）には皇道大本《こうどうおおもと》と改称《かいしょう》します。このころから信者数《しんじゃすう》が増大《ぞうだい》し、実業家《じつぎょうか》、軍人《ぐんじん》、知識人《ちしきじん》の入信《にゅうしん》があいつぎました。

大正《たいしょう》七年《ねん》（一九一八）十一月六日《がつむいか》に、開祖《かいそ》の出口《でぐち》ナオ様《さま》は享年《きょうねん》八十三歳《さい》（満《まん》八十一歳《さい》）で没《ぼっ》しましたが、その前後《ぜんご》から、王仁三郎師《おにさぶろうし》はナオ様《さま》と同格《どうかく》の「聖師《せいし》」として、教義上《きょうぎじょう》も教祖《きょうそ》の地位《ちい》を確立《かくりつ》しました。

大正《たいしょう》十年《ねん》（一九二一）二月《がつ》十二日《にち》に、〈第一次弾圧事件《だいいちじだんあつじけん》〉で多数《たすう》の幹部《かんぶ》が「不敬罪《ふけいざい》」と新聞紙法違反《しんぶんしほういはん》」で検挙《けんきょ》され、綾部《あやべ》の神殿《しんでん》はダイナマイトで破壊《はかい》され、ナオ様《さま》の墓《はか》も暴《あば》かれるほどでした。しかし、立教《りっきょう》の際《さい》の「初発《しょはつ》の神勅《しんちょく》」に出《で》てくる「東京《とうきょう》は元《もと》の薄野《すすきの》に成《な》るぞよ」は、大正《たいしょう》十二年《ねん》（一九二三）九月一日《がつついたち》の関東大震災《かんとうだいしんさい》で的中《てきちゅう》し、大《おお》本《もと》の予知能力《よちのうりょく》があらためて評価《ひょうか》されたのでした。

昭和《しょうわ》十年《ねん》（一九三五）十二月八日《がつようか》に、〈第二次弾圧事件《だいにじだんあつじけん》〉でまた多数《たすう》の幹部《かんぶ》が「不《ふ》敬罪《けいざい》と治安維持法違反《ちあんいじほういはん》」で検挙《けんきょ》され、王仁三郎師以下幹部《おにさぶろうしいかかんぶ》六十一名《めい》が起訴《きそ》され、時《とき》の政府《せいふ》は裁判《さいばん》をせずに大本教《おおもときょう》の全施設《ぜんしせつ》を破壊《はかい》し、亀岡《かめおか》と綾部《あやべ》の広大《こうだい》な土地《とち》は、町《まち》に払《はら》い下《さ》げられました。王仁三郎師《おにさぶろうし》らは獄中《ごくちゅう》で厳《きび》しい拷問《ごうもん》を受《う》け、獄死《ごくし》したり、発狂《はっきょう》した幹部《かんぶ》も出《で》ましたが、全員《ぜんいん》が非転向《ひてんこう》を貫徹《かんてつ》したのです。ときに王仁三郎師《おにさぶろうし》六十四歳《さい》。

そして、昭和《しょうわ》十七年《ねん》（一九四二）八月七日《がつなのか》に、王仁三郎師《おにさぶろうし》らの保釈《ほしゃく》が決定《けってい》され、六年《ねん》八カ月《げつ》ぶりに出所《しゅっしょ》しました。昭和《しょうわ》二十年《ねん》（一九四五）十月《がつ》には、大赦令公布《たいしゃれいこうふ》と敗戦《はいせん》にともなう不敬罪解消《ふけいざいかいしょう》で、完全無罪《かんぜんむざい》となったのです。戦後《せんご》、王仁三郎師《おにさぶろうし》は弾圧《だんあつ》の結果《けっか》として戦争《せんそう》に協力《きょうりょく》しなかったことを「神意《しんい》」として喜《よろこ》び、ひどい仕打《しう》ちをした国《くに》に対《たい》する損害賠償《そんがいばいしょう》の請求権《せいきゅうけん》の一切《いっさい》を放棄《ほうき》したのです。

そして、昭和《しょうわ》二十三年《ねん》（一九四八）一月《がつ》十九日《にち》に、王仁三郎師《おにさぶろうし》は満《まん》七十六歳《さい》で昇《しょう》天《てん》しました。

4、大本教と出口王仁三郎略年表

年号	西暦	年齢	事項
明治４年	1871	1	８月22日に、京都府南桑田郡曾我部村穴太《あなお》（京都府亀岡市）の貧農上田吉松の長男に生まれる
11年	1878	7	水飢饉となるが、霊能力により水脈を探し出す
17年	1884	13	母校の階行小学校で代用教員となる
31年	1898	27	３月１日の早朝から霊山・高熊山に籠《こ》もり７日間の修業をし、霊能力で病気治しを始める この時の体験を『霊界物語』として述べている ４月に、静岡県清水市の月見里《やまなし》神社に付属する稲荷講社の総長長沢雄楯《かつとし》から、本田親徳が再興した「鎮魂帰神法」と「富神法」を学ぶ
32年	1899	29	７月３日に、出口ナオから迎えが来て再会する
33年	1900	30	正月に、出口ナオの五女すみ（二代教主）と結婚し、名を出口王仁三郎と改める ナオ65歳、王仁三郎30歳、すみ18歳 その後、しばしば警察の干渉を受ける
40年	1907	37	京都の皇典講究所を卒業し、神職の資格を取る
41年	1908	38	綾部に戻り、大日本修斎会をつくり、「お筆先」を基礎に国家神道の色彩を加えた教義をつくるが、公認宗教化は至らず
大正３年	1914	44	皇道大本と改称し、この頃から信者数が増大し、実業家、軍人、知識人の入信が相次ぐ
大正７年	1918	48	11月６日に、出口ナオが満81歳で他界する
年			９月17日に、子爵・九鬼隆治様宛で礼状を出す
10年	1921	51	２月12日に、第一次弾圧事件が起きて、「不敬罪と新聞紙法違反」で検挙される その後、『霊界物語』の口述を始める
昭和10年	1935	65	12月８日に、第二次弾圧事件が起きて、「不敬罪と治安維持法違反」で検挙され、大本教の全施設が破壊され、亀岡と綾部の土地は払い下げ
昭和20年	1945	75	10月17日に、大赦令公布と不敬罪解消で無罪
23年	1948	78	１月19日に、満76歳で他界する

正神《せいしん》の系図《けいず》に隠《かく》された法則《ほうそく》

「三千世界《さんぜんせかい》の立《た》て替《か》へ立《た》て直《なお》しを致《いた》すぞよ。……天理《てんり》、金光《こんこう》、黒住《くろずみ》、妙霊《みょうれい》、先走《さきばし》り、とどめに艮《うしとら》の金神《こんじん》あらわれて、世《よ》の立《た》て替《か》へを致《いた》すぞよ……」と、大本教《おおもときょう》の開祖《かいそ》・出口《でぐち》ナオ様《さま》から発《はっ》せられました「神《かみ》のことば」を系図《けいず》であらわしますと、105頁《ページ》の図《ず》のようになります。

このうち妙霊教《みょうれいきょう》については、文化元年《ぶんかがんねん》（一八〇四）に、兵庫県多紀郡《ひょうごけんたきぐん》の山内利兵衛《やまうちりへえ》によって開教《かいきょう》され、明治七年《めいじねん》（一八七四）までに四回《かい》の法難《ほうなん》にあい、明治十年《めいじねん》（一八七七）二月《がつ》に「敬神社《けいじんじゃ》」として宣教公許《せんきょうこうきょ》となり、昭和《しょうわ》四十年代《ねんだい》まで神道大教《しんとうたいきょう》傘下《さんか》で活動《かつどう》していたとのことです。

次《つぎ》に、黒住教《くろずみきょう》の黒住宗忠教祖様《くろずみむねただきょうそさま》、その次《つぎ》に、天理教《てんりきょう》の中山《なかやま》みき教祖様《きょうそさま》、それから、金光教《こんこうきょう》の金光大神《こんこうだいじん》（大陣《だいじん》）様《さま》です。

金光教《こんこうきょう》の教祖金光大神様《きょうそこんこうだいじんさま》について、菅田正昭氏《すがたまさあきし》の『古神道は甦る《こしんとうはよみがえる》』によれば、文化《ぶんか》十一年《ねん》（一八一四）八月《がつ》十六日《にち》に、備中国浅口郡占見村《びっちゅうのくにあさぐちごおりうらみむら》、現在《げんざい》の岡山県浅口郡《おかやまけんあさくちぐん》金光町《こんこうちょう》の農民《のうみん》、香取十平《かんどりじゅうへい》としもの二男《じなん》として生《う》まれました。そして、文政《ぶんせい》八年《ねん》（一八二五）、十二歳《さい》のときに、隣村《となりむら》の農家川手家《のうかかわてけ》の養子《ようし》となり、名《な》を川手文治郎《かわてぶんじろう》と改《あらた》めました。そして天保《てんぽう》七年《ねん》（一八三六）、二十三歳《さい》のとき、義弟《ぎてい》（養父《ようふ》の実子《じっし》）と養父《ようふ》が相次《あいつ》いで死去《しきょ》したため、家督《かとく》を相続《そうぞく》し一家《いっか》の主《あるじ》となったのです。弘化《こうか》三年《ねん》（一八四六）、三十三歳《さい》のとき、厄晴《やくば》れを祈願《きがん》して、四国《しこく》八十八カ所《しょ》の遍路《へんろ》に旅立《たびだ》ちました。それにもかかわらず、そのころから家族《かぞく》四人《にん》が病死《びょうし》する等《など》の不幸《ふこう》が続《つづ》きました。

そして、安政《あんせい》二年《ねん》（一八五五）四月《がつ》に、「喉気《のどけ》」にかかり、金神《こんじん》への帰順《きじゅん》を誓《ちか》ったところ、病《やまい》は快方《かいほう》に向《む》かいました。そして、安政《あんせい》六年《ねん》（一八五九）十月《がつ》二十一日《にち》、四十六歳《さい》のときに「取次助《とりつぎたす》けてやってくれ」との立教神伝《りっきょうしんでん》を受《う》け、以後《いご》、金神《こんじん》の広前《ひろまえ》（神前《しんぜん》）で「取次《とりつぎ》」に専念《せんねん》するのです。

そして明治《めいじ》六年《ねん》（一八七三）、六十歳《さい》のとき、教部省《きょうぶしょう》から「梓巫《あずさみこ》・市子《いちこ》・憑祈祷《ひょうきとう》の禁止令《きんしれい》」が出《だ》され、金光教《こんこうきょう》は邪教《じゃきょう》として活動《かつどう》が禁止《きんし》されましたが、明治《めいじ》九年《ねん》（一

5、金光教と金光大神略年表

年号	西暦	年齢	事項
文化11年	1814	1	８月16日に、備中国浅口郡占見村（岡山県浅口郡金光町）の農民、香取十平の二男に生まれる
文政８年	1825	12	隣村の大谷村（現・金光町）の農家、川手家の養子となり、名を川手文治郎と改める
天保７年	1836	23	義弟（養父の実子）と養父が死去し家督を相続
弘化３年	1846	33	厄晴れを祈願し、四国88カ所の遍路に旅立つ
	その後		家族４人が病死する等の不幸が相次ぐ
安政２年	1855	42	厄年の４月、「喉気」とよぶ喉がはれ、物も言えず、食べ物も通らず、医者にも見放されて、修験者が病気平癒の祈祷をしたところ、「母屋の改築に際して金神に無礼があった」とのお告げがあり、病床から非礼を詫び、以後金神への帰順を誓ったところ、病は快方に向かう
安政６年	1859	46	「取次《とりつぎ》助けてやってくれ」との立教神伝を受け、以後、金神の広前（神前）で「取次」に専念
元治元年	1864	51	白川家より神職許状を得る
明治５年	1872	59	11月９日に、改暦となり太陽暦が採用となる
			五節句等の祭りが廃止されたことに対して批判をし、廃仏棄釈の風潮に対しては、「金神は神・仏を厭はん」と言っている
明治６年	1873	60	教部省から「梓巫《あずさみこ》・市子・憑祈祷の禁止令」が出され、邪教として活動が禁止される
			４月に、信心の要諦（神観の確立）を示す「天地書附」を授かる
明治９年	1876	63	岡山県庁から布教を許される
明治12年	1879	66	息子《むすこ》の金光萩雄が教導職試補の資格を得るが、金光大神じしんは「人が造った物」と受けず
明治16年	1883	70	７月に、神道分局から公認を取るよう助言されるが、「此方の神様は違う」と拒否する
			10月10日に、満69歳で他界する
明治33年	1900		立教42年目で教派神道として別派独立する

八七六）には、岡山県庁《おかやまけんちょう》から布教《ふきょう》を許《ゆる》されています。
明治《めいじ》十六年《ねん》（一八八三）七月《がつ》に、神道分局《しんとうぶんきょく》から公認《こうにん》を取《と》るよう助言《じょげん》されましたが、「此方《このほう》の神様《かみさま》は違《ちが》う」と拒否《きょひ》して、十月《がつ》に、満《まん》六十九歳《さい》で他界《たかい》したのです。

その次《つぎ》に、大本教《おおもときょう》の出口《でぐち》ナオ様《さま》となり、その次《つぎ》が、救世教《きゅうせいきょう》の岡田茂吉明主様《おかだもきちめいしゅさま》です。
岡田茂吉明主様《おかだもきちめいしゅさま》は、明治《めいじ》十五年《ねん》（一八八二）に東京浅草《とうきょうあさくさ》に生《う》まれ、大本《おおもと》の第二次《だいにじ》弾圧《だんあつ》（昭和《しょうわ》十年《ねん》十二月《がつ》）の前年《ぜんねん》まで東京《とうきょう》の大森支部長《おおもりしぶちょう》をしていましたが、昭和《しょうわ》十年《ねん》（一九三五）元旦《がんたん》、五十四歳《さい》のとき、大日本観音会《だいにほんかんのんかい》を設立《せつりつ》し、昭和《しょうわ》三十年《ねん》（一九五五）に七十四歳《さい》で帰幽《きゆう》しました。

その次《つぎ》が、世界真光文明教団《せかいまひかりぶんめいきょうだん》の岡田良一師《おかだよしかずし》です。岡田良一師《おかだよしかずし》は、明治《めいじ》十五年《ねん》（一九〇一）二月《がつ》二十七日《にち》、東京《とうきょう》に生《う》まれ、救世教《きゅうせいきょう》の埼玉県和光教会所長《さいたまけんわこうきょうかいしょちょう》を務《つと》めていましたが、昭和《しょうわ》三十四年《ねん》（一九五九）二月《がつ》二十七日《にち》、満《まん》五十八歳《さい》の誕生日《たんじょうび》に「天地《てんち》一切《いっさい》、神《かみ》の声《こえ》なり。……手《て》をかざせ。厳《きび》しき世《よ》となるべし」との立教《りっきょう》の神示《しんじ》を賜《たま》わり、昭和《しょうわ》四十九年《ねん》（一九七四）六月《がつ》二十三日《にち》に満《まん》七十三歳《さい》で帰幽《きゆう》しました。

正神の系図表

①妙霊教と山内利兵衛《りへえ》

開教

1804
文化元年

②黒住教と黒住宗忠《むねただ》
（1780～1850）

数え　安永９年～嘉永３年

35歳　天命直授

45歳　吉田家より神職許状

71歳　他界（満69歳）

1814
文化11年
1824
文化７年
1850
嘉永３年

③天理教と中山みき
（1798～1887）

数え　寛政10年～明治20年

58歳　帯屋許し

70歳　吉田家より神職許状

90歳　出直し（満88歳）

1855
安政２年
1867
慶応３年
1887
明治20年

1868
明治元年

④金光教と金光大神
（1814～1883）

数え　文化11年～明治16年

46歳　立教神伝

51歳　白川家より神職許状

70歳　他界（満69歳）

1859
安政６年
1864
元治元年
1883
明治16年

⑤大本教と出口王仁三郎《おにさぶろう》
（1871～1948）

数え　明治４年～昭和23年

30歳　２代教主すみの婿

37歳　皇典講究所にて
神職資格を得る

51歳　第一次弾圧事件

65歳　第二次弾圧事件
（逮捕・拷問）

78歳　他界（満76歳）

1900
明治33年
1907
明治40年
1921
大正10年
1935
昭和10年
1948
昭和23年

1912
大正元年
1926
昭和元年

1945
昭和20年

⑤大本教と出口ナオ
（1836～1918）

数え　天保７年～大正７年

57歳　神憑り

83歳　他界（満81歳）

1892
明治25年
1918
大正７年

⑥救世教と岡田茂吉
（1882～1955）

数え　明治15年～昭和30年

54歳　大日本観音会設立

74歳　帰幽

1935
昭和10年
1955
昭和30年

⑦真光教と岡田良一《よしかず》
（1901～1974）

数え　明治34年～昭和49年

満58歳　神啓接授

満73歳　帰幽

1959
昭和34年
1974
昭和49年

「正神《せいしん》の系図表《けいずひょう》」を凝視《ぎょうし》していただきますと、隠《かく》された法則《ほうそく》が秘《ひ》められているのですが、気《き》づかれた方《かた》はおられるでしょうか。

第三章　釈尊《しゃくそん》の真実《しんじつ》から見《み》える信仰《しんこう》の姿《すがた》

仏典《ぶってん》の成立《せいりつ》と仏教《ぶっきょう》の分裂《ぶんれつ》

昭和《しょうわ》四十一年《ねん》（一九六六）四月度月始祭《がつどげっしさい》ご教示《きょうじ》より

仏典《ぶってん》の成立《せいりつ》について、救《すく》い主《ぬし》・聖凰真光大導主様《せいおうまひかりだいどうしゅさま》は、昭和《しょうわ》四十一年《ねん》（一九六六）四月三日《がつみっか》に執《と》り行《おこな》われました四月度月始祭《がつどげっしさい》のご教示《きょうじ》で、『約《やく》三千年前《ねんまえ》、釈尊《しゃくそん》は当時《とうじ》のインドの困難《こんなん》な社会情勢《しゃかいじょうせい》や宗教事情《しゅうきょうじじょう》があったなかで、人類《じんるい》の救済《きゅうさい》のために立《た》ち上《あ》がられました。ところが、釈尊《しゃくそん》が説《と》かれたすばらしい「金口《ごんぐ》の説法《せっぽう》」は、時代《じだい》とともに変転《へんてん》してしまい、今日《こんにち》すっかりバラバラになり、異《こと》なった解釈《かいしゃく》すら出《で》てくるようになってしまいました。

そこで今月《こんげつ》は、ちょうど一般社会《いっぱんしゃかい》でいう「お釈迦様《しゃかさま》の誕生日《たんじょうび》」が来《き》ますし、また、私《わたくし》は神代時代《かみよじだい》に、釈尊《しゃくそん》が神様《かみさま》でいらした時分《じぶん》、ご一緒《いっしょ》にご用《よう》をさせていただいていた因縁《いんねん》もありますので、「釈尊《しゃくそん》」についてごく初歩的《しょほてき》に話《はなし》をしておきたいと思《おも》います。

そうすることによって、釈尊《しゃくそん》の説《と》かれようとしていらした真髄《しんずい》と、今日《こんにち》の仏教《ぶっきょう》の本《ほん》体《たい》がわかってくるのではないかと思《おも》うからです。

そこでまず、仏教研究家《ぶっきょうけんきゅうか》の分類《ぶんるい》にしたがって、釈尊《しゃくそん》の歴史《れきし》を大《おお》きく区分《くぶん》してみると次《つぎ》のようになります。第一《だいいち》の兜率降生《とそつこうしょう》とは、六牙《りくげ》の白象《はくぞう》に乗《の》って降《お》りてくることです。第二《だいに》は母胎入《ぼたいにゅう》で、お母様《かあさま》のマーヤー夫人《ふじん》の胎内《たいない》に入《はい》る。要《よう》するに受胎《じゅたい》です。第三《だいさん》は生誕《せいたん》で、お誕生《たんじょう》です。第四《だいよん》は出家《しゅっけ》で、十九歳《さい》のときに、王城《おうじょう》（カピラ城《じょう》）を脱出《だっしゅつ》して山《やま》に入《はい》って修業《しゅぎょう》をしておられることになっています。第五《だいご》は降魔《こうま》で、つまりいろいろな邪霊《じゃれい》を追《お》い払《はら》って、そしてさとりを開《ひら》くことです。第六《だいろく》は成道《じょうどう》で、三十代《だい》になられて、四苦四諦《しくしてい》のさとりから、どんどん深《ふか》い道《みち》にお入《はい》りになることです。第七《だいしち》は説法《せっぽう》で、金口《ごんぐ》の説法時代《せっぽうじだい》、直接《ちょくせつ》の教《おし》え時代《じだい》、五十年間《ねんかん》にわたって衆生済度《しゅじょうさいど》のため、インド各地《かくち》はもちろん、日本《にほん》にまで渡《わた》って大法《たいほう》を宣布《せんぷ》されたのです。そして第《だい》八《はち》の涅槃《ねはん》は、入滅《にゅうめつ》あるいは成仏《じょうぶつ》です。それが二月《がつ》十五日《にち》ということになっております。

そこで、いわゆる涅槃《ねはん》の後《あと》、すなわち釈尊《しゃくそん》の死後《しご》、釈尊《しゃくそん》が説《と》かれた「金口《ごんぐ》の説《せっ》法《ぽう》」は、摩掲陀国《マガダこく》の阿闍世王《アジャセおう》の後援《こうえん》によって、大迦葉《ダイカショウ》を編集主任《へんしゅうしゅにん》として、王舎城《おうしゃじょう》において第《だい》一回《かい》の結集《けつじゅう》がおこなわれました。しかし、この時代《じだい》にはまだ文字《もじ》がないので、文字《もじ》で記録《きろく》して書籍《しょせき》ができたというのではない。ただ仏説《ぶっせつ》の根拠《こんきょ》を決定《けってい》して、口《くち》から耳《みみ》へと伝承《でんしょう》されたわけです。

このとき、誦出者《しょうしゅつしゃ》（口伝者《くでんしゃ》）の任《にん》に当《あ》たったのは、経蔵《きょうぞう》に阿難陀《アナンダ》、律蔵《りつぞう》に優婆羅《ウバーリ》だったのです。ちょうど日本《にほん》の『古事記《ふることのふみ》』でいうと稗田阿礼《ひえだのあれ》にあたるわけです。

阿難陀《アナンダ》は「私《わたくし》は釈尊《しゃくそん》から、こういうふうに聞《き》いております」と前置《まえお》きして、釈尊《しゃくそん》の説法《せっぽう》を聴聞《ちょうもん》したとおり誦出《しょうしゅつ》したのです。したがって、経典《きょうてん》のはじめに「如是我聞《にょぜがもん》」とか、「我聞如是《がもんにょぜ》」とあるのは、こういう関係《かんけい》を示《しめ》しているわけです。

釈尊《しゃくそん》が観音様《かんのんさま》から、つまり神様《かみさま》から直接《ちょくせつ》お聞《き》きになったことについては「観音是説《かんのんぜせつ》」とおっしゃって、心《かなら》ずことわってあります。立《た》て分《わ》けていらっしゃるわけです。

そして、釈尊《しゃくそん》の滅後約百年目《めつごやくひゃくねんめ》に、第《だい》二回《かい》の結集《けつじゅう》がおこなわれ、各地《かくち》の高僧《こうそう》七百人《ひゃくにん》が集《あつ》まって編集会議《へんしゅうかいぎ》が開《ひら》かれました。そこでこれを「七百結集《ななひゃくけつじゅう》」といい、第《だい》一回《かい》目《め》のを「五百結集《ごひゃくけつじゅう》」といっています。

その後《ご》さらに百年《ひゃくねん》のちの釈尊滅後《しゃくそんめつご》、二百年《ひゃくねん》たって、阿育王《アイクおう》（アショカ王《おう》）の時代《じだい》に、第《だい》三回目《かいめ》の結集《けつじゅう》がありました。それからまた約《やく》二百年後《ひゃくねんご》、つまり滅後《めつご》四百年《ひゃくねん》して、迦膩色加王《カニシカおう》の時代《じだい》に、第《だい》四回目《かいめ》の結集《けつじゅう》がおこなわれています。釈尊《しゃくそん》の入滅時《にゅうめつじ》には筆録《ひつろく》せられた経典《きょうてん》はなく、阿育王《アイクおう》の時代《じだい》から多少《たしょう》の筆録《ひつろく》はあったらしいですが、迦膩色加王《カニシカおう》のときになってやっと文字《もじ》になったのです。

第《だい》二回目《かいめ》の結集《けつじゅう》のときは、釈尊《しゃくそん》の戒《いまし》めた十戒《じっかい》を中心《ちゅうしん》にして、高僧《こうそう》七百人《ひゃくにん》が議論《ぎろん》をしています。釈尊《しゃくそん》は、実《じつ》は惟神《かんながら》の、日本《にほん》の三十戒《かい》のうちの十戒《じっかい》をもって、モーゼと同様《どうよう》、布教《ふきょう》にお立《た》ち上《あ》がりになっています。これが、十界互具《じっかいごぐ》の説《せつ》になっています。

そこで迦膩色加王《カニシカおう》のときにいたって、経《きょう》、律《りつ》、論《ろん》、各十万頌《かくじゅうまんしょう》で、計三十万頌《けいさんじゅうまんしょう》九十六万言《きゅうじゅうろくまんげん》が結集《けつじゅう》せられたということです。その結果《けっか》、迦膩色加王《カニシカおう》の命《めい》によって赤銅板《しゃくどうばん》に彫刻《ちょうこく》し、石箱中《いしばこちゅう》に収《おさ》められ、永久《えいきゅう》に残《のこ》るよう秘蔵《ひぞう》されたといいます。

かくて梵語《ぼんご》――インドの古代語《こだいご》、サンスクリット語《ご》で記録《きろく》された仏教経典《ぶっきょうきょうてん》は、迦膩色加王《カニシカおう》の勢力《せいりょく》とともに、西域地方《せいいきちほう》に伝《つた》えられ、中国《ちゅうごく》に入《はい》り、北方仏教《ほっぽうぶっきょう》の聖典《せいてん》となりました。

阿育王《アイクおう》のとき、王子摩哂陀《おうじマヒンダ》はセイロン（現《げん》スリランカ）に仏教《ぶっきょう》を広《ひろ》めることになり、これが南方仏教《なんぽうぶっきょう》となります。そして、一世紀《せいき》にヴッタガーマニ王《おう》は五百人《ひゃくにん》の聖者《せいじゃ》を集《あつ》めて、口伝《くでん》のパーリ三蔵《さんぞう》の基本《きほん》をつくり、その後《ご》五世紀《せいき》の初頭《しょとう》に、摩掲陀国《マガダこく》の僧仏陀瞿沙《そうブッダゴーサ》がセイロンに来《き》て、シンハリース三蔵註疏《さんぞうちゅうそ》をパーリ語《ご》で再録《さいろく》したため、パーリ三蔵《さんぞう》の完成《かんせい》をみることができたわけです。

三蔵《さんぞう》とは、仏説《ぶっせつ》を集《あつ》めた「経蔵《きょうぞう》」と、仏徒《ぶっと》の戒法《かいほう》を集《あつ》めた「律蔵《りつぞう》」と、仏法《ぶっぽう》の論釈《ろんしゃく》を集《あつ》めた「論蔵《ろんぞう》」との総称《そうしょう》をいいます。

そして七世紀《せいき》ごろ、チベット（西蔵《せいぞう》）の王様《おうさま》が大臣《だいじん》をインドに遣《つか》わし、梵字《ぼんじ》を基《もと》として新《あら》たにチベット語《ご》に訳《やく》させ、チベット仏教《ぶっきょう》が起《お》きます。このチベット蔵経《ぞうきょう》は、中央《ちゅうおう》アジア一般《いっぱん》におこなわれ、一方《いっぽう》ではモンゴルの仏教《ぶっきょう》も十三世紀《せいき》ごろチベットに侵入《しんにゅう》して、チベット仏典《ぶってん》をモンゴル語《ご》に翻訳《ほんやく》し、中国《ちゅうごく》においても、後漢《ごかん》の明帝《めいてい》のとき（西暦《せいれき》六七年《ねん》ごろ）には、インドから高僧《こうそう》が来《き》て布教《ふきょう》し、翻訳《ほんやく》もしています。そこで、それらの翻訳《ほんやく》した仏教《ぶっきょう》が、朝鮮《ちょうせん》をへて日本《にほん》に入《はい》ってきたのが、北方仏教《ほっぽうぶっきょう》といわれているものです。日本伝来《にほんでんらい》（公伝《こうでん》）は西暦《せいれき》五三八年《ねん》といわれています。

日本《にほん》には、この北方仏教《ほっぽうぶっきょう》（大乗仏教《だいじょうぶっきょう》）と南方仏教《なんぽうぶっきょう》（小乗仏教《しょうじょうぶっきょう》）とが入《はい》っているのです。そして神道《しんとう》と十字《じゅうじ》に結《むす》び、神道仏教《しんとうぶっきょう》ができる。つまり神仏混淆《しんぶつこんこう》（入《い》り混《ま》じって区別《くべつ》がつかなくなること）となるわけです。弘法《こうぼう》、親鸞《しんらん》、日蓮《にちれん》などによって日《に》本的仏教《ほんてきぶっきょう》になったのです。

このように、釈尊《しゃくそん》が説《と》かれたものは、弟子《でし》の口伝《くでん》により、そして何百年《なんびゃくねん》もたって、ノートからノートによって伝承《でんしょう》されるにしたがって、み弟子《でし》のそのまた弟子《でし》らによって、教《おし》えはしだいに哲学化《てつがくか》されてしまいました。

そうして今日《こんにち》では、日本《にほん》の仏教《ぶっきょう》は十三宗《しゅう》百二十何派《なんぱ》に分《わ》かれてしまいました。結局《けっきょく》、釈尊《しゃくそん》の教《おし》えが曲《ま》がり曲《ま》がって、わけがわからなくなって、ずたずたに切《き》れてしまった。これはまさに釈尊《しゃくそん》の教《おし》えのこま切《ぎ》れ事件《じけん》です。

たとえば日蓮宗《にちれんしゅう》というと、釈尊《しゃくそん》の法華《ほっけ》の説法《せっぽう》だけが尊《とうと》くあとはどうでもよいものだ、といい、また別《べつ》の宗派《しゅうは》では、この経文《きょうもん》だけが大事《だいじ》であとは不要《ふよう》であるというように、勝手《かって》に分《わ》けてしまいました。

その姿《すがた》が今日《こんにち》の仏教《ぶっきょう》の本体《ほんたい》であり、歴史《れきし》です。これは大《おお》きな間違《まちが》いであります。

この責任《せきにん》の一端《いったん》は、インドのお坊《ぼう》さんにもありますが、多《おお》くは中国《ちゅうごく》のお坊《ぼう》さんがしてしまった。そして次《つぎ》に、中国《ちゅうごく》のお坊《ぼう》さんの所《ところ》に習《なら》いに行《い》った日本《にほん》のお坊《ぼう》さんが、その影響《えいきょう》を強烈《きょうれつ》に受《う》けてしまったのです。このようなわけで、日本《にほん》の仏教《ぶっきょう》も分派《ぶんぱ》し分裂《ぶんれつ》してしまい、お互《たが》いが争《あらそ》っているような状態《じょうたい》です』と、ご教導下《きょうどうくだ》されております。

釈尊《しゃくそん》は「日系人《にっけいじん》」である

昭和《しょうわ》四十一年（一九六六）四月度月始祭《がつどげっしさい》ご教示《きょうじ》より

『さて、釈尊《しゃくそん》の本当《ほんとう》の歴史《れきし》はそれではどうであろうか、ということになりますが、宇宙剖判《うちゅうほうはん》、天地剖判《てんちほうはん》の天地創造期《てんちそうぞうき》を終《お》えられた主《ス》の大神様《おおかみさま》は、次《つぎ》に人《ひと》の霊成型《ヒナガタ》を物質化《ぶっしつか》し、五色人人類《イロビトじんるい》をおつくりになっています。そして皇統第二代《こうとうだい》・造化気万男身光天皇《つくりのしきよろずおみひかりすめらみこと》の時代《じだい》に、世界《せかい》に分布《ぶんぷ》した五色人《イロビト》を統一教化《とういつきょうか》するみ役《やく》をもって天皇《すめらみこと》の皇子様《みこさま》を全世界《ぜんせかい》に派遣《はけん》されていらっしゃいます。

たとえば、二十一番目《ばんめ》の皇子《みこ》に、バンコシナという皇子様《みこさま》がお出《で》ましになっていますが、この方《かた》が中国《ちゅうごく》の方面《ほうめん》に行《い》かれ、盤古系《ばんこけい》のはじまりになっています。また二十二番目《ばんめ》の皇子《みこ》、天竺黒人民王《てんじくくろひとみっとそん》は、おそらくインド方面《ほうめん》、天竺《てんじく》に行《い》かれた皇子様《みこさま》であると思《おも》われます。

それから、ヨイロパ赤人女祖《あかひとめそ》が行《い》かれた土地《とち》がメソポタミアで、今日《こんにち》でもその地名《ちめい》が残《のこ》っており、言霊《ことだま》からいっても、メソポタミアのメソは女《め》の祖《そ》、タミアは民《たみ》の国《くに》ということになります。このヨイロパ赤人女祖《あかひとめそ》のご子孫《しそん》に、アダムイブ民王《みっとそん》という皇《み》子様《こさま》がいらっしゃる。聖書《せいしょ》にも出《で》ているアダムとイブというのは、このお一人《ひとり》の皇子《みこ》様《さま》のことをなぞらえてできた物語《ものがたり》であろうと思《おも》われるのですが、そのアダムイブ民《みっと》王《そん》のご子孫《しそん》に、モーゼやイエス・キリストが出《で》ています。

さて、先《さき》に述《の》べた日本《にほん》から行《い》かれた天竺黒人民王《てんじくくろひとみっとそん》の皇子《みこ》に、カララ尊者《そんじゃ》が出現《しゅつげん》しております。

そしてまた、皇統《こうとう》九十一代目《だいめ》の豊柏木幸手男彦天皇《とよかしきさきておひこすめらみこと》（不合朝《あえずちょう》六十六代《だい》）のご系《けい》統《とう》で、その皇子《みこ》に日種王《にちしゅおう》、月種王《つきしゅおう》がお生《う》まれになり、そのお二人《ふたり》が、ヒマラヤの開拓《かいたく》を命《めい》ぜられました。しかも、その五代目《だいめ》として、再《ふたた》びカララ仙人《せんにん》という方《かた》が惟神《かんながら》の歴《れき》史《し》に出《で》てきます。

仏教史上《ぶっきょうしじょう》では、釈尊《しゃくそん》はカララ仙人《せんにん》について学《まな》ばれたとありますが、どちらのカララ仙人《せんにん》かというと、釈尊《しゃくそん》は後《あと》のほうのカララ仙人《せんにん》に学《まな》んだのであろうと思《おも》っています。

つまり釈尊《しゃくそん》は、神道《しんとう》の国《くに》から行《い》かれた、神道《しんとう》の教《おし》えを受《う》けて育《そだ》った皇統《こうとう》のカララ仙人《せんにん》に教《おし》えを乞《こ》うたのです。釈尊《しゃくそん》ご自身《じしん》が、かつて本家《ほんけ》から黒人《くろひと》民王《みっとそん》として天竺《てんじく》に派遣《はけん》された方《ほう》の直系《ちょっけい》の子孫《しそん》だからです。釈尊《しゃくそん》は明《あき》らかに「日系人《にっけいじん》」です。イエスも、アダムイブ民王《みっとそん》の子孫《しそん》ですから明《あき》らかに日系《にっけい》です。

釈尊《しゃくそん》はバラモン教《きょう》が盛《さか》んであるインドの地《ち》で本家《ほんけ》の教《おし》えを説《と》きましたから、従弟《いとこ》の提婆王《ダイバおう》に追《お》われてインドから追放《ついほう》され、イエスもユダヤへ行《い》って本家《ほんけ》の教《おし》えを説《と》き出《だ》したので、ユダヤ王《おう》に追《お》われる。つまり異教徒《いきょうと》と目《もく》され、迫害《はくがい》を受《う》けると、行《い》くところがないから、おのおの本家《ほんけ》の日本《にほん》に帰《かえ》ってくるわけです。

それはさておき、「ムー大陸《たいりく》」の研究《けんきゅう》でも、経文《きょうもん》の系図《けいず》からも明《あき》らかに釈尊《しゃくそん》は日《にっ》系《けい》だということがよくわかります。

ムー大陸陥没《たいりくかんぼつ》のとき、大陸《たいりく》にいたヤマト民族《みんぞく》——後《のち》にマヤ族《ぞく》の一部《いちぶ》は、必死《ひっし》に隆起《りゅうき》した地区《ちく》（後《あと》でも何回《なんかい》か隆起《りゅうき》した）にはい上《あ》がりました。それが今日《こんにち》の日本列島《にほんれっとう》であり、アジア大陸《たいりく》であり、南米大陸《なんべいたいりく》です。

南米《なんべい》にはいあがったのが、インカ帝国《ていこく》、ボリビア文化《ぶんか》、アマゾン文化《ぶんか》を開《ひら》いた、今《いま》でいうネイティブ・アメリカンです。もう一《ひと》つの流《なが》れは、沿海州《えんかいしゅう》のほうに上陸《じょうりく》して、中央《ちゅうおう》アジアに出《で》た。またもう一《ひと》つは、今日《こんにち》のビルマ、ベトナム、タイ、あるいはアフガニスタンあたりまで渡《わた》っていきました。

日本《にほん》から西《にし》の方《ほう》にはい上《あ》がったのが、朝鮮半島《ちょうせんはんとう》から満州《まんしゅう》を通《とお》って、チベット、コンロン山系《さんけい》に入《はい》っています。ご皇室《こうしつ》のご直系《ちょっけい》の太陽族《たいようぞく》が、今日《こんにち》スメル族《ぞく》になっていますし、その一部《いちぶ》がモンゴル人《じん》になっています。

コンロン山系《さんけい》に入《はい》ったスメル族《ぞく》が、後《のち》に、月氏《げっし》と日氏《にっし》に分《わ》かれます（経文《きょうもん》）。その日氏《にっし》と月氏《げっし》が山系《さんけい》を越《こ》えて、パミールやネパールを通《とお》り、インドへ入《はい》ったのです。

インドは、今《いま》から約《やく》四千年前《せんねんまえ》、アーリヤ民族《みんぞく》によって開拓《かいたく》された、といわれていま す。このアーリヤ民族《みんぞく》は、もと中央《ちゅうおう》アジア、今《いま》のアフガニスタン、ベルヂスタン地《ち》方《ほう》に漂泊《ひょうはく》していた遊牧《ゆうぼく》の民《たみ》でしたが、その一部《いちぶ》は、ペルシャに入《はい》り、その他《た》の一部《いちぶ》がインドに入《はい》って、シンドゥ（Sindhu）という国《くに》を開《ひら》き永住《えいじゅう》の地《ち》と定《さだ》めたのです。シンドゥとは、言霊《ことだま》でいえば神道《しんとう》です。それが後世《こうせい》、インドゥになり、インドになったわけです。

さて、このアーリヤ人《じん》は、火《ひ》と水《みず》と風《かぜ》の神《かみ》を信《しん》じ、多神教《たしんきょう》でした。このころとしては、非常《ひじょう》に高級《こうきゅう》な宗教《しゅうきょう》であったと史上《しじょう》に記《しる》されています。リグヴェダ（Rgveda）の讃歌《さんか》をもち、立派《りっぱ》な芸術《げいじゅつ》をもった民族《みんぞく》であって、決《けっ》して遊牧《ゆうぼく》の民《たみ》などではありません。

そもそも言霊《ことだま》からいっても、アーリヤのアは天《てん》・日《ひ》、リは火《ひ》と水《みず》を十字《じゅうじ》に結《むす》び（カミまたはアーミ）、締《し》めてから開《ひら》く、ヤは邦《ほう》、国《くに》で、したがって、霊《ヒ》の元《もと》つ国人《くにびと》ということなのです。

釈尊《しゃくそん》は、この立派《りっぱ》な芸術《げいじゅつ》と高度《こうど》な宗教《しゅうきょう》を持《も》ったアーリヤ地方《ちほう》から来《き》た方《かた》の、直《ちょっ》系《けい》の王子様《おうじさま》であります。

ところで実《じつ》は、釈迦《しゃか》という方《かた》は歴史上《れきしじょう》インドにはおりません。日本《にほん》の古文献《こぶんけん》によると、インドのゴータマ・シッタッタという人が、日本《にほん》に帰《かえ》られてから、釈迦天空坊《しゃかてんくうぼう》というお名前《なまえ》をつけておいでになる。インドではあくまでゴータマ・シッタッタである。インドにはシャキャ族《ぞく》というのはあるが、個人名《こじんめい》の釈迦《しゃか》はない。釈尊《しゃくそん》はバラモン教《きょう》である釈迦族《しゃかぞく》からは出《で》ていません』と、救《すく》い主《ぬし》・聖凰様《せいおうさま》はご教導下《きょうどうくだ》されております。

釈尊《しゃくそん》の生涯《しょうがい》が意味《いみ》するもの

昭和《しょうわ》四十一年《ねん》（一九六六）四月度月始祭《がつどげっしさい》ご教示《きょうじ》より

『釈尊《しゃくそん》は、現在《げんざい》の北《きた》インドである、ヒマラヤの麓《ふもと》でお生《う》まれになりました。ヒマラヤということは、言霊《ことだま》ではヒは日《ひ》・霊《ヒ》・火《ひ》で、マは真《ま》の霊《ヒ》、ラは陽《よう》の回転《かいてん》、ヤは邦《ほう》・国《くに》で、真神《まかみ》の霊《ヒ》の陽《よう》の回転《かいてん》をしている国《くに》、つまり、日《ひ》の精霊《せいれい》のマ、真十字《まじゅうじ》のマのみ働《はたら》きのマ神《かみ》・正観音《せいかんのん》の国《くに》、霊成型《ヒナガタ》の国《くに》、霊《ヒ》の本《もと》の国《くに》、日本《にほん》ということです。

釈尊《しゃくそん》は、ヒマラヤの麓《ふもと》のカピラ国《こく》の王子《おうじ》としてお生《う》まれになったのです。カピラも言霊《ことだま》では、カは火《ひ》・霊《ヒ》の国《くに》、ピは日《ひ》の神《かみ》、ラは来《き》た、であるから、日《ひ》の神《かみ》の国《くに》から来《き》た国《くに》、もしくは城《しろ》ということになる。

しかも父王《ちちおう》は、お名前《なまえ》をスドーダ（ン）ナで、言霊《ことだま》からいってスドウは主《ス》の堂《どう》、主《ス》の宮《みや》、ダンナは旦那様《だんなさま》という意味《いみ》になるから、主《ス》のご系統《けいとう》の旦那様《だんなさま》ということであり、母君《ははぎみ》マーヤー夫人《ふじん》は、マ・真《ま》の国《くに》から来《こ》られた方《かた》、ムウのマヤ族《ぞく》というわけです。

母君《ははぎみ》は、カピラ城《じょう》の東《ひがし》にあったルンビニーの園《その》という花園《はなぞの》の、蓮《はす》の花《はな》の咲《さ》いている池《いけ》で水浴中《すいよくちゅう》、にわかに産気《さんけ》をもよおして池《いけ》から上《あ》がり、アソカの木《き》の花《はな》の咲《さ》いている下《もと》で、玉《たま》のごとき男子《だんし》を産《う》んだといいます。

ルンビニーとは、言霊《ことだま》でいえば、火《ひ》が回転《かいてん》する意味《いみ》で、火《ひ》（日《ひ》）の国《くに》のことを暗に示《しめ》してあります。そしてアソカは、ア（天《あま》）ソ（祖《そ》）カ（神《かみ》）で、天祖神《てんそしん》のことです。

また、木《き》の花《はな》の咲《さ》いているところ、というのは、国常立大神様《くにとこたちのおほかみさま》の御魂《みたま》をホドカれて、富士山頂上《ふじさんちょうじょう》に兄《こ》の花《はな》、すなわち梅《うめ》の花《はな》をもたれた観音様《かんのんさま》、火《ひ》の荒魂《あらみたま》をお祀《まつ》りした久《く》須志神社《すしじんじゃ》があり、麓《ふもと》には木《こ》の花《はな》、すなわち桜《さくら》の花《はな》をもたれた観音様《かんのんさま》、水《みず》の和魂《にぎみたま》をお祀《まつ》りした浅間神社《あさまじんじゃ》があることを示《しめ》しています。

つまり天祖神《てんそしん》の国《くに》の木《き》の花《はな》の咲《さ》いている花園《はなぞの》、ということです。

花園《はなぞの》は、聖書《せいしょ》ではエデンの園《その》といっています。エデンとはトト、つまり父《ちち》で、古文《こぶん》献《けん》ではトト神《がみ》は国万造主大神様《くによろずつくりぬしのおほかみさま》、すなわち仏教《ぶっきょう》でいう聖観音《せいかんのん》、キリスト教《きょう》ではヤハエの神《かみ》といわれる神様《かみさま》か、もしくは、天照日大神様《あまてらすひのおほかみさま》の二神《しん》しか、そうご称名《しょうみょう》していません。国万造主大神様《くによろずつくりぬしのおほかみさま》は、三十二相《そう》八十種光《しゅこう》をもたれた神《かみ》で、光《ひかり》は億万《おくまん》にわたるとあります。つまり、イエスのいったエデンの園《その》とはトト神《がみ》のいらした園《その》で、十《と》和田湖《わだこ》のほとりにあります。そこはバラの天国《てんごく》で、そのバラをもっていったのが、メソポタミヤのバラになる。

まとめると、釈迦《しゃか》は、ヒマラヤ（真神《まがみ》の霊《ヒ》の陽《よう》の回転《かいてん》をしている国《くに》、霊《ヒ》の元《もと》の国《くに》）の麓《ふもと》のカピラ城《じょう》（日《ひ》の神《かみ》の国《くに》から来《き》た城《しろ》）で、父王《ちちおう》のスドーダナ（主《ス》の宮《みや》の旦那様《だんなさま》）とマーヤー夫人《ふじん》（真《ま》の国《くに》から来《き》たムーのマヤ族《ぞく》の方《かた》）とのあいだに、ルンビニー（火《ひ》の回転《かいてん》）のエデンの園《その》でお生《う》まれになったのです。

しかも、四十八弁《ヨトヤべん》の蓮《はす》のウテナ（台《うてな》）に乗《の》ってきた、といわれている。ということは、主《ス》の大神様《おほかみさま》のご系統《けいとう》で、四十八《ヨトヤ》の神様《かみさま》のご守護《しゅご》によって降誕《こうたん》されたということです。

そして、六牙《りくげ》の白象《はくぞう》に乗《の》って降《お》りてきた。しかも二頭《とう》の象《ぞう》が温涼《おんりょう》の水《みず》をもって太子《たいし》を清《きよ》めたといっています。六牙《りくげ》の白象《はくぞう》ですから、六《りく》は水《みず》、牙《げ》は気《き》で、水《みず》の気《き》、すなわち月《つき》の霊統神《けいとうしん》の下降《かこう》であることを秘《ひ》めており、また、白象《はくぞう》はムーの子孫《しそん》を表現《ひょうげん》しています。白象《はくぞう》は、インドではナーガといって、象《ぞう》もしくは龍《りゅう》のことです。中国《ちゅうごく》では、ナーガを龍《りゅう》と訳《やく》し、インドでは象《ぞう》としています。ナーガはムー語《ご》であり、もとは龍《りゅう》も象《ぞう》もナーガと呼《よ》んでいたのです。ムーが先祖《せんぞ》であることをここでも表現《ひょうげん》しています。

これはつまり神聖《しんせい》な象《ぞう》のことで、すなわち龍神《りゅうじん》ということになる。光龍《こうりゅう》、金龍神《こんりゅうじん》のことであり、釈尊《しゃくそん》がムーのマヤ族《ぞく》の子孫《しそん》であることをこの物語《ものがたり》は明示《めいじ》しているのです。

しかも二頭《とう》のナーガですから、火《ひ》と水《みず》が十字《じゅうじ》に組《く》んだ、カミをほどいたホドケのことを説《と》かなくてはいけないみ役《やく》です。「仏《ほとけ》」の教《おし》えを説《と》かれるために、兜率天《とそつてん》から降誕《こうたん》されたわけです。釈尊《しゃくそん》は「自分《じぶん》が死《し》んだら、第四兜率天《だいよんとそつてん》に帰《かえ》って、観音《かんのん》の右《みぎ》に坐《ざ》す」とおっしゃっています。兜率天《とそってん》とは神霊界《しんれいかい》ということで、神霊層界《しんれいそうかい》は第七次元《だいしちじげん》界《かい》から第一次元界《だいいちじげんかい》までであります。つまり第四兜率天《だいよんとそってん》とは、第四次元神霊界《だいよじげんしんれいかい》ということで、第五次元神霊界《だいごじげんしんれいかい》のカガリミ神界《しんかい》と第三次元界《だいさんじげんかい》のカギリミ界《かい》（応身界《おうじんかい》・ウツソミ・現界《げんかい》）とのあいだにある第四次元界《だいよじげんかい》、ハセリミ神界《しんかい》ということになります。

厳密《げんみつ》にいいますと、現界《げんかい》とハセリミ神界《しんかい》のあいだに、人間《にんげん》が死《し》ぬようになってから、第四次元霊界《だいよじげんかい》に幽界《ゆうかい》（仏界《ぶっかい》）ができますが、第四兜率天《だいよんとそってん》とはその幽界《ゆうかい》の最上部《さいじょうぶ》とハセリミ神界《しんかい》の境目《さかいめ》であるといえましょう（『ミロク下生経《げしょうきょう》』）。

そういうわけで、幽界《ゆうかい》にいる死《し》んだ人間《にんげん》の霊《れい》を救《すく》うために宗教《しゅうきょう》が興《おこ》りました。幽《ゆう》界《かい》の霊《れい》を救《すく》うには、現界《げんかい》の人《ひと》も悔悟《かいご》させ、つまり今《いま》までの過《あやま》ちをさとり、救《すく》っておかなければならない。死《し》んで幽界《ゆうかい》に行《い》ってから、悪《わる》いことをしていたとさとるのでは救《すく》われないから、そこで宗教《しゅうきょう》が必要《ひつよう》になってくる。

私《わたくし》がいっているように、崇教《すうきょう》時代《じだい》から宗教《しゅうきょう》時代《じだい》が起《お》きてくるわけです。釈尊《しゃくそん》は「自分《じぶん》が死《し》んだら第四兜率天《だいよんとそってん》に帰《かえ》って、観音《かんのん》の右《みぎ》に座《ざ》し、時期《じき》がきて弥勒《ミロク》が下生《げしょう》するときには、いっしょに出《で》て世《よ》の大建《だいた》て直《なお》しに参加《さんか》するぞ」といっている。第四次元界《だいよじげんかい》に帰《かえ》るが、また時到《ときいた》ればそこから下生《げしょう》して、人救《ひとすく》いのために出現《しゅつげん》するとおっしゃっているわけです。

釈尊《しゃくそん》やイエスなどの歴史《れきし》をみても、古事記《ふることのふみ》、日本書紀《にほんしょき》などをみても、真相《しんそう》を隠《かく》したところがある。あるいは、神《かみ》のみ名《な》にしてもはっきり出《だ》せない部分《ぶぶん》がずいぶん出《で》てきます。これらを表面《ひょうめん》からみたのではわからない。ところがこれを言霊《ことだま》と超太古史《ちょうたいこし》で解《と》いていきますと、霊界《れいかい》と現界《げんかい》とが、ぴたっとあわせて示《しめ》してあることがはっきりとわかってくるのです。

釈尊《しゃくそん》のご生誕《せいたん》のときの様子《ようす》を言霊《ことだま》から解釈《かいしゃく》しても、明《あき》らかに日系人《にっけいじん》であるという証拠《しょうこ》が次々《つぎつぎ》と出《で》ていることに、皆《みな》さんも気《き》づかれるでしょう。ですから第四兜率天《だいよんとそってん》の問題《もんだい》にしても、いろいろな学者《がくしゃ》が説明《せつめい》を試《こころ》みているようですが、惟神神道《かんながらしんとう》のことも言霊《ことだま》もわからないために、見当違《けんとうちが》いの解釈《かいしゃく》をしているばかりか、神霊界《しんれいかい》の実相《じっそう》からいって嘘《うそ》の説明《せつめい》をして、大衆《たいしゅう》にそれを教《おし》え込《こ》んでしまってそのままの状態《じょうたい》です。

釈迦牟尼《しゃかむに》などといっていますが、これも同様《どうよう》で、本来言霊《ほんらいことだま》ではムニは、ムすなわち無《む》＝零《れい》＝霊《れい》で、ニはつなぐ、つまり現界《げんかい》と霊界《れいかい》をつなぐ役割《やくわり》のことをいいます。ムニという言霊《ことだま》がわからなかったから、中国《ちゅうごく》のお坊《ぼう》さんはこれを智恵《ちえ》のある人《ひと》と解釈《かいしゃく》してしまった。

霊界《れいかい》と現界《げんかい》を結《むす》ぶ人《ひと》ですから、智者《ちしゃ》・聖《ひじり》（ヒジリ＝霊智《ヒジリ》）には違《ちが》いない。霊智《ヒジリ》とは霊界《れいかい》を知《し》っている人《ひと》ということです。しかも人間《にんげん》の知恵《ちえ》とは違《ちが》って、日《ひ》の上《うえ》に立《た》った知《ち》すなわち智《ち》となります。

聖《ヒジリ》の文字《もじ》でも、宇宙《うちゅう》の主《ス》の神様《かみさま》の下《もと》で、日《ひ》と月《つき》を知《し》った王《おう》ということ。ですから聖者《せいじゃ》とは、霊界《れいかい》の知識《ちしき》をもった人《ひと》でなければそういわない。ところが、今日《こんにち》までずいぶんデタラメな解釈《かいしゃく》をしてしまっています』

釈尊《しゃくそん》の歴史《れきし》の抹殺《まっさつ》

昭和《しょうわ》四十一年《ねん》（一九六六）四月度月始祭《がつどげっしさい》ご教示《きょうじ》より

救《すく》い主《ぬし》・聖凰様《せいおうさま》はさらに、

『さて、『法滅盡経《ほうめつじんきょう》』に「一時仏《ひとときほとけ》クイグガ（拘夷那竭《クイグガ》）国《こく》に在《あ》り」とあります。そのクイグガ国《こく》とはどこであろうかと、何年《なんねん》も前《まえ》からいろいろ学者《がくしゃ》におたずねしましたがわからない。言霊《ことだま》でいえばクイグ・ガ国《こく》ですから、神《かみ》の国《くに》すなわち日本《にほん》ということに違《ちが》いないと思《おも》っていました。そうしましたら、今度《こんど》出《で》たムー大陸《たいりく》の研究《けんきゅう》にクイの国《くに》というのがある。

　クイの国《くに》とはムー大陸《たいりく》が陥没《かんぼつ》した後《あと》のムー国《こく》、つまり前太陽帝国日本《ぜんたいようていこくにほん》のことです。ということで、この面《めん》からも釈尊《しゃくそん》がかつて日本《にほん》に来《き》ていたことがわかります。日本《にほん》の古文献《こぶんけん》には釈迦来日《しゃからいにち》がはっきり出《で》ているし、また日系《にっけい》の系統《けいとう》もはっきりしています。また、釈尊《しゃくそん》の父王《ちちおう》の数代後《すうだいのち》の、阿育王《アイクおう》が建《た》てた碑文《ひぶん》が最近発掘《さいきんはっくつ》されましたが、その碑文《ひぶん》には「釈尊《しゃくそん》の正覚《しょうかく》を開《ひら》かれた土地《とち》は、サルナートである」と記《しる》してあります。サルナートという言葉《ことば》は、インドでは「日出《ひい》ずる国《くに》」という意味《いみ》です。さらにネイティブ・アメリカンは、自分達《じぶんたち》の父祖《ふそ》の地《ち》は「サルナチール」と呼《よ》ぶそうですが、これも日出《ひい》づる国日本《くににほん》ということなのです。そうすると、阿育王《アイクおう》の碑文《ひぶん》にある「正覚《しょうかく》の地《ち》、サルナート」は、日本《にほん》を指《さ》すことが歴然《れきぜん》とします。

また、日本《にほん》の古文献《こぶんけん》によると、これらといよいよ符節《ふせつ》をあわせるもので、釈尊《しゃくそん》は五十二歳《さい》のとき、セイロン島《とう》を脱出《だっしゅつ》して、日本《にほん》に来《き》ていると記《しる》してあります。そして、百《ひゃく》十六歳《さい》で亡《な》くなられるまで日本《にほん》においでになり、葬《とむら》ったところまで記録《きろく》されていますし、またその跡《あと》が残《のこ》っています。

五十二歳《さい》のとき、従弟《いとこ》の提婆王《ダイバおう》に追《お》われた釈尊《しゃくそん》がインドを脱出《だっしゅつ》しようと港《みなと》の近《ちか》くまで来《く》ると、自分《じぶん》と同《おな》じ年頃《としごろ》の人《ひと》が道端《みちばた》で苦《くる》しんでいる。助《たす》けてあげたいが自分《じぶん》も逃《に》げなければならない。逃《に》げないと追手《おって》が来《き》て捕《とら》えられ殺《ころ》されてしまう。そこでやむをえず、自分《じぶん》が着《き》ていた七丈《じょう》の袈裟《けさ》をその行《い》き倒《だお》れの人《ひと》に着《き》せて、「お前《まえ》はこの衣《ころも》で救《すく》われるぞ」といって脱出《だっしゅつ》をしたわけです。変装《へんそう》の要《よう》もあった。

ところが、釈尊《しゃくそん》の弟子《でし》が、釈尊《しゃくそん》の脱出《だっしゅつ》したことを知《し》り、釈尊《しゃくそん》を追《お》いかけて数日《すうじつ》してからそこにたどりつくと、その行《い》き倒《だお》れの人《ひと》の顔《かお》は腐《くさ》って、釈尊《しゃくそん》かどうか弟子《でし》には見分《みわ》けがつかなかった。しかし、その人《ひと》は七丈《じょう》の袈裟《けさ》を着《き》ていたので、釈尊《しゃくそん》に違《ちが》いないということで、農家《のうか》に運《はこ》んで、甘茶《あまちゃ》をかけて消毒《しょうどく》した。それが今日《こんにち》、甘茶《あまちゃ》を釈尊《しゃくそん》のお像《ぞう》にかける行事《ぎょうじ》になり、その行《い》き倒《だお》れの他人《たにん》の骨《ほね》を、釈尊《しゃくそん》の骨《ほね》と思《おも》って分《ぶん》骨《こつ》し、仏舎利《ぶっしゃり》としてしまっているわけです。

釈尊《しゃくそん》が五十二歳《さい》のとき脱出《だっしゅつ》して日本《にほん》に帰《かえ》ってきたことが、仏典《ぶってん》にも残《のこ》っていなければならないはずだと、私《わたくし》も探《さが》していましたら、実《じつ》は『法滅盡経《ほうめつじんきょう》』という経文《きょうもん》にその一部《いちぶ》が残《のこ》っていました。それによると、

「……諸天衛護《しょてんえいご》し月光世《げっこうよ》に出《い》で、相遭《あいあ》うことを得《え》てともに吾道《われみち》を興《おこ》すも、五十二歳《さい》の首《はじめ》、楞厳経《りょうごんきょう》、般舟三昧経《はんしゅうざんまいきょう》まず化《か》して滅《めっ》し去《さ》る。……」とあります。「五十二歳《さい》の首《はじめ》」という文字《もじ》と次《つぎ》の文章《ぶんしょう》が切《き》れてつながっていない。それについて、今日《こんにち》の仏教《ぶっきょう》学者《がくしゃ》からは、適切《てきせつ》な解答《かいとう》をいただくことができません。

しかし、まちがいなく『法滅盡経《ほうめつじんきょう》』に入《はい》ってしまっているのですからいたしかたない。釈尊《しゃくそん》の本当《ほんとう》の歴史《れきし》を湮滅抹殺《いんめつまっさつ》するために、削除《さくじょ》しようとしたが、この部分《ぶぶん》が残《のこ》ってしまったとしか思《おも》えない。

日本《にほん》に釈尊《しゃくそん》が来《こ》られたのは、古文献《こぶんけん》によると、不合朝《ふきあえずちょう》第七十代《だい》、神心伝物部《かんこころつとふもののべ》建天日嗣天皇《たてのあまつひつぎのすめらみこと》の時代《じだい》で、これは神武天皇《じんむてんのう》の約三百《やくさんびゃく》五十年前《ねんまえ》ではないかと推定《すいてい》されます。

聖書《せいしょ》に出《で》てくるノアの洪水《こうずい》、つまりムー大陸《たいりく》の最後《さいご》の陥没《かんぼつ》が、神武天皇《じんむてんのう》の七百《ななひゃく》から千年《せんねん》くらい前《まえ》とありますから、その大陥没《だいかんぼつ》がおさまってしばらくたってからではないでしょうか。地球《ちきゅう》の大変動《だいへんどう》がおさまったので、本家《ほんけ》の国《くに》のほうの様子《ようす》を見《み》に来《こ》られたのでしょう。

古文献《こぶんけん》ではなんのために釈尊《しゃくそん》が日本《にほん》に来《こ》られたのかはっきり記《しる》されていませんが、これは従弟《いとこ》のダイバ王《おう》に命《いのち》をねらわれて、日本《にほん》に亡命《ぼうめい》したわけです。「カピラの王子《おうじ》、シャカ来《く》る。天《あま》のスメラミコト、天越根主尊《あまこしねぬしのみこと》に命《めい》じ、シャカの入《にゅう》門《もん》を許《ゆる》さる」とあります。

つまり、日系《にっけい》の釈尊《しゃくそん》は本家《ほんけ》の日本《にほん》に来《き》て、神道《しんとう》に入《はい》り、白龍満堂《はくりゅうまんどう》に立《た》てこもる歴《れき》史《し》があるわけです。このとき、釈迦天空坊《しゃかてんくうぼう》と呼《よ》ばれています。ちなみに、イエスも日《に》本《ほん》に来《こ》られたときは、天狗坊《てんぐぼう》、天狗太郎《てんぐたろう》というふうに呼《よ》ばれていました。

さらに古文献《こぶんけん》では、このとき釈尊《しゃくそん》は、丹波《たんば》の伊勢《いせ》で、天照日大神様《あまてらすひのおおかみさま》のご神霊《しんれい》にお会《あ》いになって、「超人的《ちょうじんてき》な天眼《てんがん》を開《ひら》かれた」とあります。いろいろな神霊界《しんれいかい》の掟《おきて》を見《み》た、あるいは生《せい》と死《し》との関係《かんけい》をはっきり見《み》た、と伝《つた》えられています。

このように、阿育王《アイクおう》（アショカ王《おう》）の碑文《ひぶん》に刻《きざ》んである「釈尊《しゃくそん》が正覚《しょうかく》を開《ひら》いた土《と》地《ち》、サルナート」は日本《にほん》であったことが、はっきり古文献《こぶんけん》に記《しる》されているのです。インドの学者《がくしゃ》の説明《せつめい》では、天眼《てんがん》とは「神《かみ》の本体《ほんたい》を見《み》とどける眼《まなこ》」ということであり、いわゆるパーラミター（到霊眼《とうれいがん》）のことを指《さ》すのです。

ある経文《きょうもん》には、「我《われ》、見真実《けんしんじつ》に入《い》れり」とありましたが、これは釈尊《しゃくそん》が、「我《われ》、見《けん》神実《しんじつ》に入《い》れり」といった部分《ぶぶん》を、中国《ちゅうごく》のお坊《ぼう》さんが見神《けんしん》を見真《けんしん》というふうにしてしまい、一切霊的《いっさいれいてき》な関係《かんけい》を抜《ぬ》き去《さ》って、哲学化《てつがくか》した仏教《ぶっきょう》に変《か》えてしまっているのです。

梵珠山《ぼんじゅさん》の不思議《ふしぎ》

昭和《しょうわ》四十一年《ねん》（一九六六）四月度月始祭《がつどげっしさい》ご教示《きょうじ》より

『このように、釈尊《しゃくそん》の歴史《れきし》にしても、金口《こんぐ》の説法《せっぽう》にしても、一切《いっさい》を湮滅《いんめつ》、抹殺《まっさつ》、もしくは人知《じんち》によって哲学化《てつがくか》してしまいました。あれほど世界的《せかいてき》に有名《ゆうめい》な大聖者《だいせいじゃ》である釈尊《しゃくそん》の、ご生誕《せいたん》とご入滅《にゅうめつ》の場所《ばしょ》や日時《にちじ》が、さっぱりインド史《し》ではわからない状態《じょうたい》です。奇《き》というべきでしょう。

私《わたくし》は数年前《すうねんまえ》から調《しら》べていますが、結局《けっきょく》、諸説紛々《しょせつふんぷん》である。釈尊《しゃくそん》の生誕日《せいたんび》についても、インドでは二月八日《がつようか》説《せつ》と四月四日《がつよっか》説《せつ》、もしくは八月《がつ》八日《ようか》か九日《ここのか》というように、いろいろな説《せつ》があって決《き》まりません。ただ、ビルマ、タイ、セイロンなどの南方《なんぽう》アジアの仏教徒《ぶっきょうと》のあいだでは四月八日《がつようか》を選《えら》んでいるので、日本《にほん》でもそれにならって、四月《がつ》八日《ようか》を誕生日《たんじょうび》としているというにすぎません。

お亡《な》くなりになった日《ひ》にしても、はっきりしていません。あれだけ偉《えら》い方《かた》が道端《みちばた》で亡《な》くなるということを、神様《かみさま》がなさるはずがない。

釈尊《しゃくそん》は裕福《ゆうふく》な王家《おうけ》の出《で》ですから、優遇《ゆうぐう》されていたことでしょう。それなのに、その当時《とうじ》のほかの偉《えら》い人《ひと》のことはわかっても、釈尊《しゃくそん》のことになると、死《し》んだ日も、場《ば》所《しょ》もわからないという状態《じょうたい》です。日本《にほん》の古文献《こぶんけん》によると、釈尊《しゃくそん》は日本《にほん》に亡命《ぼうめい》されてからさらに神業《しんぎょう》を積《つ》まれ、百《ひゃく》十六歳《さい》まで長命《ちょうめい》を保《たも》たれ、日本《にほん》でお亡《な》くなりになっています。私《わたくし》は五十種類《しゅるい》からの文献《ぶんけん》を調《しら》べたのですが、その範囲《はんい》でも、ご生誕《せいたん》の年月《ねんげつ》に百年《ひゃくねん》から一千年以上《せんねんいじょう》の開《ひら》きが出《で》てきます。

私《わたくし》の考《かんが》えでは、お生《う》まれになった月《つき》については、日本《にほん》に不思議《ふしぎ》な霊的現象《れいてきげんしょう》と歴史《れきし》がありますので、七月《がつ》ではないかと思《おも》っています。

釈尊《しゃくそん》が日本《にほん》で神業《しんぎょう》を積《つ》まれ、東北《とうほく》の釈迦村《しゃかむら》におられたところが今日《こんにち》、釈迦屋敷跡《しゃかやしきあと》として残《のこ》っていますが、毎年《まいとし》四月《がつ》か七月《がつ》になると、そこから火《ひ》の玉《たま》が出《で》て、鷹《たか》が飛《と》ぶといういい伝《つた》えがあります。

釈迦屋敷跡《しゃかやしきあと》は、梵珠山《ぼんじゅさん》の中腹《ちゅうふく》にあり、そこからおそらく三千年前《さんぜんねんまえ》のものであろう錫杖《しゃくじょう》が出《で》ております。この錫杖《しゃくじょう》は日本《にほん》にまだ仏教《ぶっきょう》のない時代《じだい》のものです。頂上《ちょうじょう》に登《のぼ》るとそこには釈迦堂《しゃかどう》があり、周囲《しゅうい》が見渡《みわた》せてすばらしい景色《けしき》です。

そこで、日本《にほん》によいことが起《お》きるときは、二本《ほん》の杉《すぎ》が割《わ》れて釈尊《しゃくそん》の霊《れい》が降《お》りられ、鷹《たか》が飛《と》ぶというのです。私《わたくし》が参《まい》りましたときには、杉《すぎ》がサッと割《わ》れ、鷹《たか》が舞《ま》いました。しかも夜《よる》になって火《ひ》の玉《たま》が飛《と》ぶという、重《かさ》ねて不思議《ふしぎ》な現象《げんしょう》が起《お》きました。

その事件《じけん》が七月《がつ》だったことから、私《わたくし》は釈尊《しゃくそん》のお生《う》まれになった月《つき》は、七月《がつ》ではないかと思《おも》っています』と、救《すく》い主《ぬし》・聖凰真光大導主様《せいおうまひかりだいどうしゅさま》はご教導《きょうどう》を下《くだ》されております。

釈尊《しゃくそん》が説《と》けなかった「正法《せいほう》」

昭和《しょうわ》四十一年《ねん》（一九六六）四月度月始祭《がつどげっしさい》ご教示《きょうじ》より

『さて、ここまで述《の》べてくると、釈尊《しゃくそん》の正《ただ》しい歴史《れきし》と日本《にほん》の古文献《こぶんけん》、あるいは言霊《ことだま》からの解釈《かいしゃく》、そして釈尊《しゃくそん》の残《のこ》された金口《ごんぐ》の説法《せっぽう》と惟神《かんながら》の古神道《こしんとう》とは、密接《みっせつ》な関係《かんけい》があることがわかられたと思《おも》います。というより、釈尊《しゃくそん》は日本《にほん》の惟神《かんながら》の古神道《こしんとう》をインドにもっていって、重大《じゅうだい》な使命《しめい》をおびて布教《ふきょう》にお立《た》ち上《あ》がりになったことがわかるはずです。

しかし釈尊《しゃくそん》としては当時《とうじ》、仏教《ぶっきょう》が惟神神道《かんながらしんとう》から出《で》ているということは、神《かみ》のご経綸《けいりん》上《じょう》、隠《かく》しておかなければならなかった。真実《しんじつ》をいうことができなかったのです。そこで釈尊《しゃくそん》は、「仏教《ぶっきょう》とはなにか？」という弟子《でし》の問《と》いに答《こた》えて、一言《ひとこと》にして「真如《しんにょ》の教《おし》えなり」といっているわけです。

なぜそういわなければならないかというと、釈尊《しゃくそん》はブレーキ宗教《しゅうきょう》としての役割《やくわり》、三千年《さんぜんねん》の役割《やくわり》ですから、神理《しんり》を明《あ》かしてしまうと、神《かみ》のご経綸上《けいりんじょう》、人類《じんるい》に物欲《ぶつよく》をもたせて物質《ぶっしつ》を開発《かいはつ》させようとしていたことができなくなるわけです。

しかしながら、あまり行《い》き過《す》ぎるといけないので、人類《じんるい》にブレーキをかける役割《やくわり》として、神《かみ》は釈尊《しゃくそん》はじめ各聖者《かくせいじゃ》を出現《しゅつげん》させ、行《い》き過《す》ぎを是正《ぜせい》、正《ただ》してこられたわけです。ところが残念《ざんねん》なことに、今日《こんにち》の人類《じんるい》を見ますと、神様《かみさま》が心配《しんぱい》なさったように、行《い》き過《す》ぎが起《お》こってしまった。釈尊《しゃくそん》は『法滅尽経《ほうめつじんきょう》』のなかで「吾涅槃《われねはん》の後《あと》、法滅《ほうめつ》せんとするとき、五逆五濁《ごぎゃくごだく》の世《よ》に魔道興《まどうおこ》り盛《さか》んとなり、魔《ま》は沙門《しゃもん》となりて吾道《われみち》を壊乱《かいらん》すべし」と予言《よげん》しています。

そしてまた、「法将《ほうまさ》に尽没《じんぼつ》せんとし登爾天《とそつてん》のとき、諸天龍神《しょてんりゅうじん》泣涙《きゅうるい》するも之《これ》を捨《す》てん。水《みず》と旱《ひでり》は調《ととの》わず、五穀《ごこく》は熟《じゅく》さず疫気《えっき》は流行《りゅうこう》し死亡《しぼう》する者衆《ものおお》し、人民勤苦《じんみんきんく》するも、県《けん》官《かん》は剋《こく》を計《はか》り道理《どうり》に順《したが》わず。皆楽《みならく》を思《おも》いて乱《みだ》れ、悪人《あくにん》に転移《てんい》するもの海中《かいちゅう》の沙《すな》の如《ごと》し。善者《ぜんしゃ》は甚《はなは》だ少《すく》なく、もしくは一《いち》、もしくは二《に》、劫尽《ごうつ》きんとするがゆえに日月《じつげつ》は短《たん》に転《てん》じ、人命《じんめい》は促《そく》に転《てん》じ、四十にして頭白《あたましろ》し。男子《だんし》は婬妖《いんいつ》にして精尽《せいつ》き夭命《ようめい》となる。あるいは寿《じゅ》六十なるものあるも男子《だんし》の寿《じゅ》は短《みじか》し。女人《にょにん》の寿《じゅ》は長《なが》く、七、八、九十あるいは百歳《ひゃくさい》に至《いた》るものあるも、大水《おおみず》たちまち起《お》こり卒《つい》に無期《むき》に至《いた》る。世人《せじん》信《しん》ぜざるがゆえに常有《つねあ》ること無《な》し」

つまり、人類《じんるい》は大《おお》ミソギを受《う》けるようになるぞというのです。そしてこういう時代《じだい》になると、「楞厳経《りょうごんきょう》、般舟三昧経《はんしゅうさんまいきょう》まず化《か》して滅《めっ》し去《さ》る。十二部《ぶ》経《きょう》尋《つい》で後《のち》にまた滅《めっ》す。ことごとくふたたびあらわれず。文字《もじ》を見《み》ず」とおっしゃって、釈尊《しゃくそん》が説《と》かれたところの、金口《ごんぐ》の説法《せっぽう》というものは隠《かく》すときが来《く》るようになるんだと、そういっています。

そして、「かくの如《ごと》きの後《のち》、数千万歳《すうせんまんさい》にして弥勒《みろく》まさに世間《せけん》に下《くだ》りて仏《ほとけ》となるべし。天下《てんか》は泰平《たいへい》となり、毒気《どくけ》は消除《しょうじょ》し、雨潤和適《うじゅんわてき》し五穀《ごこく》は滋茂《じも》し、樹木《じゅもく》は長大《ちょうだい》となり、人《ひと》のたけは八丈《じょう》となり皆《みな》いのちながし。八万《まん》四千歳《せんさい》にして衆生《しゅじょう》の得度《とくど》するものは計《けい》を称《とな》うべからず」という大予言書《だいよげんしょ》を残《のこ》され、そしてその後《のち》に予言《よげん》されたのが『弥勒下《みろくげ》生経《しょうきょう》』であります。

それによると、三千年《さんぜんねん》経《た》つと正法《せいほう》を説《と》く者《もの》があらわれて、しかるのちに弥勒《みろく》が下《げ》生《しょう》して、そして天国文明《てんごくぶんめい》に切《き》り換《か》えるぞ、そうなれば、天下《てんか》は泰平《たいへい》となり、毒気《どくけ》は消除《しょうじょ》して、すばらしい世《よ》のなかになると記《しる》されてあります。しかし、今日《こんにち》は残念《ざんねん》ながら、釈尊《しゃくそん》の説《と》かれたこれらの金口《ごんぐ》の説法《せっぽう》というものは、釈尊《しゃくそん》の弟子達《でしたち》が隠《かく》してしまって、この『法滅盡経《ほうめつじんきょう》』も『弥勒下生経《みろくげしょうきょう》』も本物《ほんもの》がなくなってしまったのです。

釈尊《しゃくそん》が、日本《にほん》の丹波《たんば》の伊勢《いせ》で天照日大神様《あまてらすひのおおかみさま》のご神霊《しんれい》にお会《あ》いになって、「仏《ほとけ》は三《さん》千年《ぜんねん》にして滅《めっ》す」と神《かみ》に示《しめ》されて残《のこ》されたのが、これらの経文《きょうもん》の言葉《ことば》です。

つまり釈尊《しゃくそん》は、神様《かみさま》から「お前《まえ》はブレーキの役《やく》であるから真理《しんり》を説《と》いてはいかん。真如《しんにょ》を説《と》いてこい」といわれて神界《しんかい》からお使《つか》いに来《こ》られた神様《かみさま》です。神界《しんかい》にいらしたときは女神様《めがみさま》であったのですが、現界《げんかい》へは男性《だんせい》に化《ば》けておられます。ですから釈尊《しゃくそん》は経文《きょうもん》のなかで「我《われ》、変性男子《へんせいだんし》なり」とおっしゃっています。今《いま》は男《おとこ》だが、元《もと》は女《おんな》であったということです。

釈尊《しゃくそん》は仏《ほとけ》となって、神界《しんかい》から現界《げんかい》に救《すく》いに降《お》りてこられたのですが、それには一《いち》大事因縁《だいじいんねん》があると説《と》いております。一大事因縁《いちだいじいんねん》とは何《なに》か？　それは神《かみ》のご経綸《けいりん》です。釈尊《しゃくそん》は、五濁五逆五乱《ごだくごぎゃくごらん》の世《よ》が来《き》て、末法《まっぽう》になって火宅《かたく》の世《よ》が来《く》ると説《と》いています。

そしてウドンゲの華《はな》が咲《さ》くと正法《せいほう》の世《よ》になると予言《よげん》していますが、このウドンゲの華《はな》は三千年《さんぜんねん》に一度《いちど》咲《さ》くといわれている花《はな》です。

日本《にほん》でも「三千世界《さんぜんせかい》一度《いちど》に開《ひら》く梅《うめ》の花《はな》」といっています。梅《うめ》つまり火《ひ》・霊《ヒ》の世《よ》が来《く》る。日《ひ》の神《かみ》のご出現期《しゅつげんき》がきて、天国《てんごく》の世《よ》がくるんだと表現《ひょうげん》して、神《かみ》のご経綸《けいりん》を伝《つた》えています。あるいは聖書《せいしょ》にも、末世《まっせ》になって火《ひ》の洗礼《せんれい》が起《お》きると予言《よげん》されている。その次《つぎ》には天国《てんごく》の世《よ》が来《く》る、と同様《どうよう》のことを各大聖者《かくだいせいじゃ》がいって警鐘《けいしょう》を乱打《らんだ》しています。

私《わたくし》に対《たい》する神様《かみさま》のお示《しめ》しでは、今《いま》までの各聖者《かくせいじゃ》がお説《と》きになりたくても、神様《かみさま》のご経綸上《けいりんじょう》、どうしてもいえなかったところの『正法《せいほう》』を示《しめ》されてきております。しかも、経綸上《けいりんじょう》からくる『真光《まひかり》のみ業《わざ》』を、因縁《いんねん》のある魂《たましい》を通《とお》してお与《あた》えになり、火《ひ》の洗礼期《せんれいき》を乗《の》り越《こ》えて、次《つぎ》の文明《ぶんめい》の種人《たねびと》となる魂《たましい》を探《さが》せ、との重大《じゅうだい》な使命《しめい》を賜《たま》わっているわけです。

したがって皆《みな》さんは、各聖者《かくせいじゃ》が説《と》くことのできなかった『正法《せいほう》』を知《し》り、『み業《わざ》』を与《あた》えられているわけです。それだけに、次《つぎ》の文明《ぶんめい》の種人《たねびと》としての重大《じゅうだい》な責任《せきにん》があり、いよいよ世《よ》の大建《おおた》て換《か》えのご神業《しんぎょう》に、生業《なりわい》をとおして積極的《せっきょくてき》に参画《さんかく》し、大活躍《だいかつやく》をするのでなければ、神経綸上《かみけいりんじょう》の仕組《しく》みの秘《ひ》め事《ごと》からくるものだけに、神意《しんい》にも、み仏《ほとけ》のみ意《こころ》にもあいません。

釈尊《しゃくそん》の本当《ほんとう》の歴史《れきし》と惟神《かんながら》の神道《しんとう》との関係《かんけい》、あるいは言霊《ことだま》からの解説《かいせつ》をさとって、宗教界《しゅうきょうかい》の秘《ひ》め事《ごと》が物語《ものがた》られていることを知《し》り、一段《いちだん》と教線《きょうせん》の拡大《かくだい》に邁進《まいしん》されんことを祈《いの》ります』と、救《すく》い主《ぬし》・聖凰真光大導主様《せいおうまひかりだいどうしゅさま》はご教導《きょうどう》を下《くだ》されております。

神《かみ》から離《はな》れた釈尊《しゃくそん》は存在《そんざい》しない

昭和四十四年《しょうわねん》（一九六九）四月度月始祭《がつどげっしさい》ご教示《きょうじ》より

また、救《すく》い主《ぬし》・聖凰真光大導主様《せいおうまひかりだいどうしゅさま》は、昭和四十四年《しょうわねん》（一九六九）四月六日《がつむいか》に執《と》り行《おこな》われました四月度月始祭《がつどげっしさい》のご教示《きょうじ》で、「釈尊《しゃくそん》と神信仰《かみしんこう》」と題《だい》して、『現代《げんだい》は、昔《むかし》の偉《えら》い方々《かたがた》の教《おし》えを、もういっぺん甦《よみがえ》らせたい時代《じだい》になっております。人間愛《にんげんあい》、人間自由《にんげんじゆう》への解放《かいほう》、という面《めん》から考《かんが》えただけでも、そうしなければならなくなっています。これまでのような思想主義時代《しそうしゅぎじだい》は「人間地獄《にんげんじごく》への解放《かいほう》」しかない。古《ふる》いイデオロギー、つまり古《ふる》い思想《しそう》、主義《しゅぎ》、主張《しゅちょう》しかない。

古代《こだい》には人類愛《じんるいあい》に燃《も》えた人《ひと》たちは、歴史上《れきしじょう》たくさんおられます。宗教人《しゅうきょうじん》としては、イエス・キリストもそのお一人《ひとり》ですし、釈迦《しゃか》もそのお一人《ひとり》である。人類《じんるい》にすばらしい教《おし》えを遺《のこ》された大先輩《だいせんぱい》として、もし生《い》きていらしたら、おつきあいをさせていただきたい方達《かたたち》です。おつきあいというと、たいへん失礼《しつれい》なようですが、教《おし》えをこいたい面《めん》もあるし、真《まこと》の心境《しんきょう》を直接語《ちょくせつかた》りあいたいと思《おも》っています。

私《わたくし》は、こんなことをいうとおかしく思《おも》われるかもしれませんが、お釈迦様《しゃかさま》には二回《かい》、イエス様《さま》には一回《かい》、お会《あ》いしております。おかげをこうむっている者《もの》です。そこで私《わたくし》の気持《きも》ちでは、この方《かた》たちは私《わたくし》の兄弟《きょうだい》みたいな気《き》がしております。ですから、一杯《いっぱい》飲《の》みながら、いろいろ先輩《せんぱい》としてお話《はなし》をうけたまわりたい、そんなふうに思《おも》っております。今《いま》の宗教界《しゅうきょうかい》や評論家《ひょうろんか》を思《おも》うと、悪《わる》いけれど、釈尊《しゃくそん》、イエスが泣《な》かれるのもむりないといつもしみじみ思《おも》うのです。

四月八日《がつようか》は、日本《にほん》ではお釈迦様《しゃかさま》のお祭《まつ》りです。お誕生《たんじょう》をお祝《いわ》いする日《ひ》。そこで、今日《きょう》は、私《わたくし》が研究《けんきゅう》して参《まい》りましたお釈迦様《しゃかさま》のお話《はなし》をしてみたいと思《おも》います。本当《ほんとう》はもっと完璧《かんぺき》な研究《けんきゅう》をしてから発表《はっぴょう》したいのですが、ある程度《ていど》のところでがまんして、不完全《ふかんぜん》ではありますが、釈尊《しゃくそん》の真《まこと》の姿《すがた》をお伝《つた》えさせていただきたいと思《おも》います。今《いま》までのような脚色《きゃくしょく》されすぎた釈尊《しゃくそん》ではなく、本当《ほんとう》の生《い》きた釈尊《しゃくそん》を、宗教人《しゅうきょうじん》の常識《じょうしき》として知《し》っておいていただきたいのです。

私《わたくし》の研究《けんきゅう》したかぎりでは、釈尊《しゃくそん》という方《かた》は日系《にっけい》でいらっしゃいます。ご先祖《せんぞ》は日《に》本人《ほんじん》で、しかもスメラ家《け》の方《かた》です。歴史的《れきしてき》な言葉《ことば》でいえば、太陽族《たいようぞく》です。そして、釈尊《しゃくそん》の心《こころ》の救《すく》いについての教《おし》えは、釈尊《しゃくそん》は神霊的霊術者《しんれいてきれいじゅつしゃ》であったので、哲学《てつがく》というよりは霊智《ヒジリ》として説《と》いたものです。後世《こうせい》、ことに死後《しご》七百年後《ひゃくねんご》くらいから弟子達《でしたち》の手《て》によって、仏教哲学《ぶっきょうてつがく》というものになってしまった歴史《れきし》がありますが、本来《ほんらい》、釈尊《しゃくそん》は人類《じんるい》があまり悪《わる》い方《ほう》に突《つ》っ走《ぱし》らないように、ブレーキの役割《やくわり》を果《は》たし、大《おお》きな力《ちから》を発揮《はっき》された方《かた》です。

イエスの教《おし》えも、同様《どうよう》の役割《やくわり》を果《は》たしております。イエスの教《おし》えといっても、モーゼ以来代々続《いらいだいだいつづ》いたユダヤ教《きょう》とペルシャのゾロアスター教《きょう》やエッセネ宗《しゅう》が基礎《きそ》にあって、それをイエスが修正《しゅうせい》したものでありますが、西《にし》ヨーロッパの思想《しそう》、社会習慣《しゃかいしゅうかん》のほとんどは、新《しん》キリスト教《きょう》のなかから生《う》まれております。

キリスト教《きょう》は、マルクス、エンゲルス、レーニンといった人達《ひとたち》を通《つう》じて共産主義《きょうさんしゅぎ》を生《う》んでしまいましたが、しかし、ブレーキ役《やく》としての役割《やくわり》は十分《じゅうぶん》に果《は》たしました。

このお二人《ふたり》の聖者《せいじゃ》が、奇《く》しくも日系《にっけい》であることは、明《あき》らかにしなければならない事実《じつ》なのです。私《わたくし》たち日本人《にほんじん》は、世界《せかい》の五大文明《ごだいぶんめい》をつくった偉大《いだい》な思想家《しそうか》をご先祖《せんぞ》にもっていることに、大《おお》きな誇《ほこ》りをもたなければならないと思《おも》います。

さて、釈迦《しゃか》の教《おし》えというと、後代《こうだい》はこれを仏教《ぶっきょう》と呼《よ》んで、仏《ほとけ》を祀《まつ》るものと考《かんが》えられております。しかしこれは間違《まちが》いです。先日《せんじつ》、京都《きょうと》の黄檗山《おうばくさん》・万福寺《まんぷくじ》（日本唯一《にほんゆいいつ》のインド仏教《ぶっきょう》の寺院《じいん》）の岡崎公宏大僧正《おかざききみひろだいそうじょう》にお会《あ》いしたら、釈尊《しゃくそん》の紋章《もんしょう》を模造《もぞう》したものをいただきました。本物《ほんもの》は寺《てら》に秘蔵《ひぞう》されているそうですが、この紋章《もんしょう》は仏教《ぶっきょう》の方《ほう》ではゴ・カルマと呼《よ》んでいて、本来《ほんらい》の意味《いみ》は、釈尊《しゃくそん》の「転法輪《てんぽうりん》」からきたものです。

インドでは釈尊《しゃくそん》の説法《せっぽう》に限《かぎ》って転法輪《てんぽうりん》と称《しょう》している。つまり、神《しん》・幽《ゆう》・現三界《げんさんかい》にわたる法則《ほうそく》、神《かみ》の定《さだ》められた掟《おきて》を四方八方《しほうはっぽう》に説《と》く。これが転法輪《てんぽうりん》ですが、その転法輪《てんぽうりん》がモーゼの✡（カゴメ）の紋章《もんしょう》と同《おな》じく釈尊《しゃくそん》のマークになっている。釈尊《しゃくそん》の教《おし》えが神道《しんとう》から出《で》ている明《あき》らかな証拠《しょうこ》だ、ということを岡崎大僧正《おかざきだいそうじょう》はおっしゃっていました。

また、万福寺《まんぷくじ》には『一切経《いっさいきょう》』の経文《きょうもん》がしまわれていますが、岡崎大僧正《おかざきだいそうじょう》のお話《はなし》では、このお経《きょう》の七十パーセントは、五色人類《ごしきじんるい》の発祥《はっしょう》と、流《なが》れていった経路《けいろ》と、文明《ぶんめい》発生《はっせい》の歴史《れきし》と、釈尊《しゃくそん》の医学《いがく》が書《か》かれているのだそうです。

最近《さいきん》『釈迦《しゃか》の医学《いがく》』（服部敏良著《はっとりとしろうちょ》・黎明書房《れいめいしょぼう》）という本《ほん》が出《で》まして、釈尊《しゃくそん》がいかにギリシャ医学《いがく》に造詣《ぞうけい》が深《ふか》かったか、あるいは当時《とうじ》、僧侶《そうりょ》といわれた人々《ひとびと》はみな医者《いしゃ》であって、病人《びょうにん》の看護《かんご》が主任務《しゅにんむ》であったなどといったことが裏《うら》づけられています。釈《しゃく》尊《そん》がいかに一人《ひとり》ひとりの信者《しんじゃ》の病《やまい》を救《すく》って歩《ある》いたことが、ハッキリ書《か》かれています。『一切経《いっさいきょう》』の経文《きょうもん》に五色人《イロビト》についての説法《せっぽう》がたくさん出《で》てくるのは、実《じつ》は重大《じゅうだい》な意《い》味《み》があります。といいますのは、五色人類《ごしきじんるい》の発祥地《はっしょうち》であるムー大陸《たいりく》において、人々《ひとびと》は「太陽神《たいようしん》」（天照日大神《あまてらすひのおおかみ》）を礼拝《れいはい》していたからです。

そして、五色人類《ごしきじんるい》の存在《そんざい》を示《しめ》す五色《ごしき》の旗《はた》は、今日《こんにち》でも古神道《こしんとう》の流《なが》れを汲《く》む伊勢神宮《いせじんぐう》をはじめ大社級《たいしゃきゅう》に残《のこ》されており、一方《いっぽう》ではインド仏教《ぶっきょう》を伝《つた》える黄檗山《おうばくさん》・万福寺《まんぷくじ》の御《ご》本堂《ほんどう》の両側《りょうがわ》、須彌山《しゅみせん》の両側《りょうがわ》に、これまた五色旗《ごしきばた》が下《さ》げられています。本来《ほんらい》のインド仏教《ぶっきょう》が古神道《こしんとう》からきたものであると、この一事《ひとこと》からでもはっきりしているといわなければなりません。

また、釈尊《しゃくそん》が説法《せっぽう》に立《た》たれるようになったのは〈梵天《ぼんてん》の声《こえ》〉を聞《き》いてからだと伝《つた》えられています。梵天《ぼんてん》というのは、中国《ちゅうごく》では天帝《てんてい》、あるいは老祖《ろうそ》と呼《よ》んでいますが、要《よう》するに天地創造《てんちそうぞう》の最高神《さいこうしん》ということです。

釈尊《しゃくそん》はもともとたいへんな霊術者《れいじゅつしゃ》で、当時《とうじ》のインドで最高《さいこう》の火《ひ》の霊術《れいじゅつ》の行者《ぎょうじゃ》と、あらゆる神通力《じんずうりき》と術《じゅつ》を使《つか》って競争《きょうそう》して、これに打《う》ち勝《か》ったりしています。その釈尊《しゃくそん》も、当時《とうじ》はバラモン（貴族宗教《きぞくしゅうきょう》）の勢力《せいりょく》が強《つよ》く、おそらく自《みずか》ら布教《ふきょう》に立《た》たれることに迷《まよ》っておられたでしょう。

そこに、梵天《ぼんてん》つまり天地創造神《てんちそうぞうしん》からのみ声《こえ》を受《う》けて、説法《せっぽう》に立《た》たれるようになった。この点《てん》は、私《わたくし》が主神《スしん》のお言葉《ことば》にしたがって、手《て》かざしをするようになったときの状態《じょうたい》と、事情《じじょう》はたいへんよく似《に》ていることを痛感《つうかん》し、ご境地《きょうち》がよくわかるのです。こうした事情《じじょう》から考《かんが》えても、神《かみ》から離《はな》れた釈尊《しゃくそん》は存在《そんざい》しないということがはっきりいえるのです。

ムー大陸《たいりく》のマヤ族《ぞく》が、アーリヤ人《じん》となって、チベット方面《ほうめん》からヒマラヤを越《こ》えてインドへ流入《りゅうにゅう》したとき、もっていた太陽神信仰《たいようしんしんこう》と、釈尊《しゃくそん》がクイガ国《こく》すなわち陥没《かんぼつ》したムー大陸《たいりく》の一部《いちぶ》である日本《にほん》へ来《こ》られてから、インドに新《あたら》しくもっていった古神道《こしんとう》とが、インド教《きょう》として伝《つた》わったわけです。そして、釈尊入滅後《しゃくそんにゅうめつご》、二百年《ひゃくねん》から四百年位《ひゃくねんぐらい》に、弟子《でし》によって仏教化《ぶっきょうか》して中国《ちゅうごく》に伝《つた》わり、こんどは中国《ちゅうごく》で哲学化《てつがくか》された仏教《ぶっきょう》が、日本《にほん》に逆輸入《ぎゃくゆにゅう》されたのです。

こうした事情《じじょう》から、岡崎大僧正《おかざきだいそうじょう》も「中国《ちゅうごく》の哲学仏教《てつがくぶっきょう》を抜《ぬ》いたうえでなければ、インドの真《まこと》の釈尊仏教《しゃくそんぶっきょう》は永久《えいきゅう》にわからないし、またインドの釈迦教《しゃかきょう》を知《し》らなくては、日本《にほん》の神道家《しんとうか》は日本《にほん》の古神道《こしんとう》はわからない」と、これらの関係《かんけい》を強調《きょうちょう》されていました。

釈尊《しゃくそん》は「太陽族《たいようぞく》」である

昭和《しょうわ》四十四年《ねん》（一九六九）年四月度月始祭《がつどげっしさい》ご教示《きょうじ》より

『今日《こんにち》、日本《にほん》には世界中《せかいじゅう》の五色人《イロビト》が全部集《ぜんぶあつ》まっております。というより残《のこ》っている。もともと、日本《にほん》から発《はっ》した五色人《イロビト》が、地球《ちきゅう》をまわって戻《もど》ってきているのです。とくに、イスラエル・ユダヤ系《けい》の人《ひと》が非常《ひじょう》に多《おお》い。政治経済界《せいじけいざいかい》といわず一般民衆《いっぱんみんしゅう》といわず、それらがみな混血《こんけつ》して渾然一体化《こんぜんいったいか》して、一《ひと》つの日本人《にほんじん》らしいタイプ、型《かた》ができてしまっています。一方《いっぽう》では、日本人《にほんじん》ほど世界中《せかいじゅう》の思想風俗《しそうふうぞく》を簡単《かんたん》に理解《りかい》してしまい、世《せ》界中《かいじゅう》これほど各民族文化《かくみんぞくぶんか》の渾然《こんぜん》としているところもないと思《おも》います。

日本人《にほんじん》の太古《たいこ》の歴史《れきし》には、五色人《イロビト》の故郷《ふるさと》であるムー大陸《たいりく》、日本《にほん》の古文献《こぶんけん》ではミユ大《たい》陸《りく》と記《しる》されていますが、そのムー大陸《たいりく》の沈没《ちんぼつ》のさまが描《えが》かれています。このムー大陸《たいりく》の陥没《かんぼつ》のとき、大陸《たいりく》にいたヤマト民族《みんぞく》、後《のち》にマヤ族《ぞく》の一部《いちぶ》は必死《ひっし》に陥没《かんぼつ》した地区《ちく》の残《のこ》り（後《のち》また隆起《りゅうき》したが）の、今《いま》の日本《にほん》の五島《ひじま》に逃《のが》れ、ほかは南米大陸《なんべいたいりく》とアジア大陸《たいりく》にはいあがりました。

南米《なんべい》にはいあがったのが、インカ帝国《ていこく》、ボリビア文化《ぶんか》、アマゾン文化《ぶんか》を開《ひら》いたネイティブ・アメリカンです。ですから、ネイティブ・アメリカンはもとはヤマト族《ぞく》、後《のち》のマヤ民族《みんぞく》、すなわち日本民族《にほんみんぞく》、太陽族《たいようぞく》であり、アメリカの人種学会《じんしゅがっかい》でも、最近《さいきん》そういう発表《はっぴょう》がなされております。

一方《いっぽう》、日本《にほん》から西《にし》の方《ほう》にはいあがったのが、朝鮮《ちょうせん》から満州《まんしゅう》を通《とお》って、チベット、コンロン山系《さんけい》に入《はい》りました。ご皇室《こうしつ》の直系《ちょっけい》のスメラミコトの太陽族《たいようぞく》が入《はい》って、これが今日《こんにち》のスメル族《ぞく》になっています。また、その一部《いちぶ》がモンゴル人《じん》になっています。

それからもう一《ひと》つの流《なが》れは、沿海州《えんかいしゅう》の方《ほう》に上陸《じょうりく》して、これもまたアジア大陸《たいりく》の中央《ちゅうおう》に出《で》ました。さらにもう一《ひと》つの流《なが》れは、今日《こんにち》のビルマ、ベトナム、タイあるいはアフガニスタンのあたりまで渡《わた》っていきました。

さて、コンロン山系《さんけい》に入《はい》ったスメル族《ぞく》が、のちに月氏《げっし》と日氏《にっし》に分《わ》かれます。そして、この日氏《にっし》と月氏《げっし》がコンロン山系《さんけい》を越《こ》えて、パミールやネパールを通《とお》って、インドへ入《はい》っていったのです。この月氏《げっし》の系統《けいとう》の方《かた》がつくったのが、コーサラ国《こく》いわゆる月氏国《げっしこく》ではないかと思《おも》われます。そして、月氏《げっし》の支配下《しはいか》の時代《じだい》に、釈尊《しゃくそん》は日氏《にっし》の系統《けいとう》の王《おう》様《さま》、スドーダンナの王子《おうじ》として、カピラ城《じょう》（神日来《カピラ》または神霊来《カヒラ》）でお生《う》まれになった。このように、釈尊《しゃくそん》のご先祖《せんぞ》の系統《けいとう》をたどると、もとはムー大陸《たいりく》のマヤ族《ぞく》、そのさらにご先祖《せんぞ》の太陽族《たいようぞく》、つまり、天照日大神様《あまてらすひのおおかみさま》のご子孫《しそん》、日系《にっけい》であることがハッキリするのです。

『法滅盡経《ほうめつじんきょう》』に「釈尊《しゃくそん》はもとクイガ国《こく》にあり」とありますが、このクイガ国《こく》というのはどこだろうか、と私《わたくし》は十何年前《なんねんまえ》からずいぶんいろいろな学者《がくしゃ》におたずねしましたが、わからないままでした。ところがムー大陸《たいりく》の研究《けんきゅう》が発表《はっぴょう》されてみたら、クイの国《くに》というのが出《で》ている。クイの国《くに》とはムー大陸《たいりく》が陥没《かんぼつ》した後《あと》のムー国《こく》、つまり前太《ぜんたい》陽帝国日本《ようていこくにほん》です。ということで、この面《めん》からも釈尊《しゃくそん》がかつて日本《にほん》に来《き》ていたことがわかります。日本《にほん》の古文献《こぶんけん》には釈迦来日《しゃからいにち》がはっきり出《で》ているし、また日系《にっけい》の系統《けいとう》もはっきりしています。

また、釈尊《しゃくそん》の父王《ちちおう》の数代後《すうだいのち》のアショカ王《おう》が建《た》てた碑文《ひぶん》が最近発掘《さいきんはっくつ》されましたが、その碑文《ひぶん》には「釈尊《しゃくそん》の正覚《しょうかく》を開《ひら》かれた土地《とち》はサルナートである」となっています。そして、サルナートという言葉《ことば》は、インドでは〈日出《ひい》づる国《くに》〉という意味《いみ》です。しかも、南《みなみ》アメリカのインディアンは、自分《じぶん》たちの父祖《ふそ》の地《ち》を〈サルナチール〉と呼《よ》ぶそうですが、これがやはり日出《ひい》づる国《くに》という意味《いみ》であり、日本《にほん》ということなのです。そうしますと、アショカ王《おう》の碑文《ひぶん》にある、正覚《しょうかく》を開《ひら》かれたサルナートとは日本《にほん》を指《さ》すことが歴然《れきぜん》としてきます。

日本《にほん》の古文献《こぶんけん》をみても、いよいよこれらと符節《ふせつ》をあわすもので、釈尊《しゃくそん》は五十二歳《さい》のとき、セイロン島《とう》から脱出《だっしゅつ》して日本《にほん》に来《き》ている歴史《れきし》があります。そして百《ひゃく》十八歳《さい》で亡《な》くなられるまで日本《にほん》においでになり、葬《とむら》ったところまで記録《きろく》されていますし、またその跡《あと》が残《のこ》っています。

日本《にほん》に来《こ》られたのは、不合《ふきあえず》朝《ちょう》第《だい》七十代《だい》で、神心《かんこころ》伝《つと》物部《ふものべ》建《たての》天《あまつ》日《ひ》嗣《つぎの》天皇《すめらみこと》の時代《じだい》です。これは神武天皇《じんむてんのう》の三百《さんびゃく》五十年前《ねんまえ》（正確《せいかく》ではありませんが）ではないかと私《わたくし》は推定《すいてい》しています。聖書《せいしょ》に出《で》てくるノアの洪水《こうずい》、つまりムー大陸《たいりく》が陥没《かんぼつ》したのが神武天《じんむてん》皇《のう》よりおよそ千年前《せんねんまえ》と古文献《こぶんけん》にありますから、その大陥没《だいかんぼつ》がおさまってからしばらくあとではないでしょうか。おそらく地球《ちきゅう》の大変動《だいへんどう》がおさまったころに、本家《ほんけ》の国《くに》の様子《ようす》を見《み》に来《こ》られたのでしょう。古文献《こぶんけん》では、なんのために来《こ》られたかはっきり記《しる》されていません。

ただ、従弟《いとこ》の提婆《ダイバ》王《おう》に命《いのち》をねらわれて日本《にほん》に亡命《ぼうめい》したと書《か》かれています。「カピラの王子《おうじ》、シャカ来《く》る。天《あま》のスメラミコト、天越根主尊《あまこしねぬしのみこと》に命《めい》じ、シャカの入門《にゅうもん》を許《ゆる》さる」、つまり、ここで釈尊《しゃくそん》は太古神道《たいこしんとう》に入《はい》り、赤池《あかいけ》の白龍満堂《はくりゅうまんどう》にたてこもる歴史《れきし》があるわけです。

さらに古文献《こぶんけん》では、このとき釈尊《しゃくそん》は、天照日大神様《あまてらすひのおおかみさま》のご神霊《しんれい》にお会《あ》いになって、「超人的《ちょうじんてき》な天眼《てんがん》を開《ひら》かれた」とあります。いろいろな神霊界《しんれいかい》の掟《おきて》を見《み》た、あるいは生《せい》と死《し》の関係《かんけい》をはっきりと見《み》た、と伝《つた》えられています。

インドの学者《がくしゃ》の説明《せつめい》では、ゴータマ・シッタタのいう〈天眼《てんがん》〉とは、「神《かみ》の本体《ほんたい》を見届《みとど》ける眼《マナコ》」ということであり、いわゆる到霊眼《パラミータ》のことを指《さ》すのです。経文《きょうもん》に「我《われ》、見神実《けんしんじつ》に入《い》れり」とありましたが、これが中国《ちゅうごく》にいくと「見真《けんしん》」ということになっています。中国《ちゅうごく》の哲学化《てつがくか》した仏教《ぶっきょう》では、いっさい霊《れい》の関係《かんけい》を抜《ぬ》いていますから、こういうふうに変《か》わってしまったのだと思《おも》います。

このように、いろいろな面《めん》からいって、釈尊《しゃくそん》のご先祖《せんぞ》が日本人《にほんじん》であり、しかも釈《しゃく》尊《そん》ご自身《じしん》も日本《にほん》に来《こ》られ、神《かみ》について学《まな》ばれたことは明白《めいはく》なのです。

霊《ヒ》の元《もと》つ国人《くにびと》としての役割《やくわり》

昭和《しょうわ》四十四年《ねん》（一九六九）四月度月始祭《がつどげっしさい》ご教示《きょうじ》より

『さて、これだけ世界的《せかいてき》に有名《ゆうめい》な大聖者《だいせいじゃ》である釈尊《しゃくそん》ですが、おかしなことに、ご生《せい》誕《たん》と入滅《にゅうめつ》の場所《ばしょ》、日時《にちじ》というものがさっぱりわかりません。私《わたくし》は十数年前《すうねんまえ》から調《しら》べておりますが、わからない。最近出《さいきんだ》された中村元博士《なかむらはじめはかせ》や水野弘元博士《みずのこうげんはかせ》の『釈尊《しゃくそん》の生《しょう》涯《がい》』を見《み》ても、いろいろな説《せつ》は紹介《しょうかい》されていますが、結局《けっきょく》はわからない。インドでは釈尊《しゃくそん》の生誕日《せいたんび》は二月八日説《がつようかせつ》と四月四日説《がつよっかせつ》、もしくは八月八日《がつようか》と、いろいろな説《せつ》があって決《き》まりません。ただ、ビルマ、セイロン、タイなどの南方《なんぽう》アジアの仏教徒《ぶっきょうと》のあいだでは四月八日《がつようか》を選《えら》んでいるので、日本《にほん》でもそれにちなんで四月八日《がつようか》を誕生日《たんじょうび》としているというにすぎません。

また、お亡《な》くなりになった日《ひ》にしても、ハッキリしないのですが、あれだけ偉《えら》い方《かた》が、胃潰瘍《いかいよう》で路傍《ろぼう》に倒《たお》れ、乞食《こじき》のように亡《な》くなるなどということを、神様《かみさま》はなさるはずがない。それに、釈尊《しゃくそん》は裕福《ゆうふく》な王家《おうけ》の出《で》です。どこの王様《おうさま》のところに行《い》っても、スドーダンナ（釈尊《しゃくそん》の父《ちち》）のご子息《しそく》だということで、優遇《ゆうぐう》されていた方《かた》です。そういう方《かた》ですから、お亡《な》くなりになった日《ひ》がはっきりしていてよさそうなものなのに、その当時《とうじ》の他《ほか》の偉《えら》い人々《ひとびと》のことはわかっても、釈尊《しゃくそん》だけは死《し》んだ日《ひ》も場所《ばしょ》も確定《かくてい》できずわからない。

この点《てん》はモーゼもイエスも共通《きょうつう》です。聖書《せいしょ》では、モーゼはシナイ山《さん》に入《はい》り、ヨシユアに「お前《まえ》はイスラエルの民《たみ》をカナンの地《ち》に導《みちび》きカナンの地《ち》で建国《けんこく》せよ」といいのこして別《わか》れたとあります。そして「シナイの山《やま》ネボ谷《だに》に葬《ほうむ》る」というふうに出《で》ているのですが、別《べつ》の箇所《かしょ》を見《み》ると「モーゼの墓《はか》、彼《か》の地《ち》になかりき」となっています。モーゼの死《し》んだところもわからない。ところが日本《にほん》の古文献《こぶんけん》を見《み》ると、モーゼを日《に》本《ほん》に埋《う》めてあるとあります。モーゼにしても、イエスにしても、日本《にほん》に来《き》たということをわからなくするためには、いろいろな点《てん》でぼかさなければならなかった。それと同《おな》じような事情《じじょう》が、釈尊《しゃくそん》にもあったわけです。

要《よう》するに釈尊《しゃくそん》の生地《せいち》や年月日《ねんがっぴ》が諸説粉々《しょせつふんぷん》というありさまでしたが、最近《さいきん》になってややわかりかけた事実《じじつ》があります。それは釈尊《しゃくそん》のお父様《とうさま》から数代後《すうだいご》の、アショカ王《おう》が建《た》てた碑文《ひぶん》が発掘《はっくつ》されて、明《あき》らかになったことです。

経文《きょうもん》に、ルンビニーの園《その》で生《う》まれたとあるのですが、このアショカ王《おう》の碑文《ひぶん》にもそれが記《しる》されていました。ルンビニーというのは、インドとネパールの国境《こっきょう》に近《ちか》い、インドの北《きた》の方《ほう》です。ここで釈尊《しゃくそん》がお生《う》まれになったということが、ほぼ確実《かくじつ》にわかったのです。しかし、誕生《たんじょう》の日《ひ》と入滅《にゅうめつ》の日《ひ》ということになるといまだにまったくわかりません。

私《わたくし》は五十種類《しゅるい》のインドの歴史書《れきししょ》を調《しら》べさせたことがあるのですが、その範囲《はんい》でもご生誕《せいたん》の年《とし》に百年以上《ひゃくねんいじょう》の開《ひら》きが出《で》てしまうのです。ただ、お生《う》まれになった月《つき》については、私《わたくし》の考《かんが》えでは、日本《にほん》に不思議《ふしぎ》な霊現象《れいげんしょう》と歴史《れきし》がありますので、七月《がつ》ではないかと思《おも》っています。

このような具合《ぐあい》で、生《い》きた釈尊《しゃくそん》と真《まこと》の教《おし》えというものが非常《ひじょう》にわからなくなっています。群馬大学《ぐんまだいがく》の相葉伸博士《あいばしんはかせ》は十五年間《ねんかん》インドで実地研究《じっちけんきゅう》をした仏教学者《ぶっきょうがくしゃ》です。この方《かた》と一日懇談《いちにちこんだん》したときに突《つ》っ込《こ》んで伺《うかが》ってみましたが、信仰上《しんこうじょう》と歴史上《れきしじょう》の釈尊《しゃくそん》とは別《べつ》にしておくほかないとのお答《こた》えでした。（昭和《しょうわ》四十一年《ねん》六月《がつ》十五日夜《にちよる》七時《じ》から十一時頃《じごろ》までお宿《やど》で）

これには哲学化《てつがくか》した中国仏教《ちゅうごくぶっきょう》の影響《えいきょう》が実《じつ》に大《おお》きいと思《おも》われます。また中国仏教《ちゅうごくぶっきょう》そのものが、大《おお》きな政治的圧力《せいじてきあつりょく》に影響《えいきょう》されているのではないかと思《おも》います。というのも、秦《しん》の国《くに》を建国《けんこく》した始皇帝《しこうてい》は、ご先祖《せんぞ》がイスラエル系《けい》の方《かた》です。彼《かれ》が中国《ちゅうごく》を統一《とういつ》したとき、日本《にほん》の方《ほう》が古《ふる》い国柄《くにがら》であるとなると権威《けんい》にかかわるというので、当時《とうじ》の古文書《こもんじょ》を全部焼《ぜんぶや》かせたのです。当時《とうじ》の古文書《こもんじょ》は神代文字《かみよもじ》で書《か》かれていました。始皇帝《しこうてい》の家来《けらい》の徐福《じょふく》が日本《にほん》に派遣《はけん》されたのも、本当《ほんとう》の使命《しめい》は、日本《にほん》の古文献《こぶんけん》を探《さが》し出《だ》すことにあったようです。ところが、徐福《じょふく》は日本《にほん》に来《き》てみて、日本《にほん》が先祖《せんぞ》の国《くに》であることを知《し》って帰国《きこく》しませんでした。

とにかく、十八史略《じゅうはっしりゃく》にも描《えが》かれた始皇帝《しこうてい》の焚書《ふんしょ》によって、一種《いっしゅ》の太古歴史《たいこれきし》の湮滅《いんめつ》運動《うんどう》がおこなわれ、この政治的圧力《せいじてきあつりょく》は中国仏教《ちゅうごくぶっきょう》にも影響《えいきょう》したと思《おも》われます。

こうして私《わたくし》が話《はな》して参《まい》ったことを総合《そうごう》してみますと、釈尊《しゃくそん》のご先祖《せんぞ》はムー大陸《たいりく》の太陽族《たいようぞく》に発《はっ》しており、日本人《にほんじん》の先祖《せんぞ》と同《おな》じです。また、釈尊《しゃくそん》の説《と》いた教《おし》えにしても後代《こうだい》はこれを仏教《ぶっきょう》と称《しょう》して、仏《ほとけ》を祀《まつ》るのを本旨《ほんし》とするかのごとくにみておりますが、本当《ほんとう》は日本《にほん》の古神道《こしんとう》を元《もと》とする、「神信仰《しんしんこう》」なのです。

ところが現代《げんだい》はこういう釈尊《しゃくそん》の真《まこと》の歴史《れきし》というものを隠《かく》してしまい、釈尊《しゃくそん》の教《おし》えを哲学化《てつがくか》してしまった上《うえ》に、今日《こんにち》のお坊《ぼう》さんも神主《かんぬし》さんも、片《かた》やお葬式《そうしき》と観光事業《かんこうじぎょう》に、片《かた》やお神楽《かぐら》と観光事業《かんこうじぎょう》に重点《じゅうてん》を置《お》いてしまったかっこうになってしまっている。神《しん》都《と》の漆下《しっか》だった長野《ながの》、伊勢《いせ》、仏都《ぶっと》の京都《きょうと》ほど神仏否定系《しんぶつひていけい》が多《おお》いというような始末《しまつ》ではありませんか。

これではかつて釈尊《しゃくそん》がご心配《しんぱい》になって、『法滅尽経《ほうめつじんきょう》』の説法《せっぽう》で残《のこ》された予言《よげん》の如《ごと》く、「仏滅《ぶつめつ》の世《よ》」が実現《じつげん》してしまうことを防《ふせ》ぎようがありません。

私《わたくし》は日本人《にほんじん》の一人《ひとり》として、釈尊《しゃくそん》やイエスの霊《れい》といつぞやお会《あ》いしたとき、涙《なみだ》を流《なが》しておられたご心境《しんきょう》を、つくづくと察《さっ》せずにはいられないのです。

釈尊《しゃくそん》といい、イエスといい、それぞれ世界《せかい》の文明《ぶんめい》に大《おお》きな影響《えいきょう》を与《あた》えた方達《かたたち》が、いずれも私《わたくし》たち現代日本人《げんだいにほんじん》とその祖《そ》を同《おな》じくしています。そしてまた、ムー大陸《たいりく》から世界《せかい》に分《わ》かれ発展《はってん》して、世界五大文明《せかいごだいぶんめい》をつくり上《あ》げていった五色人《イロビト》も、もとは太陽《たいよう》族《ぞく》の一員《いちいん》として私《わたくし》たちと祖先《そせん》を同《おな》じくしています。

私《わたくし》たち日本人《にほんじん》は、このようなすばらしい立派《りっぱ》な大民族《だいみんぞく》であった事実《じじつ》を、あらためて振《ふ》り返《かえ》ってみなければなりません。そして、今《いま》や仏教信者《ぶっきょうしんじゃ》も、キリスト教信者《きょうしんじゃ》もない。また神道信者《しんとうしんじゃ》もない。五色人《イロビト》そのものが元一《もとひと》つの血肉《ちにく》の兄弟《きょうだい》であり、信仰《しんこう》もいっさい元一《もとひと》つであったことを自覚《じかく》し、世界唯一《せかいゆいいったい》一体の人類化《じんるいか》へと進《すす》まなければならないのです。

釈尊《しゃくそん》、イエスの人類愛《じんるいあい》も、この心《こころ》にほかならなかったであろう。天地創造《てんちそうぞう》の主神《スしん》の直系《ちょっけい》の霊《ヒ》の元《もと》つ国人《くにびと》としての霊籍《ひせき》を自覚《じかく》し、五色人《イロビト》の先頭《せんとう》に立《た》って、新《あたら》しい次期《じき》文明《ぶんめい》すなわち霊主文明《れいしゅぶんめい》、人類一体化文明建設《じんるいいったいかぶんめいけんせつ》の指導《しどう》に、日本人《にほんじん》は立《た》ち上《あ》がらなければなりません。

これこそ二十一世紀《せいき》を天国文明《てんごくぶんめい》にする、唯一絶対《ゆいいつぜったい》の基盤《きばん》なのであります。もし現《げん》状《じょう》のままで進《すす》むならば、日本《にほん》は滅《ほろ》びるほかないでしょう。

今《いま》のままでは、日本《にほん》の霊《ヒ》の元《もと》つ国人《くにびと》としての役割《やくわり》は果《は》たせませんし、日本《にほん》が自《みずか》らの役割《やくわり》を果《は》たせなければ、神《かみ》が見込《みこ》みをお捨《す》てにならないとは断言《だんげん》できないのです。

釈尊《しゃくそん》のお誕生日《たんじょうび》を迎《むか》えて、私《わたくし》たち日本人《にほんじん》はそういう自覚《じかく》を新《あら》たにした上《うえ》で、釈《しゃく》尊《そん》をお慰《なぐさ》めしてあげたいと考《かんが》えている次第《しだい》です』と、ご教導下《きょうどうくだ》されております。

天地一切神《てんちいっさいかみ》の声《こえ》

昭和《しょうわ》四十七年《ねん》（一九七二）七月一日幹部会《がっついたちかんぶかい》ご教示《きょうじ》より

『天地一切神《てんちいっさいかみ》の声《こえ》とは、人《ひと》から注意《ちゅうい》を受《う》けたとき、あるいは欠点《けってん》を指摘《してき》されたときには、一切神《いっさいかみ》の声《こえ》と聞《き》くことが大切《たいせつ》だということです。そういうことがあったとかなかったということは、すべて神様《かみさま》がご存知《ぞんじ》なのですから、神様《かみさま》にお任《まか》せなんです。しかしそういうことをいわれることについて、仮《かり》にその事実《じじつ》がなくても、「これは神《かみ》の声《こえ》である」と聞《き》くところに、神向者《しんこうしゃ》としての態度《たいど》があります。

たとえば、自分《じぶん》のところに嫌《いや》な課長《かちょう》さんが注意《ちゅうい》にきたとします。そうなってもそれに反発心《はんぱつしん》をもったり軽蔑《けいべつ》する心《こころ》をもつと、これはみな裁《さば》きの心になります。裁《さば》きの心《こころ》が出《で》てきたときは、我《が》と慢心《まんしん》が芽《め》を出《だ》し、小我《しょうが》があらわれているときです。ということはどういうことかといいますと、注意《ちゅうい》されたら反省《はんせい》すればよいのです。あるいは「知《し》らなかったんです」とお詫《わ》びすればよいのに、なにかいい逃《のが》れをする。たがる心《こころ》を出《だ》す。これでは進歩《しんぽ》がありません。

悪口《わるくち》なら悪口《わるくち》というものに対《たい》して、非難《ひなん》の目《め》で見《み》ていたら進歩《しんぽ》しないのです。それどころか、ありがたく感謝《かんしゃ》して頂戴《ちょうだい》していかなければなりません。

自分《じぶん》が仮《かり》に注意《ちゅうい》されることはしていないとします。しかし、今《いま》はしていないとしても、やがてはするおそれがあるから、神様《かみさま》が前《まえ》もって人《ひと》をしていわしめたり、そういうふりをさせて、「お前《まえ》はこうなってはいかんぞ、お前《まえ》もやがてはこうなる本質《ほんしつ》が心《こころ》にあるから、今《いま》から気《き》をつけろよ」と注意《ちゅうい》してくれているのです。こういう取《と》り方《かた》が神向者《しんこうしゃ》としての取《と》り方《かた》だと思《おも》います。

実際《じっさい》もしそうであったとしたら、これは神様《かみさま》に平謝《ひらあやま》りにお詫《わ》びすることです。お詫《わ》びをして反省《はんせい》を自分《じぶん》の体《からだ》にあらわしていくようにします。こういう考《かんが》え方《かた》で一切《いっさい》を反省《はんせい》の師《し》としていく。これがすべてに通《つう》じて大事《だいじ》なことだと思《おも》います。

たとえば「愛《あい》と真《まこと》が不足《ふそく》している」というような声《こえ》が仮《かり》にあったとしたら、早速反《さっそくはん》省《せい》しなければいけません。自分《じぶん》は愛《あい》と真《まこと》があるのかないのか。どの程度《ていど》もっているのか。もっていてもいかにこれを表現《ひょうげん》しているのか。つまり相手《あいて》にわからせる親切《しんせつ》な努力《どりょく》をしているかどうか。

とかく我《が》のある人《ひと》は、「自分《じぶん》は愛《あい》と真《まこと》をこれだけもって親切《しんせつ》にしている。相手《あいて》がそれを感《かん》じないのではしょうがない」というような考《かんが》えをもつ、あるいはそういう言霊《ことだま》を発《はっ》する。ということは、それ自体《じたい》、愛《あい》と真《まこと》がない証拠《しょうこ》だと思《おも》います。もし本当《ほんとう》に愛《あい》と真《まこと》があるのであれば、「どうして相手《あいて》に誤解《ごかい》を生《しょう》じさせたのだろう。もうしわけなかった。今度《こんど》はこういういい方《かた》をしてみよう。こういう態度《たいど》を改《あらた》めていこう」と考《かんが》えるはずです。

要《よう》するに、相手《あいて》に愛《あい》と真《まこと》が通《つう》じなければ、これは愛《あい》と真《まこと》ではないのです。自分《じぶん》のほうだけの愛《あい》と真《まこと》になっている。即《すなわ》ち我《が》が出《で》ているわけです。こちらが愛《あい》と真《まこと》をもっていても、相手《あいて》の人《ひと》が感《かん》じてくれないとします。そうしたら、愛《あい》と真《まこと》を感《かん》じてくれるように、言葉《ことば》なり行動《こうどう》なりであらわして、相手《あいて》に通《つう》ずるのが愛《あい》と真《まこと》なのです。ただ愛《あい》と真《まこと》をもっているだけなら、本当《ほんとう》の愛《あい》と真《まこと》ではないことになってしまう。そういう面《めん》の反省《はんせい》がお互《たが》い足《た》りないかと思《おも》います。

それから、相手《あいて》に誤解《ごかい》をさせたときには「本当《ほんとう》にもうしわけない」と思《おも》うことが大《たい》切《せつ》です。誤解《ごかい》というものは相手《あいて》が勝手《かって》にするものです。そうには違《ちが》いないのですが、誤解《ごかい》をさせた罪《つみ》というのはこちらにあります。人《ひと》のものを盗《ぬす》むことは悪《わる》いことに決《き》まっています。それは罪穢《ざいえ》となって数倍《すうばい》のものを必《かなら》ず一生《いっしょう》のうちに失《うしな》います。これはミソギハラヒの原理《げんり》で宇宙《うちゅう》ができていますから避《さ》けられません。しかし、盗《ぬす》まれたほうとして反省《はんせい》しなければならないことは、盗《ぬす》ませたということがこちらの罪《つみ》であるということです。

仮《かり》に財布《さいふ》をその辺《へん》に置《お》きっ放《ぱな》しで盗《ぬす》まれたとなれば、盗《ぬす》む心《こころ》を起《お》こさせた動因《どういん》をこちらが与《あた》えていた、ということになります。ですから、相手《あいて》に盗《ぬす》ませたこちらが悪《わる》かったことにもなるのです。ものにしてもお金《かね》にしても、一切神様《いっさいかみさま》から与《あた》えられているのである、という観点《かんてん》に立《た》ち、自分《じぶん》が非常《ひじょう》に軽率《けいそつ》であった、という反省《はんせい》をしていかなければならないのです。このように、誤解《ごかい》されたということも、こちらに罪《つみ》があるということです。普段《ふだん》からそういう風《ふう》に愛《あい》と真《まこと》で接《せっ》していなかった。意見《いけん》や不満《ふまん》を聞《き》いてあげていなかった、ということになります。それを反省《はんせい》する。そういう心がけが大切《たいせつ》なのです。

それから、悪口《わるくち》をいわれたり、意見《いけん》がましいことをいわれたりすると、自分《じぶん》が馬鹿《ばか》にされているように思《おも》う人《ひと》がいます。こういう小《ちい》さいけちけちした心《こころ》をもたないようにしてほしいと思《おも》います。神様《かみさま》は、おおらかでいらっしゃいます。厳《きび》しいけれども非《ひ》常《じょう》におおらかです。ですから悪口《わるくち》をいわれたり欠点《けってん》を指摘《してき》されたり、あるいはこちらの意《い》にそわない意見《いけん》をいわれたりしたときに、聞《き》いてあげようというおおらかな気《き》持《も》ちをもつ、これがこちらには必要《ひつよう》です。

ただし、聞《き》きっ放しでは困《こま》ります。それを通《とお》して、親切《しんせつ》にその人《ひと》の眼《め》を開《ひら》かせていただく。開眼《かいがん》させていただく絶好《ぜっこう》のチャンスであるということを、神向者《しんこうしゃ》としては常《つね》に考《かんが》えていなくてはいけません。もちろん、聞《き》いて取《と》り入《い》れるべきは取《と》り入《い》れなければいけないし、指摘《してき》される点《てん》に対《たい》する努力《どりょく》が足《た》りなかったのではないかという反省《はんせい》はする、ということです。

「心貧《こころひん》すれば、物豊《ものゆた》かならず」という言葉《ことば》があります。これは心《こころ》が豊《ゆた》かであれば、物《もの》が豊《ゆた》かになるということです。「けちけちした心《こころ》を捨《す》てよ」とよくいいますが、他人様《ひとさま》からの悪口《わるくち》に対《たい》して反省《はんせい》できるということ。これが心《こころ》の豊《ゆた》かさだと思《おも》います。相手《あいて》の人《ひと》に対《たい》して、非常《ひじょう》に心《こころ》が富《と》んでいます。ですから対立《たいりつ》する心《こころ》も起《お》きてきません。むしろそのときに、その人《ひと》の心《こころ》の世界《せかい》を掴《つか》んで魂《たましい》の世界《せかい》を一歩《いっぽ》進《すす》めさせてあげる。その努力《どりょく》をすることが愛《あい》と真《まこと》なのです。

愛《あい》と真《まこと》で判断《はんだん》しているあいだは駄目《ダメ》です。そうではなくて、それを行動《こうどう》にあらわす。眼《め》を開《ひら》かせていただくという親切《しんせつ》なおこないをする。そうなったときが愛《あい》と真《まこと》なのです』と、ご教導下《きょうどうくだ》されております。

み魂磨《たまみが》きと心《こころ》の豊《ゆた》かさ

昭和《しょうわ》四十七年《ねん》（一九七二）七月一日《がっついたち》幹部会《かんぶかい》ご教示《きょうじ》より

また、救《すく》い主《ぬし》・聖凰真光《せいおうまひかり》大導主様《だいどうしゅさま》は、

『いいことだけは受《う》け入れるけれども、自分《じぶん》の悪《わる》いことになると受《う》け入《い》れない、という人《ひと》がおります。こういう人《ひと》の心《こころ》の世界《せかい》は貧《ひん》です。極端《きょくたん》なことをいえば「いいことはいってもらわなくてもよい。むしろ悪《わる》いことの方《ほう》を聞《き》きたい」そういう人《ひと》に変《か》わることが大切《たいせつ》です。したがって、悪《わる》いことを聞《き》かせてくれたら「本当《ほんとう》にありがとうございました」と感謝《かんしゃ》すればよいのです。人間《にんげん》は、一歩一歩《いっぽいっぽ》神性化《しんせいか》しなければなりません。そういう本質《ほんしつ》があります。そういう意味《いみ》で、悪《わる》い点《てん》を指摘《してき》していただくことは極《きわ》めて大切《たいせつ》なことなのです。

ところが、面《めん》と向《む》かって欠点《けってん》をいいやすい人《ひと》と、反対《はんたい》に極力《きょくりょく》いわないように我慢《がまん》しなければならないという人《ひと》がいます。どちらが幸《しあわ》せかなあ、と思《おも》って見《み》ておりますが、ありのままに「あなたのこういうところがよくない」といってもらえる人《ひと》は「幸《しあわ》せだなぁ」と思《おも》います。率直《そっちょく》にいってもらえる人間《にんげん》に切《き》り換《か》わらなければ、いったいその人《ひと》はいつ、心《こころ》の豊《ゆた》かさというものを修養《しゅうよう》するのであろうかと思《おも》います。

ずばりいってもらえる人《ひと》。こういう人《ひと》は幸《しあわ》せな人《ひと》だと思《おも》います。若《わか》い人《ひと》はとくに、はっきりいってくれる人《ひと》を友《とも》にもつという心掛《こころが》けが大切《たいせつ》です。年《とし》を取《と》ってくると、なかなかズバリいってもらえなくなります。「あの人《ひと》にいうと、嫌《きら》われてしまう」と思《おも》われることは人生《じんせい》において一番寂《いちばんさび》しいことです。私《わたくし》は、指摘《してき》してくれる先輩《せんぱい》がもう三人《にん》亡《な》くなってしまいました。これは実《じつ》に寂《さび》しいことです。

とかく人間《にんげん》は我《が》と慢心《まんしん》で失敗《しっぱい》します。ですから、若《わか》いときからズバリ指摘《してき》してくれる友《とも》を大切《たいせつ》にすべきだと思《おも》うのです。ずばりといってくれる人《ひと》が亡《な》くなるのを寂《さび》しく思《おも》う人《ひと》は、心《こころ》の豊《ゆた》かさをもっている人《ひと》といえます。だから、ちょっと小言《こごと》をいってみると、その人《ひと》の心《こころ》が豊《ゆた》かであるか貧《ひん》であるかすぐわかります。心《こころ》が貧《ひん》の人《ひと》は、欠点《けってん》を指摘《してき》されたり注意《ちゅうい》されたりすると、感情《かんじょう》を顔《かお》に出《だ》します。

私《わたくし》は財産《ざいさん》をすっかりなくしたけれども、そのときに心《こころ》が豊《ゆた》かでなければ、世《よ》のなかを怨《うら》むとかそねむとか、あるいは、人《ひと》のせいでこうなったと考《かんが》えたと思《おも》います。ですが、反対《はんたい》に「ああ先祖《せんぞ》からの罪穢《ざいえ》が消《き》えたなあ」と考《かんが》えたんです。そうすると心《こころ》の豊《ゆた》かさが違《ちが》いますから、どん底《ぞこ》に落《お》ちたその後《ご》の人生《じんせい》というものが、まったく変《か》わってきたのです。

人《ひと》を怨《うら》みそねんでいると、年中怨《ねんじゅううら》みの想念《そうねん》でいるから、霊的《れいてき》な交流《こうりゅう》で怨《うら》みの波《は》長《ちょう》だけを受《う》けます。そしてますます世《よ》を怨《うら》み、人《ひと》を怨《うら》むようになってしまうのです。心《こころ》は貧《ひん》するようになるし、しまいには財産《ざいさん》をごまかして取《と》ってやろうか、などという考《かんが》えにおちいってしまいます。

ところが、ミソギハラヒの原理《げんり》をさとって「ああ神代時代《かみよじだい》からのミソギがきたなあ、ずいぶんミソイでいただいたんだなあ、ありがたいなあ。そういえばモーゼも釈迦《しゃか》もあれだけの苦労《くろう》をしてミソガれたんだし、私《わたくし》もちょうどミソガれて同《おな》じことだなあ」と思《おも》ったものですから、どん底《ぞこ》をチャンスとして登《のぼ》り坂《ざか》の人間《にんげん》に変《か》わることができたのです。このところが、没落《ぼつらく》の上《うえ》に没落《ぼつらく》を重《かさ》ねていく人間《にんげん》に変《か》わるか、没落《ぼつらく》をチャンスとして登《のぼ》り坂《ざか》の人間《にんげん》になるかの分《わ》かれ道《みち》だと思《おも》います。

だから、おおらかな心《こころ》をもつこと。これは人生《じんせい》において、その人《ひと》の将来《しょうらい》を決定《けってい》する大《おお》きな要因《よういん》になります。他人様《ひとさま》が悪口《わるくち》をいってきたり、悪《わる》いところを指摘《してき》してくれたりすることがどれほどありがたいかわからないのです。なにしろ向《む》こうからもって来《き》てくれるのですからありがたいかぎりです。

ただし、神《かみ》に奉仕《ほうし》する神向者《しんこうしゃ》としては、人《ひと》の魂《たましい》を改魂《かいこん》させていただく役割《やくわり》と責任《せきにん》がありますから、一方《いっぽう》においてはそのチャンスを利用《りよう》して、その人《ひと》の魂《たましい》を向上《こうじょう》させていただくように努《つと》める。これが大切《たいせつ》です。このような責任感《せきにんかん》をもつところに愛《あい》と真《まこと》が顕現《けんげん》してくるのです。

おおらかな心《こころ》の反対《はんたい》に、ひがむ心《こころ》があります。とかく人間《にんげん》はひがむ心《こころ》をもちやすいものです。これはいわゆる心《こころ》が貧《ひん》しているということなのです。心《こころ》が豊《ゆた》かであればひがんだりはしません。たとえば、事業《じぎょう》で成功《せいこう》した人《ひと》がいたら「ああ結構《けっこう》だなあ、あいう人《ひと》が社会《しゃかい》のために大《おお》いに活躍《かつやく》して下《くだ》さればいいんだが」と思《おも》い、お金《かね》もちの人《ひと》がいたら「そのお金《かね》を世《よ》のため、人《ひと》のために使《つか》われたらよいのになあ。自分《じぶん》もああいうことのできる人《ひと》になりたいもんだなあ」と思《おも》えばよいのです。ただお金《かね》の使《つか》い方《かた》の違《ちが》う人間《にんげん》になりたいなあ、と思《おも》えばよいのです。そうすれば、物《もの》や金《かね》に使《つか》われる人《ひと》にならないから心《こころ》はいつも豊《ゆた》かです。

ところが、心《こころ》の貧《ひん》している人《ひと》はとかくひがみます。これは子供《こども》のうちからよくあります。こちらの想像《そうぞう》もつかないようなひがみ方《かた》をする人《ひと》がいます。ちょっとある人《ひと》と親《した》しくしていると、自分《じぶん》をかわいがってくれていないんだなあ、と勝手《かって》に解釈《かいしゃく》してひがむ。これをひがみ心《ごころ》といいます。心《こころ》の豊《ゆた》かでない人《ひと》はどうしても人《ひと》をひがみ、ひがんだ心《こころ》で一切《いっさい》のものを見《み》ます。私《わたくし》は「人生色《じんせいいろ》メガネをかけるな」ということをいいたいのです。いわゆる清明《せいめい》な心《こころ》です。清明《せいめい》な心《こころ》というのは神《かみ》の心《こころ》なのです。これは神《かみ》の心《こころ》の特色《とくしょく》のひとつになります。

とにかく、相手《あいて》は皆磨《みなみが》き粉《こ》か砥石《といし》と思《おも》えばよいのです。砥石《といし》がなかったら名刀《めいとう》にはなれません。磨《みが》き粉《こ》がなかったら、光《ひか》りはしません。人前《ひとまえ》で話《はなし》をするとき「カボチャが並《なら》んでいると思《おも》え」とよくいいます。目《め》の前《まえ》に偉《えら》い人《ひと》がいるなんて考《かんが》えていたら、話《はなし》はできません。そういう意味《いみ》でいうと、相手《あいて》の人《ひと》というのは、すべて自分《じぶん》の磨《みが》き粉《こ》か砥石《といし》と思《おも》えばよいのです。

自分《じぶん》のみ魂《たましい》磨《みが》きということから考《かん》えたら、相手《あいて》の人《ひと》は、みんな磨《みが》き粉《こ》か砥石《といし》になります。砥石《といし》なんだから、減《へ》るのは向《む》こうなんです。本当《ほんとう》をいうと、砥石《といし》になる方《ほう》が損《そん》です。損《そん》なのに砥石《といし》になりたいというならなっていただいたらよいのです。名刀《めいとう》になるのはこちらです。どんどん磨《みが》いていただく。それをありがたいなあと感謝《かんしゃ》すればよいのです。こちらがひがむどころではありません。

そうかといって、相手《あいて》の人《ひと》が「よくも俺《おれ》を長《なが》いあいだ、砥石《といし》にしてきたな。磨《みが》き粉《こ》にしてきたな」と怒《おこ》ってきた人《ひと》を私《わたくし》はいまだに知《し》りません。それどころか、「このごろよくなってきたなあ」といわれてしまいます。そうするとまた相手《あいて》に頭《あたま》が下《さ》がります。こう考《かん》えると一生《いっしょう》他人様《ひとさま》に頭《あたま》をあげるときがなくなります。上《うえ》の人《ひと》であろうと下《した》の人《ひと》であろうと同僚《どうりょう》であろうと、皆《みな》磨《みが》きをかけて下《くだ》さるのですからありがたいかぎりです。

こういうように物事《ものごと》を考《かん》えていけば、ひがみ心《こころ》という心《こころ》は全然《ぜんぜん》起《お》きてきません。磨《みが》いていただき光《ひか》らせていただいたことに感謝《かんしゃ》すればよいのです。これが心《こころ》の豊《ゆた》かさということだと思《おも》います。

大神業《だいしんぎょう》恢弘《かいこう》ということで神組《かみく》み手《て》は大《おお》きな使命《しめい》をいただいております。そこで他人様《ひとさま》のお救《すく》いということになったら、つねにこちらがみ魂磨《たまみが》きをしながら、先達《せんだつ》、つまりその方面《ほうめん》に詳《くわ》しくて、後進《こうしん》を導《みちび》く先輩《せんぱい》にならなければなりません。即《すなわ》ち正法真吼《せいほうまほ》えには、自分自身《じぶんじしん》のみ魂磨《たまみが》きという面《めん》と、先達者《せんだつしゃ》として他人様《ひとさま》の魂《たましい》を救《すく》わせていただかければならないという二《ふた》つの面《めん》があります。そうすると、心《こころ》の豊《ゆた》かさをしっかり養《やしな》っていくことが、どうしても必要《ひつよう》になってまいります』と、ご教導下《きょうどうくだ》されております。

み教《おし》えを正《ただ》しく伝《つた》えるために

まず、昭和《しょうわ》四十一年《ねん》（一九六六）『み教《おし》え集《しゅう》』の四月度《がつど》ご教示《きょうじ》のなかに〈阿育王《アイクおう》〉とあります。昭和《しょうわ》四十四年《ねん》（一九六九）『み教《おし》え集《しゅう》』の四月度《がつど》ご教示《きょうじ》のなかでは「また、釈尊《しゃくそん》の父王《ちちおう》の数代後《すうだいのち》の〈アショカ王《おう》〉が建《た》てた碑文《ひぶん》が最近発掘《さいきんはっくつ》されましたが」

とあります。これはどちらが正《ただ》しいのでしょうか。平成《へいせい》二十二年《ねん》（二〇一〇）の今日《こんにち》、世界各国《せかいかっこく》に広《ひろ》まりつつある教《おし》えでありますから、神《しん》・幽《ゆう》・現《げん》三界《かい》にわたります全《ぜん》世界《せかい》に通用《つうよう》する名前《なまえ》に統一《とういつ》していただきたいと思《おも》います。

次《つぎ》に、昭和《しょうわ》四十一年《ねん》（一九六六）『み教《おし》え集《しゅう》』の四月度《がつど》ご教示《きょうじ》のなかで「ムー大陸《たいりく》陥没《かんぼつ》のとき、大陸《たいりく》にいたヤマト民族《みんぞく》――後《のち》にマヤ族《ぞく》の一部《いちぶ》は、必死《ひっし》に隆起《りゅうき》した地区《ちく》にはい上《あ》がりました」とあり、昭和《しょうわ》四十四年《ねん》（一九六九）『み教《おし》え集《しゅう》』の四月度《がつど》ご教《きょう》示《じ》では「陥没《かんぼつ》した地区《ちく》の残《のこ》りの、今《いま》の日本《にほん》の五島《ひじま》に逃《のが》れ」とありますが、どちらの教《おし》えが正《ただ》しいのでしょうか。

さらに、昭和《しょうわ》四十一年《ねん》（一九六六）『み教《おし》え集《しゅう》』の四月度《がつど》ご教示《きょうじ》のなかに「百《ひゃく》十六歳《さい》まで長命《ちょうめい》を保《たも》たれ」とあり、昭和《しょうわ》四十四年《ねん》（一九六九）『み教《おし》え集《しゅう》』の四月度《がつど》ご教示《きょうじ》では、「そして百《ひゃく》十八歳《さい》で亡《な》くなられるまで」とあります。亡《な》くなられた年齢《ねんれい》はどちらが正《ただ》しいのでしょうか。

また、たびたび「日本《にほん》の古文献《こぶんけん》によると」と仰《おっしゃ》られておりますが、徳間書店発行《とくましょてんはっこう》の佐治芳彦氏《さじよしひこし》の著書《ちょしょ》『謎《なぞ》の九鬼文書《くかみもんじょ》』によれば、ふつう「古事記《ふることのふみ》以前《いぜん》の書《しょ》」といわれている、いわゆる古史古伝《こしこでん》にはいろいろある。神代《かみよ》の万国史《ばんこくし》ともいわれる『竹内文書《たけうちもんじょ》』をはじめ、神武天皇《じんむてんのう》以前《いぜん》のウガヤ王朝《おうちょう》史《し》に詳《くわ》しい『宮下文書《みやしたもんじょ》』、また縄文《じょうもん》から弥生《やよい》にかけての私《わたくし》たちの祖先《そせん》の生活百科全書《せいかつひゃっかぜんしょ》といってもよい『上記《うえつふみ》』、あるいは原古事記《げんふることのふみ》ではないかとされている『秀真伝《ほつまつたえ》』などは比較的《ひかくてき》知《し》られている。また、成立《せいりつ》こそ近世《きんせい》であるが、二万年以上《まんねんいじょう》もむかしのウルム氷期《ひょうき》の記憶《きおく》を記《しる》している『東日流外三郡誌《つがるそとさんぐんし》』も古史古伝《こしこでん》に含《ふく》めてよいだろう。

そのほかにも、未公開《みこうかい》のものがまだいくつか残《のこ》っている。天皇家《てんのうけ》よりも古《ふる》いといわれる物部氏《もののべし》の後裔《こうえい》が祀《まつ》る唐松神社《からまつじんじゃ》に秘《ひ》められている『物部文書《もののべもんじょ》』、遣唐留学生《けんとうりゅうがくせい》の秀才《しゅうさい》として有名《ゆうめい》な阿部仲麿《あべのなかまろ》の子孫《しそん》に代々《だいだい》伝《つた》えられてきたという『安部文書《あべのもんじょ》』などが代表的《だいひょうてき》なものだ。なお、日本最古《にほんさいこ》の飛騨王朝《ひだおうちょう》や、北日本《きたにほん》に君臨《くんりん》していた蔵王王朝《ざおうおうちょう》の事蹟《じせき》を告《つ》げる『斐陀文書《ひたもんじょ》』や『蔵王紀《ざおうのふみ》』などが世《よ》に出《で》てこないともいえないのが古史古伝《こしこでん》の現在的状況《げんざいてきじょうきょう》である。私《わたくし》は、これらの古史古伝《こしこでん》のことを考《かんが》えるたびに、日本《にほん》は古《ふる》い国《くに》、恵《めぐ》まれた国《くに》だという想《おも》いを新《あら》たにする。

もし、学者《がくしゃ》といわれる人々《ひとびと》が、これらの古史古伝《こしこでん》に記《しる》されているもののうち、かりに一パーセントでも史実《しじつ》であると認《みと》めたら、それこそ古代史《こだいし》についての文部省《もんぶしょう》検定《けんてい》教科書的《きょうかしょてき》イメージは大《おお》きく変革《へんかく》されるだろう。いいかえれば、日本史学《にほんしがく》という学問《がくもん》的《てき》パラダイス（楽園《らくえん》）は、一挙《いっきょ》に崩《くず》されるかもしれないという危険性《きけんせい》を古史古伝《こしこでん》は潜《せん》在的《ざいてき》に孕《はら》んでいるのだ。そして、この危険性《きけんせい》が古史古伝《こしこでん》を偽書視《ぎしょし》する人々《ひとびと》の意識《いしき》の底《てい》流《りゅう》にあるというのが私《わたくし》の判断《はんだん》でもある。

もちろん、戦前《せんぜん》の学者《がくしゃ》のなかには、狩野亨吉《かのうこうきち》（京大文学部長《きょうだいぶんがくぶちょう》）や山田孝雄《やまだたかお》（東北《とうほく》大教授《だいきょうじゅ》）のように、『竹内文書《たけうちもんじょ》（天津教古文書《あまつきょうこもんじょ》）』や神代文字《かみよもじ》と真《ま》っ向《こう》から対決《たいけつ》した人々《ひとびと》もいた。両博士《りょうはかせ》の場合《ばあい》については、すでに『謎《なぞ》の神代文字《かみよもじ》』でふれておいたが、その後《ご》、狩野博士《かのうはかせ》の蔵書《ぞうしょ》のなかに『上記《うえつふみ》』が入《はい》っていたという事実《じじつ》を確認《かくにん》したことはやはり一《ひと》つの驚《おどろ》きであった（東北大学図書館《とうほくだいがくとしょかん》の「狩野文庫《かのうぶんこ》」に『上記《うえつふみ》』が含《ふく》まれていた）。

だがその『上記《うえつふみ》』の古代文字《こだいもじ》（神代文字《かみよもじ》）と、漂泊《ひょうはく》の民山窩《たみさんか》の研究《けんきゅう》で学位《がくい》を取得《しゅとく》した三角寛《みすみかん》の『サンカの研究《けんきゅう》』に出《で》てくるサンカ文字《もじ》とを関連《かんれん》させて（両者《りょうしゃ》は同一《どういつ》の古代文字《こだいもじ》である）研究《けんきゅう》し、民俗学《みんぞくがく》や古代《こだい》から現在《げんざい》にいたる山《やま》の民《たみ》の生活誌《せいかつし》の分野《ぶんや》に新《あら》たな地平《ちへい》を開《ひら》こうなどという研究者《けんきゅうしゃ》はついに象牙《ぞうげ》の塔《とう》（学者《がくしゃ》がとじこもる、大学《だいがく》の研究室《けんきゅうしつ》）から出《で》てこなかった。

さて、『九鬼文書《くかみもんじょ》』である。この、中世末期《ちゅうせいまっき》から近世初期《きんせいしょき》にかけて西太平洋《にしたいへいよう》に雄飛《ゆうひ》した紀州熊野《きしゅうくまの》の九鬼水軍《くきすいぐん》の統領《とうりょう》、海賊大名《かいぞくだいみょう》九鬼家《くきけ》に伝《つた》わる文書《もんじょ》には、私《わたし》たち日本《にほん》人《じん》の原郷探索《ルーツたんさく》についての大《おお》きな示唆的情報《しさてきじょうほう》が伝承《でんしょう》されている。

と、記《しる》されておりますが、「古文献《こぶんけん》」とは、どの古史古伝《こしこでん》なのでしょうか。

さらには、昭和《しょうわ》四十一年《ねん》（一九六六）『み教《おし》え集《しゅう》』の四月度《がつど》ご教示《きょうじ》のなかに「一時《ひととき》仏《ほとけ》クイグガ（拘夷那竭《クイグガ》）国《こく》に在《あ》り」とあります。それが、昭和《しょうわ》四十四年《ねん》（一九六九）『み教《おし》え集《しゅう》』の四月度《がつど》ご教示《きょうじ》のなかでは、「釈尊《しゃくそん》はもとクイガ国《こく》にあり」とあります。

私《わたくし》の母《はは》、堀口《ほりぐち》ゑよ子《こ》は昭和《しょうわ》五十六年《ねん》（一九八一）三月《がつ》に、中級真光研究会《ちゅうきゅうまひかりけんきゅうかい》を受講《じゅこう》しましたが、そのときの『中級真光研修《ちゅうきゅうまひかりけんしゅう》テキスト』の第《だい》十八には、「一時仏《ひとときほとけ》拘夷那竭国《クイグガこく》に在《あ》り」とありました。これについても、『み教《おし》え集《しゅう》』や『研修用《けんしゅうよう》テキスト』等《とう》すべて統一《とういつ》するのがよいのではないでしょうか。

第四章　日本《にほん》の仏教《ぶっきょう》

一、法相宗《ほっそうしゅう》

先《ま》ず、法相宗《ほっそうしゅう》ですが、昭和《しょうわ》三十九年《ねん》（一九六四）、私《わたくし》が十六歳《さい》の時《とき》に小学館《しょうがくかん》から発行《はっこう》されておりました『日本百科大事典《にほんひゃっかだいじてん》10』等《など》によりますと、諸法《しょほう》の性相《しょうそう》つまり総《す》べての物《もの》の真《まこと》の姿《すがた》、を究《きわ》める宗《しゅう》という意味《いみ》であります。宗祖《しゅうそ》の名《な》により「慈恩宗《じおんしゅう》」ともいいます。無著《むちゃく》・世親《せしん》等《など》によって印度《インド》に興《おこ》りました。「人《ひと》によって所説《しょせつ》が異《こと》なるので原典《げんてん》を見《み》て疑義《ぎぎ》を解決《かいけつ》しよう」と志《こころざ》し、唐《とう》の貞観《じょうがん》三年《ねん》（六二九）から貞観《じょうがん》十九年《ねん》（六四五）までの十六年《ねん》の歳月《さいげつ》をついやして、長安《ちょうあん》から西域《さいいき》・印度《インド》をめぐって帰京《ききょう》した見聞録《けんぶんろく》であり、唐《とう》の第《だい》二代皇帝《だいこうてい》・太宗《たいそう》から所望《しょもう》されて著述《ちょじゅつ》された『大唐西域記《だいとうさいいきき》』十二巻《かん》の著者《ちょしゃ》であります、玄奘三蔵法師《げんじょうさんぞうほうし》（六〇二―六六四）によって中国《ちゅうごく》に伝《つた》わり、弟子《でし》の慈恩大師窺基《じおんだいしきき》によって大成《たいせい》され、唐《とう》の時代《じだい》（六一八―九〇七）に隆盛《りゅうせい》をみました。

我《わ》が国《くに》へ最初《さいしょ》に伝《つた》えたのは、飛鳥時代《あすかじだい》（五九三―七一〇）の斉明《さいめい》六年《ねん》（六六〇）に、玄奘三蔵法師《げんじょうさんぞうほうし》に学《まな》び、在唐《ざいとう》七年《ねん》で帰朝後《きちょうご》、蘇我馬子《そがのうまこ》が創建《そうけん》した元興寺《がんこうじ》（飛鳥寺《あすかじ》）で広《ひろ》めた道照《どうしょう》（六二九—七〇〇）であります。養老元年《ようろうがんねん》（七一七）には、義淵《ぎいん》（？—七二八）の門下《もんか》の玄昉《げんぼう》（？—七四六）も吉備真備《きびのまきび》らと入唐《にゅうとう》して、知周《ちしゅう》に学《まな》び、天平《てんぴょう》七年《ねん》（七三五）に、在唐《ざいとう》十八年《ねん》で帰朝《きちょう》し、これを広《ひろ》めました。

奈良時代《ならじだい》（七一〇—七九四）を通《つう》じて、玄昉《げんぼう》は、天平《てんぴょう》九年《ねん》（七三七）全国的《ぜんこくてき》に襲《おそ》った痘瘡《とうそう》のため、藤原武知麻呂四兄弟《ふじわらのむちまろよんきょうだい》が相次《あいつ》いで死《し》んだのち、第《だい》四十二代《だい》の文武天《もんむてん》皇《のう》の夫人《ふじん》であり、第《だい》四十五代《だい》の聖武天皇《しょうむてんのう》の母《はは》であります藤原宮子《ふじわらのみやこ》の看病《かんびょう》をして尊信《そんしん》を受《う》け、藤原氏《ふじわらし》にかわって台頭《たいとう》し、吉備真備《きびのまきび》とともに政界《せいかい》を指導《しどう》し、仏教《ぶっきょう》の国教化《こっきょうか》に大《おお》きな役割《やくわり》を果《は》たしました。

又《また》、東大寺大仏造立《とうだいじだいぶつぞうりゅう》を勧進《かんじん》された行基菩薩《ぎょうきぼさつ》（六六八—七四九）、「大師《だいし》」や「菩《ぼ》薩《さつ》」と呼《よ》ばれるのは、死後《しご》、天皇《てんのう》から贈《おく》られる諡号《しごう》つまり死《し》んでから諡《おく》られる呼《よ》び名《な》であります。ただし、行基《ぎょうき》は生前《せいぜん》に菩薩号《ぼさつごう》を贈《おく》られております。そして、東大寺《とうだいじ》を建立《こんりゅう》して、初代別当《しょだいべっとう》つまり寺《てら》の長官《ちょうかん》に任命《にんめい》されました良弁《ろうべん》（六八九—七七二）、それから、天平宝字《てんぴょうほうじ》五年《ねん》（七六一）に、孝謙上皇《こうけんじょうこう》（女帝《じょてい》）の病気全快《びょうきぜんかい》を祈《いの》り、その功《こう》があってから上皇《じょうこう》の熱愛《ねつあい》を受《う》け、政界《せいかい》に進出《しんしゅつ》し、孝謙上皇《こうけんじょうこう》がふたたび即位《そくい》して第《だい》四十八代《だい》の称徳天皇《しょうとくてんのう》となられると、ますます勢力《せいりょく》を得《え》て、天平神護元年《てんぴょうじんごがんねん》（七六五）に、史上例《しじょうれい》のない令外《りょうげ》の官《かん》、「太政大臣禅師《だじょうだいじんぜんし》」となりました道鏡《どうきょう》（？—七七二）らが出《で》て、大《おお》いに宗風《しゅうふう》をおこしましたが、天台《てんだい》・真言両宗《しんごんりょうしゅう》の盛行《せいこう》とともにしだいに衰微《すいび》していきました。

有名《ゆうめい》なお寺《てら》は、第《だい》四十代《だい》の天武天皇《てんむてんのう》が皇后《こうごう》、のちの第《だい》四十一代《だい》の持統天皇《じとうてんのう》の病気《びょうき》平癒《へいゆ》を祈願《きがん》して、天武《てんむ》八年《ねん》（六八〇）に発願創建《ほつがんそうけん》し、第《だい》四十二代《だい》の文武天皇《もんむてんのう》二年《ねん》（六九八）に、十九年《ねん》の歳月《さいげつ》をかけて造営《ぞうえい》がほぼ完成《かんせい》しました「薬師寺《やくしじ》」であり、祀仏《しぶつ》は薬師如来《やくしにょらい》であります。

又《また》、藤原鎌足《ふじわらのかまたり》の山城国宇治郡山階村陶原《やましろのくにうじごうりやましなむらすえはら》、現在《げんざい》の京都市東山区《きょうとしひがしやまく》の屋敷《やしき》に始《はじ》まり、第《だい》四十三代《だい》の元明天皇《げんめいてんのう》の平城京《へいじょうきょう》造営《ぞうえい》に伴《ともな》い、和同《わどう》三年《ねん》（七一〇）に鎌足《かまたり》の子不比等《ふひと》が左京三条七坊《さきょうさんじょうしちぼう》、現在《げんざい》の奈良市登大路町《ならしのぼりおおじちょう》に移建《いけん》しました藤原氏《ふじわらし》の氏寺《うじでら》、「興福寺《こうふくじ》」があり、祀仏《しぶつ》は薬師三尊《やくしさんぞん》であります。

二、華厳宗《けごんしゅう》

次《つぎ》に、華厳宗《けごんしゅう》ですが、昭和《しょうわ》三十八年《ねん》（一九六三）に小学館《しょうがくかん》から発行《はっこう》されました『日本百科大事典《にほんひゃっかだいじてん》5』等《とう》によれば、『華厳経《けごんきょう》』によって成立《せいりつ》した仏教《ぶっきょう》の宗派《しゅうは》であります。印度《インド》で竜樹《りゅうじゅ》が『華厳経《けごんきょう》』を釈説《しゃくせつ》したのが始《はじ》まりで、中国《ちゅうごく》に伝《つた》わりその研究《けんきゅう》が盛《さか》んに行《おこな》われ、隋末唐初《ずいまつとうしょ》に出《で》た杜順《とじゅん》が一世《せい》でありますが、立教《りっきょう》の大成者《たいせいしゃ》であります三世法蔵賢首《さんせほうぞうげんず》を初祖《しょそ》とし、賢首宗《げんずしゅう》ともいいます。

我《わ》が国《くに》へ最初《さいしょ》に伝《つた》えたのは、奈良時代《ならじだい》（七一〇―七九四）の第四十五代《だいだい》の聖武天皇《しょうむてんのう》の時《とき》に来朝《らいちょう》しました唐僧道璿《とうそうどうせん》（七〇二―七六〇）であります。そして、その法流《ほうりゅう》を受《う》け継《つ》ぎました良弁《ろうべん》（六八九―七七三）は大《おお》いに興隆《こうりゅう》につとめ、第四十五代《だい》の聖武天皇《しょうむてんのう》の天平八年《てんぴょうねん》（七三六）に、聖武天皇《しょうむてんのう》の勅願《ちょくがん》によって東大寺《とうだいじ》を建立《こんりゅう》して、天平勝宝四年《てんぴょうしょうほうねん》（七五二）に、東大寺《とうだいじ》の初代別当《しょだいべっとう》つまり寺《てら》の長官《ちょうかん》に任命《にんめい》されて、華厳宗《けごんしゅう》の根本道場《こんぽんどうじょう》として、その南大門《なんだいもん》には大華厳寺《だいけごんじ》の額《がく》を掲《かか》げたといわれております。

平安時代《へいあんじだい》（七九四―一一八五）、平安京遷都《へいあんきょうせんと》から鎌倉幕府《かまくらばくふ》の開設《かいせつ》までは、天台《てんだい》・真《しん》言《ごん》の二宗《しゅう》に圧倒《あっとう》されていましたが、鎌倉時代《かまくらじだい》（一一八五―一三三三）、鎌倉幕府《かまくらばくふ》の開《かい》設《せつ》から滅亡《めつぼう》までの頃《ころ》までは、旧仏教復興《きゅうぶっきょうふっこう》の機運《きうん》に乗《じょう》じて大《おお》いに再興《さいこう》され、建永元年《けんえいがんねん》（一二〇六）には高弁《こうべん》（明恵上人《みょうえじょうにん》）が、第《だい》八十二代《だい》の後鳥羽天皇《ごとばてんのう》の勅願《ちょくがん》によりまして、京都《きょうと》の栂尾《とがのお》に高山寺《こうざんじ》を復興《ふっこう》し、華厳宗《けごんしゅう》の流布《るふ》につとめました。

これと相前後《あいぜんご》して、東大寺《とうだいじ》には宗性《しゅうしょう》、凝然《ぎょうねん》が出《で》て東大寺《とうだいじ》の宗風《しゅうふう》を確立《かくりつ》しましたが、室町《むろまち》・江戸時代《えどじだい》を通《つう》じてしだいに衰《おとろ》え、明治《めいじ》五年《ねん》には東大寺《とうだいじ》も浄土宗《じょうどしゅう》の所管《しょかん》に移《うつ》り、五重塔《ごじゅうのとう》もいちじ古物商《こぶつしょう》の手《て》に渡《わた》るほどになりましたが、明治《めいじ》十五年《ねん》には独立《どくりつ》し、明治《めいじ》二十六年《ねん》には、総本山東大寺《そうほんざんとうだいじ》が末寺《まつじ》九か寺《じ》を管轄《かんかつ》するようになり現在《げんざい》に及《およ》んでいます。

有名《ゆうめい》なお寺《てら》は、もちろん、東大寺《とうだいじ》であります。東大寺《とうだいじ》は、第《だい》四十五代《だい》の聖武天皇《しょうむてんのう》が「国家《こっか》の安泰《あんたい》と鎮護《ちんご》の為《ため》に」、国《くに》ごとに創建《そうけん》せられた国分寺《こくぶんじ》のうち、大和国《やまとのくに》の国分《こくぶん》寺《じ》たる東大寺《とうだいじ》を総国分寺《そうこくぶんじ》として建立《こんりゅう》された寺《てら》であり、疫病《えきびょう》の流行《りゅうこう》や浮浪人《ふろうにん》の増加《ぞうか》による社会不安《しゃかいふあん》と、貴族《きぞく》の激《はげ》しい政争《せいそう》による政治不安《せいじふあん》を、仏《ほとけ》の力《ちから》によって打開《だかい》すべく、この東大寺《とうだいじ》の興隆《こうりゅう》に全力《ぜんりょく》を傾《かたむ》けられ、奈良時代《ならじだい》（七一〇—七九四）、平城京遷都《へいじょうきょうせんと》より平安京遷都《へいあんきょうせんと》までは国家《こっか》の保護《ほご》を受《う》けて繁栄《はんえい》し、天平勝宝《てんぴょうしょうほう》六年《ねん》（七五四）四月《がつ》に、唐《とう》の僧《そう》・鑑真《がんじん》が、聖武上皇《しょうむじょうこう》・孝謙天皇《こうけんてんのう》をはじめ僧侶《そうりょ》に戒《かい》を授《さず》けられました。

次《つ》いで勅命《ちょくめい》をもって戒壇院《かいだんいん》が建立《こんりゅう》され、平安時代《へいあんじだい》になって比叡山延暦寺《ひえいざんえんりゃくじ》に大乗《だいじょう》戒壇《かいだん》が開《ひら》かれるまで、僧侶《そうりょ》はすべて、ここで資格免状《しかくめんじょう》が与《あた》えられ、日本仏教《にほんぶっきょう》の中心《ちゅうしん》となったのです。

平安時代《へいあんじだい》になって、大同四年《だいどうねん》（八〇九）には第《だい》五十二代《だい》の嵯峨天皇《さがてんのう》が即位《そくい》して、空《くう》海《かい》が東大寺《とうだいじ》の別当《べっとう》になっていますが、その後《ご》は、天台《てんだい》・真言《しんごん》の二宗《しゅう》の盛行《せいこう》とともに衰微《すいび》していき、又《また》、治承《じしょう》四年《ねん》（一一八〇）と永禄十年《えいろくねん》（一五六七）の二度《ど》の兵火《へいか》にかかりましたが、始《はじ》めは法然《ほうねん》の弟子《でし》の重源《ちょうげん》が大勧進《だいかんじん》となり、朝廷《ちょうてい》と鎌倉幕府《かまくらばくふ》の援助《えんじょ》と民衆《みんしゅう》の協力《きょうりょく》によって再建《さいけん》され、次《つぎ》には公慶上人《こうけいしょうにん》によって復興《ふっこう》されました。祀仏《しぶつ》は毘盧遮那仏《びるしゃなぶつ》で、俗《ぞく》に奈良《なら》の大仏《だいぶつ》と通称《つうしょう》されており大日如来《だいにちにょらい》であります。

三、律宗《りっしゅう》

三《みっ》つには律宗《りっしゅう》ですが、昭和《しょうわ》三十九年《ねん》（一九六四）に小学館《しょうがくかん》から発行《はっこう》されました『日本百科大事典《にほんひゃっかだいじてん》13』等《とう》によれば、七世紀前半《せいきぜんはん》の中国唐《ちゅうごくとう》の道宣《どうせん》により大成《たいせい》され、戒《かい》律《りつ》すなわち、坊《ぼう》さんの守《まも》るべき規律《きりつ》の実践躬行《じっせんきゅうこう》すなわち、自分自身《じぶんじしん》で実際《じっさい》に行《おこ》なうことを成仏《じょうぶつ》の直接《ちょくせつ》の原因《げんいん》とします。

我《わ》が国《くに》へは、飛鳥時代《あすかじだい》（五九三—七一〇）の天武《てんむ》七年《ねん》（六七八）に、第《だい》四十代《だい》の天《てん》武天皇《むてんのう》の時《とき》に帰朝《きちょう》した道光《どうこう》が伝《つた》えました。又《また》、唐僧道璿《とうそうどうせん》が華厳宗《けごんしゅう》と共《とも》に伝《つた》えましたが、いずれもふるわなかったのです。しかし、奈良時代《ならじだい》（七一〇—七九四）の天平《てんぴょう》十四年《ねん》（七四二）に、第《だい》四十五代《だい》の聖武天皇《しょうむてんのう》の命《めい》を受《う》けて入唐《にゅうとう》しました留学僧栄叡《るがくそうえいえい》らの請《こ》いによって日本《にほん》に渡《わた》ることを決意《けつい》し、翌年《よくねん》から七年間《ねんかん》に五回渡航《かいとこう》を計画《けいかく》したが、難《なん》破《ぱ》し失明《しつめい》しながらも、六度目《どめ》に初志《しょし》を貫《つらぬ》いて、十二年後《ねんご》の天平勝宝《てんぴょうしょうほう》五年《ねん》（七五三）に来朝《らいちょう》し、翌年入京《よくねんにゅうきょう》して、四月《がつ》に東大寺《とうだいじ》で、聖武上皇《しょうむじょうこう》・孝謙天皇《こうけんてんのう》をはじめ僧侶《そうりょ》に戒《かい》を授《さず》けられました康《とう》の僧《そう》・鑑真《がんじん》（六八八―七六三）によって伝《つた》えられたのです。六十七歳《さい》の時《とき》でした。

そして、天平宝字《てんぴょうほうじ》三年《ねん》（七五九）には、戒律《かいりつ》を伝《つた》えた功績《こうせき》により、故新田部親王《こにたべしんのう》の旧宅《きゅうたく》を賜《たま》わり、唐招提寺《とうしょうだいじ》を建立《こんりゅう》して律宗《りっしゅう》の拠点《きょてん》としました。この間《あいだ》に、大僧都《だいそうず》に任《にん》じられ、大和上《だいわじょう》の号《ごう》を賜《たま》わりましたので鑑真和上《がんじんわじょう》と言《い》われております。又《また》、『一切経《いっさいきょう》』の校正《こうせい》にあたって、鑑真《がんじん》の暗唱《あんしょう》により字句《じく》の誤《あやま》りを正《ただ》したことや、薬物《やくぶつ》の真《しん》偽《ぎ》を整理《せいり》したこと等《など》が伝《つた》えられております。鑑真和上《がんじんわじょう》は住《じゅう》すること四年《ねん》、天平宝字《てんぴょうほうじ》七年《ねん》（七六三）に、七十六歳《さい》で唐招提寺《とうしょうだいじ》で示寂《じじゃく》しました。当時《とうじ》は戒壇《かいだん》を設《もう》けて、律《りっ》宗《しゅう》の根本道場《こんぽんどうじょう》として教勢《きょうせい》が盛《さか》んでした。

そして、平安時代《へいあんじだい》（七九四―一一八五）になると、平安京遷都《へいあんきょうせんと》と密教《みっきょう》の流行《りゅうこう》や比《ひ》叡山《えいざん》の大乗戒壇設立《だいじょうかいだんせつりつ》に影響《えいきょう》されて衰微《すいび》していきました。しかし、平安時代末期《へいあんじだいまっき》には復興《ふっこう》の機運《きうん》がかもされて、唐招提寺《とうしょうだいじ》の覚盛《かくじょう》、西大寺《さいだいじ》の叡尊《えいそん》（一二〇一―一二九〇）、叡尊《えいそん》は大和《やまと》、現在《げんざい》の奈良《なら》の生《う》まれで、父《ちち》は興福寺《こうふくじ》の学僧慶玄《がくそうけいげん》といわれておりますが、七歳《さい》で母《はは》と死別《しべつ》し、十七歳《さい》で出家《しゅっけ》しました。二十四歳《さい》の時《とき》、高野山《こうやさん》に登《のぼ》った後《のち》、醍《だい》醐寺《ごじ》・東大寺《とうだいじ》などで密教《みっきょう》の修行《しゅぎょう》を積《つ》むあいだに、戒律《かいりつ》を復興《ふっこう》しようと決心《けっしん》し、諸寺《しょじ》で律《りつ》を講《こう》じ、建長元年《けんちょうがんねん》（一二四九）には奈良《なら》の西大寺《さいだいじ》を復興《ふっこう》しました。文永《ぶんえい》十一年《ねん》（一二七四）と弘安《こうあん》四年《ねん》（一二八一）の両度《りょうど》にわたり蒙古《もうこ》（元《げん》）の軍《ぐん》が日本《にほん》に来襲《らいしゅう》し、これを撃退《げきたい》した戦役《せんえき》を文永《ぶんえい》・弘安《こうあん》の役《えき》といい、総称《そうしょう》して元寇《げんこう》といいますが、その時《とき》、敵国降伏《てきこくこうふく》の祈祷《きとう》をなして、霊験《れいげん》を現《あら》わし、公武《こうぶ》の帰依《きえ》を受《う》け、没後《ぼつご》、興正菩薩《こうしょうぼさつ》の諡号《しごう》を追贈《ついぞう》されました叡尊《えいそん》がかつての隆盛《りゅうせい》を取《と》り戻《もど》し、東大寺《とうだいじ》・下野《しもつけ》（栃木《とちぎ》）の薬師寺《やくしじ》の戒壇《かいだん》も復興《ふっこう》されるにいたりました。

このように、鎌倉時代《かまくらじだい》（一一八五―一三三三）にはふたたび栄《さか》えましたが、室町時《むろまちじ》代《だい》（一三三六―一五七三）以降《いこう》はまた衰退《すいたい》の一途《いっと》をたどり、明治維新《めいじいしん》には真言宗《しんごんしゅう》の所管《しょかん》となりました。しかし、西大寺《さいだいじ》は真言律宗《しんごんりっしゅう》を称《しょう》し、唐招提寺《とうしょうだいじ》は律宗《りっしゅう》として、のち独立《どくりつ》しました。

祀仏《しぶつ》は盧舎那仏《るしゃなぶつ》で、ビロシャナ仏《ぶつ》の音訳《おんやく》であり、意訳《いやく》して「大日如来《だいにちにょらい》」のことであります。

四、天台宗《てんだいしゅう》

四《よっ》つには天台宗《てんだいしゅう》ですが、昭和《しょうわ》三十九年《ねん》（一九六四）に小学館《しょうがくかん》から発行《はっこう》されました『日本百科事典《にほんひゃっかじてん》10』等《とう》によれば、印度《インド》の竜樹《りゅうじゅ》と中国北斉時代《ちゅうごくほくせいじだい》（五五〇―五七七）の慧文禅師《えもんぜんし》に始《はじ》まり、慧思禅師《えしぜんし》に伝《つた》えられ、その門下《もんか》の六世紀後半《せいきこうはん》の中国天台山《ちゅうごくてんだいさん》（浙江省《せっこうしょう》）にいた天台大師《てんだいだいし》・智顗《ちぎ》（五三八―五九七）が、『法華経《ほっけきょう》』を正依《しょうえ》の経典《きょうてん》として開《ひら》いた宗派《しゅうは》で、天台法華宗《てんだいほっけしゅう》・台宗《だいしゅう》などとも言《い》います。

我《わ》が国《くに》へは、奈良時代《ならじだい》（七一〇―七九四）の神護景雲元年《じんごけいうんがんねん》（七六七）に、近江国《おうみのくに》、現在《げんざい》の滋賀県《しがけん》に生《う》まれ、十二歳《さい》の時出家《ときしゅっけ》し、延暦《えんりゃく》四年《ねん》（七八五）に十九歳《さい》の時《とき》に東大寺《とうだいじ》で正式《せいしき》の僧《そう》としての資格《しかく》を得《え》た後《あと》、中国唐《ちゅうごくとう》の僧《そう》・鑑真《がんじん》（六八八―七六三）がもたらした『法華経《ほっけきょう》』に巡《めぐ》り会《あ》い、当時《とうじ》の仏教界《ぶっきょうかい》の堕落《だらく》を見《み》て、それから十二年間《ねんかん》比叡山《ひえいざん》に籠《こ》もって山林修行《さんりんしゅぎょう》をし、延暦《えんりゃく》七年《ねん》（七八八）には二十二歳《さい》にして比叡山寺《ひえいざんじ》（後《のち》の延暦寺《えんりゃくじ》）を開《ひら》き、延暦《えんりゃく》十三年《ねん》（七九四）の平安京遷都《へいあんきょうせんと》の前《まえ》に、根本中堂《こんぽんちゅうどう》最《さい》初《しょ》の供養《くよう》を営《いとな》んだ時《とき》には、第《だい》五十代《だい》の桓武天皇《かんむてんのう》が臨幸《りんこう》し、南都七大寺《なんとしちだいじ》の学僧《がくそう》・高僧《こうそう》らが多数参列《たすうさんれつ》し、その評判《ひょうばん》がいちじに高《たか》まり、延暦《えんりゃく》十七年《ねん》（七九八）、三十二歳《さい》の時《とき》から毎年《まいとし》、法華経講会《ほっけきょうこうえ》を開講《かいこう》し、『法華経《ほっけきょう》』を説《と》いた伝教大師《でんきょうだいし》・最澄《さいちょう》（七六七—八二二）が、延暦《えんりゃく》二十三年《ねん》（八〇四）、三十八歳《さい》の時《とき》に、天台仏教《てんだいぶっきょう》を深《ふか》める為《ため》、遣唐《けんとう》使《し》の還学生《げんがくしょう》として国費《こくひ》で派遣《はけん》され、ちなみに、この時同行《ときどうこう》した空海《くうかい》は私費留学生《しひるがくしょう》でしたが、四隻《せき》の遣唐使船中《けんとうしせんちゅう》二隻《せき》が暴風《ぼうふう》で難破《なんぱ》して失《うしな》われる程《ほど》の命懸《いのちが》けの渡唐《ととう》でありましたが、入唐《にゅうとう》を果《は》たし、天台山《てんだいさん》において天台宗《てんだいしゅう》の教義《きょうぎ》を学《まな》び、翌年《よくねん》に帰国《きこく》して持《も》ち帰《かえ》った経典《きょうてん》の目録《もくろく》を献上《けんじょう》しました。そして、翌年延暦《よくねんえんりゃく》二十五年《ねん》（八〇六）には、天台宗開立《てんだいしゅうかいりつ》の勅許《ちょっきょ》を受《う》け、奈良《なら》の諸宗《しょしゅう》と並《なら》んで、国家的《こっかてき》な公認《こうにん》を受《う》けているのです。

又《また》、十二年間籠山《ねんかんろうざん》つまり寺《てら》に籠《こ》もり勉学《べんがく》・修業《しゅぎょう》をする方針《ほうしん》を定《さだ》め、比叡山《ひえいざん》を本当《ほんとう》の宗教家《しゅうきょうか》を育《そだ》て上《あ》げる〈教育機関《きょういくきかん》〉とする基礎《きそ》を固《かた》め、弘仁《こうにん》十三年《ねん》（八二二）六月《がつ》四日《よっか》に、五十六歳《さい》にてこの世《よ》を去《さ》りましたが、没後七日《ぼつごなのか》をへて戒壇設立《かいだんせつりつ》の勅許《ちょっきょ》があり、翌年《よくねん》には第《だい》五十二代《だい》の嵯峨天皇《さがてんのう》から延暦寺《えんりゃくじ》の勅額《ちょくがく》を賜《たま》わり、元号《げんごう》を寺名《てらな》とする最初《さいしょ》の光栄《こうえい》を担《にな》ったのです。その後《ご》、大乗戒壇《だいじょうかいだん》が開《ひら》かれ、僧侶《そうりょ》に資格免状《しかくめんじょう》が与《あた》えられるようになって、日本《にほん》の仏教《ぶっきょう》の総合大学《そうごうだいがく》ともいうべき存在《そんざい》になったのです。又《また》、貞観《じょうがん》八年《ねん》（八六六）には、第《だい》五十六代《だい》の清和天皇《せいわてんのう》の時《とき》、伝教大師《でんきょうだいし》の諡号《しごう》を贈《おく》られましたが、これが大師号《だいしごう》の始《はじ》めであります。

平安時代《へいあんじだい》（七九四—一一八五）後期《こうき》から鎌倉時代《かまくらじだい》（一一八五—一三三三）には、良忍《りょうにん》・法然《ほうねん》・栄西《えいさい》・親鸞《しんらん》・道元《どうげん》・日蓮《にちれん》・一遍《いっぺん》といった新仏教《しんぶっきょう》の開祖《かいそ》が育《そだ》っていきました。又《また》、元亀《げんき》二年《ねん》（一五七一）に織田信長《おだのぶなが》による比叡山《ひえいざん》焼き討《う》ちがありましたが、そのあとを再興《さいこう》させ、徳川家康《とくがわいえやす》を東照大権現《とうしょうだいごんげん》として日光東照宮《にっこうとうしょうぐう》に祀《まつ》り、徳川政権《とくがわせいけん》二六五年《ねん》の宗教政策《しゅうきょうせいさく》を確立《かくりつ》し、三代将軍家光《だいしょうぐんいえみつ》が江戸城鎮護《えどじょうちんご》の祈願寺《きがんじ》として建立《こんりゅう》しました、上野寛永寺《うえのかんえいじ》の東叡山開山慈眼大師《とうえいざんかいざんじげんだいし》・天海大僧正《てんかいだいそうじょう》が出《で》ております。

祀仏《しぶつ》は薬師如来《やくしにょらい》であり、最澄《さいちょう》が建《た》てた小堂《しょうどう》あとが現在《げんざい》の根本中堂《こんぽんちゅうどう》であります。

五、真言宗《しんごんしゅう》

五《いっ》つには真言宗《しんごんしゅう》ですが、昭和《しょうわ》三十八年《ねん》（一九六三）に小学館《しょうがくかん》から発行《はっこう》されました

『日本百科大事典《にほんひゃっかだいじてん》7』等《とう》によれば、大日如来《だいにちにょらい》は、自分《じぶん》の眷属《けんぞく》（一族《いちぞく》）に対《たい》して、自身《じしん》だけの内証《ないしょう》の法門《ほうもん》を説法《せっぽう》しましたが、金剛薩埵《こんごうさつた》が結集《けつじゅう》して、第《だい》五祖《そ》の金剛智《こんごうち》の時《とき》に、唐《とう》の玄宗開元《げんそうかいげん》八年《ねん》（七二〇）に中国《ちゅうごく》に伝《つた》えられ、八世紀後半《せいきこうはん》の中国唐《ちゅうごくとう》では、長安《ちょうあん》の恵果大師《けいかだいし》（七四五―八〇五）が密教《みっきょう》を受《う》け継《つ》いでいました。

我《わ》が国《くに》へは、奈良時代《ならじだい》（七一〇―七九四）末期《まっき》の宝亀《ほうき》五年《ねん》（七七四）に、讃岐国《さぬきのくに》、現在《げんざい》の香川県《かがわけん》に生《う》まれ、十二歳《さい》の時《とき》、讃岐《さぬき》の国学《こくがく》（地方《ちほう》の教育機関《きょういくきかん》）で漢字《かんじ》を学《まな》び、十五歳《さい》の時《とき》に、奈良《なら》の都《みやこ》に出《で》て儒教《じゅきょう》・道教《どうきょう》・仏教《ぶっきょう》の三学《さんがく》を学《まな》び、十八歳《さい》の時《とき》、大学寮《だいがくりょう》即《すなわ》ち当時《とうじ》の役人《やくにん》を養成《ようせい》する機関《きかん》に入学《にゅうがく》を許《ゆる》されたが、勉学《べんがく》に飽《あ》き足《た》らず吉野《よしの》の金峯山《きんぶせん》や、高野山《こうやさん》や大峯山《おおみねさん》へと山岳修業《さんがくしゅぎょう》をし、修業中《しゅうぎょうちゅう》に虚空蔵菩薩《こくぞうぼさつ》の光明《こうめい》である明星《みょうじょう》が口《くち》に入《はい》って、黒住教《くろずみきょう》の黒住宗忠教祖《くろずみむねただきょうそ》が体験《たいけん》した、口《くち》の中《なか》に日輪《にちりん》が飛《と》び込《こ》み、病気《びょうき》が全快《ぜんかい》したのと同《おな》じような体験《たいけん》をし、延暦《えんりゃく》十六年《ねん》（七九七）、二十四歳《さい》の時《とき》に、儒教《じゅきょう》・道教《どうきょう》・仏教《ぶっきょう》の三教《きょう》を比較《ひかく》して論《ろん》じた『三教指帰《さんごうしいき》』を著《あらわ》しました弘法大師《こうぼうだいし》・空海《くうかい》（七七四―八三五）が、延暦《えんりゃく》二十三年《ねん》（八〇四）、三十一歳《さい》の時《とき》に、真言密教《しんごんみっきょう》を更《さら》に深《ふか》める為《ため》、遣唐使《けんとうし》の留学生《るがくしょう》として私費《しひ》で加《くわ》わり、暴風《ぼうふう》で船《ふね》は破損《はそん》しながらも、普通《ふつう》は十日程《とおかほど》で行《い》き着《つ》く所《ところ》を、三十四日間《かかん》の漂流《ひょうりゅう》の後《のち》、八月十日《がつとおか》に入唐《にゅうとう》を果《は》たし、翌年《よくねん》六月《がつ》、唐《とう》の都《みやこ》の長安《ちょうあん》、現在《げんざい》の西安《せいあん》の青竜寺《せいりゅうじ》で恵果大師《けいかだいし》の弟子《でし》となり、密教《みっきょう》の奥義《おうぎ》を伝授《でんじゅ》され、真言密教《しんごんみっきょう》の第《だい》八祖《そ》につきました。同年《どうねん》十二月《がつ》、師《し》の恵果大師《けいかだいし》が亡《な》くなり、師《し》のすすめたとおりに翌年大同《よくねんだいどう》元年《ねん》（八〇六）百四十部《ぶ》二十四巻《かん》の経典《きょうてん》をたずさえて帰国《きこく》し、『御請来目録《ごしょうらいもくろく》』なるものを提出《ていしゅつ》しました。

大同《だいどう》四年《ねん》（八〇九）には、第《だい》五十二代《だい》の嵯峨天皇《さがてんのう》の信任《しんにん》を得《え》て東大寺《とうだいじ》の別当《べっとう》となり、弘仁《こうにん》三年《ねん》（八一二）には、前住《ぜんじゅう》した京都《きょうと》の高雄山寺《たかおさんじ》に帰住《きじゅう》し、最澄《さいちょう》以下《いか》一九四人《にん》に灌頂《かんじょう》をさずけました。灌頂《かんじょう》の種類《しゅるい》にはたくさんありますが、わかりやすい分《わ》け方《かた》としては、結縁《けちえん》、受明《ずみょう》、伝法《でんぽう》の三《みっ》つがありますが、この時《とき》のは、仏縁《ぶつえん》を結《むす》ぶための結縁灌頂《けちえんかんじょう》であったらしいのです。

弘仁《こうにん》七年《ねん》（八一六）には嵯峨天皇《さがてんのう》に奏請《そうせい》して、現在《げんざい》の本山《ほんざん》であります高野山《こうやさん》（和歌《わか》山《やま》）を賜《たま》わり、金剛峰寺《きんごうぶじ》を開《ひら》いて、真言密教《しんごんみっきょう》の拡大《かくだい》に努《つと》めました。翌年《よくねん》から、東北《とうほく》行化《ぎょうげ》の旅《たび》にのぼり、その翌年《よくねん》には、四国《しこく》・西国《さいごく》を巡歴《じゅんれき》して、讃岐《さぬき》の万濃池修築《まんのういけしゅうちく》など土木工事《どぼくこうじ》を行《おこな》ったと伝《つた》えられております。弘仁《こうにん》十四年《ねん》（八二三）には、嵯峨天皇《さがてんのう》から京都《きょうと》の東寺《とうじ》を預《あず》けられ、教王護国寺《きょうおうごこくじ》の勅号《ちょくごう》を賜《たま》わって宗教《しゅうきょう》の法場《ほうじょう》とし、いわゆる東密《とうみつ》の本拠《ほんきょ》としました。

天長元年《てんちょうがんねん》（八二四）には、宮中神泉苑《きゅうちゅうしんせんえん》で「雨乞《あまご》いの祈祷《きとう》」を行《おこな》って効験《こうけん》を現《あら》わし、その功《こう》によって、翌年大僧都《よくねんだいそうず》に補《ほ》せられました。そして、承和《じょうわ》二年《ねん》（八三五）に六十二歳《さい》で、五穀断《ごこくだ》ちのあと高野山《こうやさん》で入定《にゅうじょう》（死亡《しぼう》）しました。延喜《えんぎ》二十一年《ねん》（九二一）には、第《だい》六十代《だい》の醍醐天皇《だいごてんのう》より弘法大師《こうぼうだいし》の諡号《しごう》を賜《たま》わりました。祀仏《しぶつ》は大日如来《だいにちにょらい》であり、主《おも》な経典《きょうてん》は『大日三部経《だいにちさんぶきょう》』であります。

六、融通念仏宗《ゆうずうねんぶつしゅう》

六《むっ》つには融通念仏宗《ゆうずうねんぶつしゅう》ですが、平成《へいせい》八年《ねん》（一九九六）に三笠書房《みかさしょぼう》から発行《はっこう》されました大島宏之氏《おおしまひろゆきし》の著書《ちょしょ》『この一冊《いっさつ》で「宗教《しゅうきょう》」がわかる！』等《とう》によれば、宗祖《しゅうそ》・聖応大師《しょうおうだいし》・良忍上人《りょうにんじょうにん》（一〇七二―一一三二）が平安時代《へいあんじだい》（七九四―一一八五）後期《こうき》の永《えい》久《きゅう》五年《ねん》（一一一七）に阿弥陀如来《あみだにょらい》から仏勅《ぶっちょく》を受《う》けて開宗《かいしゅう》した念仏往生《ねんぶつおうじょう》を説《と》く宗派《しゅうは》です。

良忍《りょうにん》は、延久《えんきゅう》四年《ねん》（一〇七二）に、尾州《びしゅう》、現在《げんざい》の愛知県《あいちけん》に生《う》まれました。両親《りょうしん》が愛知県《あいちけん》の熱田神宮《あつたじんぐう》に参籠《さんろう》して授《さず》かった子《こ》であると伝《つた》えられ、十二歳《さい》の時《とき》、比叡山《ひえいざん》に入山《にゅうざん》して、東塔《とうどう》の良賀僧都《りょうがそうず》のもとで得度《とくど》（出家《しゅっけ》）し、阿弥陀堂《あみだどう》で堂行念仏《どうぎょうねんぶつ》に励《はげ》む堂僧《どうそう》として修行《しゅぎょう》を積《つ》みました。さらに、園城寺《おんじょうじ》の禅仁律師《ぜんにんりっし》や仁和寺《にんなじ》の永意僧都《えいいそうず》などの諸先達《しょせんだつ》に師事《しじ》して、天台教学《てんだいきょうがく》や密教《みっきょう》を修《おさ》めました。

しかし、二十三歳《さい》の時《とき》に、当時《とうじ》の叡山《えいざん》は貴族社会《きぞくしゃかい》と密着《みっちゃく》して堕落《だらく》・俗化《ぞくか》の傾向《けいこう》が著《いちじる》しかった為《ため》、無動寺《むどうじ》に詣《もう》で千日間《せんにちかん》の修行《しゅぎょう》の日々《ひび》を送《おく》ったあと、叡山《えいざん》を退去《たいきょ》して、洛北《らくほく》・大原《おおはら》の里《さと》の勝光院《しょうこういん》に隠棲《いんせい》しました。良忍《りょうにん》はこの地《ち》で来迎院《らいごういん》を開創《かいそう》して、二十四年間《ねんかん》、『法華経《ほっけきょう》』の読経《どくきょう》と「六万遍《ろくまんべん》の念仏《ねんぶつ》」（念仏三昧《ねんぶつざんまい》）を修《しゅう》する厳《きび》しい修行生活《しゅぎょうせいかつ》に身《み》を投《とう》じました。そして、永久《えいきゅう》五年《ねん》（一一一七）、四十六歳《さい》の時《とき》に、阿弥陀如来《あみだにょらい》（仏《ぶつ》）から「一人一切人《いちにんいっさいにん》、一切人一人《いっさいにんいちにん》、一行一切行《いちぎょういっさいぎょう》、一切行一行《いっさいぎょういちぎょう》、是名他力往生《ぜみょうたりきおうじょう》」「十界一念《じっかいいちねん》、融通念仏《ゆうずうねんぶつ》、億百万遍《おくしゃくまんべん》、功徳円満《くどくえんまん》」との口称融通念仏《こうしょうゆうずうねんぶつ》を直授《ちょくじゅ》されて、一人《いちにん》の念仏《ねんぶつ》と一切衆生《いっさいしゅじょう》の念仏《ねんぶつ》が融通《ゆうずう》するという他力往生《たりきおうじょう》を感得《かんとく》し、開宗《かいしゅう》しました。

その後《ご》、良忍《りょうにん》は鞍馬寺《くらまでら》において、多聞天《たもんてん》より念仏《ねんぶつ》による衆生済度《しゅじょうさいど》を促《うなが》す夢告《むこく》を受《う》けて、勧進帳《かんじんちょう》（念仏入信者《ねんぶつにゅうしんしゃ》の名《な》を記《しる》す帳面《ちょうめん》）を携《たずさ》えて、始《はじ》めて京都《きょうと》の町中《まちなか》（洛中《らくちゅう》）に入《はい》りました。そして、鳥羽上皇《とばじょうこう》をはじめあらゆる人々《ひとびと》に念仏《ねんぶつ》を勧《すす》め、さらに東海《とうかい》から山陽《さんよう》にかけて念仏《ねんぶつ》を広《ひろ》めました。天治元年《てんじがんねん》（一一二四）には、勅命《ちょくめい》で宮中《きゅうちゅう》に融通念仏会《ゆうずうねんぶつえ》を営《いとな》み、諸国《しょこく》を勧化《がんげ》したのち、晩年《ばんねん》は摂津住吉《せっつすみよし》、現在《げんざい》の大阪府住吉《おおさかふすみよし》の修楽寺《しゅうらくじ》（のちの総本山《そうほんざん》・大念仏寺《だいねんぶつじ》）を中心《ちゅうしん》にして過《す》ごしました。

そして、長承元年《ちょうしょうがんねん》（一一三二）に、六十一歳《さい》で来迎院《らいごういん》において生涯《しょうがい》を閉《と》じました。良忍没後《りょうにんぼつご》、融通念仏宗《ゆうずうねんぶつしゅう》は六世《せい》・良鎮《りょうちん》まで続《つづ》きましたが、そのあと後継者《こうけいしゃ》（法嗣《ほうし》）が絶《た》えてしまったため、良鎮《りょうちん》は宗《しゅう》が継承《けいしょう》する印符《いんぷ》や法宝物《ほうほうもつ》を嵯峨《さが》の石清水八幡宮《いわしみずはちまんぐう》に託《たく》して他界《たかい》し、以来百《いらいひゃく》四十年間《ねんかん》、宗《しゅう》の法系《ほうけい》は途絶《とだ》えたままでした。この法統《ほうとう》を復興《ふっこう》させたのは、鎌倉時代《かまくらじだい》（一一八五—一三三三）、比叡山《ひえいざん》で学《まな》んだ法明良尊《ほうめいりょうそん》でした。法明《ほうめい》は石清水八幡《いわしみずはちまん》の夢告《むこく》を受《う》けて宗《しゅう》を再興《さいこう》しました。その後《ご》、江戸時代《えどじだい》（一六〇三—一八六八）の元禄期《げんろくき》に、大通融観《だいつうゆうかん》が第《だい》五代将軍《だいしょうぐん》・徳川綱吉《とくがわつなよし》の援助《えんじょ》で、元禄《げんろく》二年《ねん》（一六八九）に堂舎《どうしゃ》を造築《ぞうちく》し、『融通円門章《ゆうずうえんもんそう》』を著《あら》わして宗義《しゅうぎ》を確立《かくりつ》し、融通念仏宗《ゆうずうねんぶつしゅう》の基盤《きばん》が確立《かくりつ》しました。

融通念仏宗《ゆうずうねんぶつしゅう》の教《おし》えは、阿弥陀仏《あみだぶつ》（如来《にょらい》）の直授《ちょくじゅ》に教示《きょうじ》される通《とお》り、ともどもが唱《しょう》和《わ》する念仏《ねんぶつ》の中《なか》に、阿弥陀仏《あみだぶつ》（如来《にょらい》）の本願力《ほんがんりき》と自己《じこ》の念仏《ねんぶつ》の力《ちから》と、すべての人《ひと》の念《ねん》仏《ぶつ》の力《ちから》とが互《たが》いに響《ひび》き合《あ》い（融通《ゆうずう》して）、現世《げんせ》に喜《よろこ》びあふれ、智慧《ちえ》輝《かがや》く楽土《らくど》を建設《けんせつ》することにあります。

祀仏《しぶつ》は阿弥陀如来《あみだにょらい》であり、有名《ゆうめい》なお寺《てら》は大阪住吉《おおさかすみよし》の大念仏寺《だいねんぶつじ》であります。

七、浄土宗《じょうどしゅう》

七《なな》つには浄土宗《じょうどしゅう》ですが、平成《へいせい》八年《ねん》（一九九六）に三笠書房《みかさしょぼう》から発行《はっこう》されました大《おお》島宏之《しまひろゆき》氏《し》の著書《ちょしょ》『この一冊《いっさつ》で「宗教《しゅうきょう》」がわかる！』等《とう》によれば、宗祖《しゅうそ》・円光大師《えんこうだいし》・法然上人《ほうねんじょうにん》（一一三三―一二一二）が鎌倉時代《かまくらじだい》（一一八五―一三三三）の始《はじ》めに開《ひら》いた、阿弥陀如来《あみだにょらい》の救済《きゅうさい》を説《と》く浄土信迎《じょうどしんこう》の教《おし》えです。

法然《ほうねん》は、長承《ちょうしょう》二年《ねん》（一一三三）に、美作国《みまさかのくに》、現在《げんざい》の岡山県《おかやまけん》に生《う》まれ、九歳《さい》の時《とき》に、父《ちち》の遺言《ゆいごん》に従《したが》い仏門《ぶつもん》に入《はい》り、天賦《てんぷ》の聡明《そうめい》さが認《みと》められて、十三歳《さい》で比叡山《ひえいざん》で学《まな》ぶ機会《きかい》を得《え》て、十五歳《さい》で授戒得度《じゅかいとくど》（出家《しゅっけ》）しました。比叡山《ひえいざん》では当代一流《とうだいいちりゅう》の学僧《がくそう》といわれた源光《げんこう》・皇円《こうえん》・叡空《えいくう》に師事《しじ》し、叡空《えいくう》から二人《ふたり》の師《し》の名《な》に因《ちな》んで「源空《げんくう》」と名付《なづ》けられ、法然房源空《ほうねんぼうげんくう》と呼《よ》ばれるようになりました。

しかし、なかなか納得《なっとく》がいく境地《きょうち》に達《たっ》することが叶《かな》わないため、『一切経《いっさいきょう》（仏教《ぶっきょう》経典《きょうてん》の集大成《しゅうたいせい》）』をひもとき看経《かんきょう》（読経《どきょう》）三昧《ざんまい》の日夜《にちや》を過《す》ごしました。そして、中《ちゅう》国浄土教《ごくじょうどきょう》の大成者《たいせいしゃ》・善導《ぜんどう》の著《ちょ》『観無量寿経義疏《かんむりょうじゅきょうぎしょ》（観無量寿経《かんむりょうじゅきょう》の注釈書《ちゅうしゃくしょ》）』や、日本天台宗《にほんてんだいしゅう》の僧《そう》・恵心僧都源信《えしんそうずげんしん》の著《ちょ》『往生要集《おうじょうようしゅう》』に「往生《おうじょう》の行《ぎょう》は念仏《ねんぶつ》を本《もと》と為《な》す」の句《く》によって確信《かくしん》に至《いた》り、承安《じょうあん》五年《ねん》（一一七五）に、四十三歳《さい》の時《とき》に、比叡山《ひえいざん》を下《くだ》り、その後《ご》東山吉水《ひがしやまよしみず》、現在《げんざい》の総本山《そうほんざん》・知恩院《ちおんいん》の境域《けいいき》に庵《あん》を構《かま》えて日本浄土宗《にほんじょうどしゅう》を開宗《かいしゅう》しました。そして、無量寿経《むりょうじゅきょう》に説《と》かれた阿弥陀如来《あみだにょらい》の本願《ほんがん》を信《しん》じて、一心《いっしん》に阿弥陀如来《あみだにょらい》の名号《みょうごう》（南無阿弥陀仏《ナムアミダブツ》）を唱《とな》えることにより、極楽浄土《ごくらくじょうど》に往生《おうじょう》できる、との教《おし》えを説《と》き広《ひろ》めました。

この念仏《ねんぶつ》の教《おし》えはまたたく間《ま》に広《ひろ》まり、京都《きょうと》や奈良《なら》の在来《ざいらい》の仏教《ぶっきょう》を刺激《しげき》して比叡《ひえい》山《ざん》から法論《ほうろん》（大原問答《おおはらもんどう》）を挑《いど》まれましたが、叡山《えいざん》や南都《なんと》仏教者《ぶっきょうしゃ》の意《い》に反《はん》して法然《ほうねん》が一躍注目《いちやくちゅうもく》を浴《あ》びる結果《けっか》となりました。その一方《いっぽう》で弟子《でし》の不行跡《ふぎょうせき》や叡山《えいざん》や興福寺《こうふくじ》の反《はん》発《ぱつ》などがあって、承元元年《じょうげんがんねん》（一二〇七）七十五歳《さい》の時《とき》に、専修念仏《せんしゅうねんぶつ》は停止《ていし》となって讃岐国《さぬきのくに》、現在《げんざい》の香川県《かがわけん》に流罪《るざい》となりました。

四年後《ねんご》に許《ゆる》されて大谷《おおたに》の坊舎《ぼうしゃ》に帰《かえ》り、翌年建暦《よくねんけんりゃく》二年《ねん》（一二一二）一月二日《がつふつか》に病臥《びょうが》し、念仏《ねんぶつ》の肝要《かんよう》を述《の》べた『一枚起請文《いちまいきしょうもん》』を弟子《でし》に与《あた》えて、一月《がつ》二十五日《にち》に、声高《こえたか》らかに念仏《ねんぶつ》を唱《とな》えて八十歳《さい》の生涯《しょうがい》を終《お》えました。のち毎年《まいとし》一月《がつ》二十五日《にち》の忌日《きび》を御忌《ぎょき》と称《しょう》して勅会《ちょくえ》に準《じゅん》ぜられ、元禄《げんろく》十二年《ねん》（一六九九）に、第百《だいひゃく》十三代《だい》の東山天皇《ひがしやまてんのう》から円光大師《えんこうだいし》の諡号《しごう》を追贈《ついぞう》されました。

浄土宗《じょうどしゅう》の要諦《ようてい》とされるこの『一枚起請文《いちまいきしょうもん》』には、「ただ一向《いっこう》に念仏《ねんぶつ》すべし」との「専修念仏《せんしゅうねんぶつ》」が説《と》かれ、念仏《ねんぶつ》する心構《こころがま》えについては、三心四修《さんしんししゅう》を説《と》いています。

法然《ほうねん》の没後《ぼつご》、門下《もんか》の高弟《こうてい》たちによって、弁長《べんちょう》の鎮西派《ちんぜいは》（九州《きゅうしゅう》を起点《きてん》として京都《きょうと》に進出《しんしゅつ》）が知恩院《ちおんいん》を総本山《そうほんざん》として浄土宗《じょうどしゅう》の主流《しゅりゅう》となり、証空《しょうくう》の西山派《せいざんは》、親鸞《しんらん》の一向門《いっこうもん》徒《と》などの各派《かくは》を形成《けいせい》しました。嘉禄《かろく》三年《ねん》（一二二七）には、ふたたび圧迫《あっぱく》を受《う》け、有《ゆう》力《りょく》な門弟《もんてい》は流罪《るざい》となり、大谷《おおたに》にあった法然《ほうねん》の墓《はか》も延暦寺《えんりゃくじ》の衆徒《しゅうと》に破壊《はかい》された、と伝《つた》えられております。

祀仏《しぶつ》は本尊《ほんぞん》は阿弥陀如来《あみだにょらい》で、主要経典《しゅようきょうてん》は『無量寿経《むりょうじゅきょう》』『観無量寿経《かんむりょうじゅきょう》』『阿弥陀経《あみだきょう》』です。

八、臨済宗《りんざいしゅう》

八《やっ》つには臨済宗《りんざいしゅう》ですが、平成《へいせい》八年《ねん》（一九九六）に三笠書房《みかさしょぼう》から発行《はっこう》されました大島宏之氏《おおしまひろゆきし》の著書《ちょしょ》『この一冊《いっさつ》で「宗教《しゅうきょう》」がわかる！』等《とう》によれば、中国《ちゅうごく》の禅宗《ぜんしゅう》は、菩提達磨《ぼだいだるま》を初祖《しょそ》として、臨済宗《りんざいしゅう》が最《もっと》も栄《さか》えました。その臨済宗《りんざいしゅう》の印可《いんか》（悟得《ごとく》を印証《いんしょう》〈認可《にんか》〉すること）を得《え》た、千光国師《せんこうこくし》・栄西上人《えいさいしょうにん》（一一四一―一二一五）が鎌倉時代《かまくらじだい》（一一八五―一三三三）の始《はじ》めに、日本初《にほんはつ》の禅寺《ぜんでら》を建立《こんりゅう》して開宗《かいしゅう》した禅宗《ぜんしゅう》の一派《いっぱ》です。

栄西《えいさい》は、平安時代《へいあんじだい》（七九四―一一八五）終期《しゅうき》の永治元年《ねん》（一一四一）に、備中《びっちゅうの》国吉備《くにきび》、現在《げんざい》の岡山県吉備《おかやまけんきび》の神職《しんしょく》の家《いえ》（賀陽氏《かやし》）に生《う》まれ、十一歳《さい》の時《とき》に出家《しゅっけ》し、天台宗寺門派《てんだいしゅうじもんは》（円珍派《えんちんは》）の教《おし》えを学《まな》び、十四歳《さい》の時《とき》に比叡山《ひえいざん》に入山《にゅうざん》しました。そこで台密《だいみつ》（天台密教《てんだいみっきょう》）の修行《しゅぎょう》に励《はげ》みましたが、叡山《えいざん》での山門派《さんもんは》（三世円仁派《さんせえんにんは》）と寺門派《じもんは》（四世円珍派《よんせえんちんは》）両派《りょうは》の対立《たいりつ》に失望《しつぼう》して下山《げざん》しました。

そして、平安時代《へいあんじだい》の仁安《にんなん》三年《ねん》（一一六八）、二十八歳《さい》の時《とき》に、入宋《にゅうそう》を果《は》たし、天台山《てんだいざん》に登《のぼ》りましたが、中国《ちゅうごく》では天台教学《てんだいきょうがく》が衰微《すいび》しており、禅宗《ぜんしゅう》の流行《りゅうこう》を目《ま》の当《あ》たりにして、志半《こころざしなか》ばで同《おな》じ年《とし》の秋《あき》に帰国《きこく》しました。次《つ》いで鎌倉時代《かまくらじだい》になった文治《ぶんじ》三年《ねん》（一一八七）、四十七歳《さい》の時《とき》に、目的地《もくてきち》を釈尊《しゃくそん》の生国《じょうごく》インドに定《さだ》め、二度目《どめ》の入宋《にゅうそう》を果《は》たして陸路《りくろ》インドをめざしましたが、政情不安《せいじょうふあん》から叶《かな》いませんでした。帰国船《きこくせん》が暴風《ぼうふう》で温州《うんしゅう》に流《なが》された為《ため》、再度天台山《さいどてんだいざん》に入山《にゅうざん》して、臨済宗黄竜派《りんざいしゅうおうりゅうは》の虚庵懐敞《きあんえしょう》の門下《もんか》となって参禅《さんぜん》を続《つづ》け、印可《いんか》を得《え》ました。そして、建久《けんきゅう》三年《ねん》（一一九二）、五十二歳《さい》の時《とき》に、在宋《ざいそう》六年《ねん》にして帰国《きこく》した栄西《えいさい》は九州《きゅうしゅう》を中心《ちゅうしん》に禅宗《ぜんしゅう》を広《ひろ》め、筑前国《ちくぜんのくに》、現在《げんざい》の福岡県博多《ふくおかけんはかた》で我《わ》が国最初《くにさいしょ》の禅寺《ぜんでら》聖福寺《しょうふくじ》を開創《かいそう》しましたが、京都《きょうと》では叡山《えいざん》の衆徒《しゅうと》などによる反対《はんたい》に遭《あ》い、鎌倉《かまくら》に居《きょ》を構《かま》えて、源頼朝《みなもとのよりとも》の妻《つま》・北条政子《ほうじょうまさこ》の本願《ほんがん》により、鎌倉《かまくら》の地《ち》で寿福寺《じゅふくじ》を開創《かいそう》して臨済宗《りんざいしゅう》の基盤《きばん》を確立《かくりつ》し、建仁《けんにん》二年《ねん》（一二〇二）、六十二歳《さい》の時《とき》には、二代将軍頼家《にだいしょうぐんよりいえ》の帰依《きえ》により、京都《きょうと》に建仁寺《けんにんじ》を開《ひら》いて、念願《ねんがん》の京都《きょうと》での足《あし》場《ば》を築《きず》きました。

しかし、天台衆徒《てんだいしゅうと》の圧迫《あっぱく》を恐《おそ》れ、表面《ひょうめん》は延暦寺《えんりゃくじ》の末寺《まつじ》とし、止観院《しかんいん》（天台《てんだい》）・真《しん》言院《ごんいん》（真言《しんごん》）をおき、禅《ぜん》との兼修道場《けんしゅうどうじょう》としました。やがて三代将軍実朝《さんだいしょうぐんさねとも》からも帰《き》依《え》され、京都《きょうと》と鎌倉《かまくら》のあいだを往復《おうふく》して精力的《せいりょくてき》に禅《ぜん》を広《ひろ》めました。そして、建永元《けんえいがん》年《ねん》（一二〇六）、六十六歳《さい》の時《とき》に、重源《ちょうげん》の後《あと》を受《う》けて東大寺大勧進職《とうだいじだいかんじんしょく》となり、建保元《けんぽうがん》年《ねん》（一二一三）には法勝寺《ほうしょうじ》九重塔《きゅうじゅうのとう》を再興《さいこう》し、翌年建保《よくねんけんぽう》二年《ねん》（一二一四）には、七十四歳《さい》で僧正《そうじょう》に任《にん》ぜられ、建保《けんぽう》三年《ねん》（一二一五）に七十五歳《さい》で没《ぼっ》しました。

今日《こんにち》の臨済宗《りんざいしゅう》の基礎《きそ》を確立《かくりつ》したのは、江戸時代《えどじだい》（一六〇三—一八六八）の人《ひと》で臨《りん》済宗中興《ざいしゅうちゅうこう》の祖《そ》・白隠慧鶴《はくいんえかく》（一六八五—一七六八）によって臨済宗《りんざいしゅう》の民衆化《みんしゅうか》が果《は》たされました。

臨済宗《りんざいしゅう》の教《おし》えとは、衆生本来仏《しゅじょうほんらいほとけ》であることを信《しん》じて座禅《ざぜん》に励《はげ》み、自己《じこ》にめざめ、脚下照顧《きゃっかしょうこ》して生活《せいかつ》を正《ただ》し、生《い》かされていることに感謝《かんしゃ》して、利他行《りたぎょう》に徹《てっ》することにあります。また、修行《しゅぎょう》に欠《か》かせない公案《こうあん》（悟《さと》りへと導《みちび》く課題《かだい》）と作務《さむ》（労働《ろうどう》）が重《おも》んじられています。

祀仏《しぶつ》は釈迦如来《しゃかにょらい》であり、経典《きょうてん》は『般若心経《はんにゃしんきょう》』『観音経《かんのんきょう》』などです。

九、浄土真宗《じょうどしんしゅう》

九《ここの》つには浄土真宗《じょうどしんしゅう》ですが、宗祖《しゅうそ》・見真大師《けんしんだいし》・親鸞上人《しんらんしょうにん》（一一七三―一二六二）が鎌倉時代《かまくらじだい》（一一八五―一三三三）の始《はじ》めに開《ひら》いた我《わ》が国最大《くにさいだい》（二万ヵ寺《じ》、千三百万人《にん》）の伝統仏教教団《でんとうぶっきょうきょうだん》です。法然《ほうねん》が開《ひら》いた浄土宗《じょうどしゅう》から新《あら》たに独立《どくりつ》した宗派《しゅうは》で「非僧《ひそう》非俗《ひぞく》（出家僧《しゅっけそう》でもなく、俗人《ぞくじん》でもない）」を標榜《ひょうぼう》し、妻帯《さいたい》（妻《つま》を持《も》つこと）を公然《こうぜん》と認《みと》めた仏教教団《ぶっきょうきょうだん》としても知《し》られています。一向宗《いっこうしゅう》ともいいます。

親鸞《しんらん》は承安《じょうあん》三年《ねん》（一一七三）に、貴族《きぞく》・日野有範《ひのありのり》の子《こ》として生《う》まれました。四歳《さい》の時《とき》に父《ちち》の死《し》にあい、八歳《さい》の時《とき》に母《はは》を失《うしな》ったため、九歳《さい》の時《とき》に伯父《おじ》の縁故《えんこ》によって出家《しゅっけ》（得度《とくど》）し、比叡山《ひえいざん》において念仏修業《ねんぶつしゅぎょう》の生活《せいかつ》を送《おく》りました。

しかし、二十年《ねん》が経過《けいか》した建仁元年《けんにんがんねん》（一二〇一）に、二十九歳《さい》の時《とき》、これまでの修《しゅ》行《ぎょう》によっても念仏者《ねんぶつしゃ》としての得心《とくしん》がいかず、叡山《えいざん》を下《お》りて京都市内烏丸《きょうとしないからすま》の聖徳太《しょうとくたい》子《し》の開基《かいき》と伝《つた》えられる六角堂《ろっかくどう》（頂法寺《ちょうほうじ》）での百日参籠《ひゃくにちさんろう》（神社《じんじゃ》・仏閣《ぶっかく》などに籠《こ》もって祈願《きがん》すること）を決意《けつい》しました。この六角堂《ろっかくどう》に祀《まつ》られている救世観音《ぐせかんのん》（聖徳太子《しょうとくたいし》の真実身《しんじつしん》として信仰《しんこう》されていた観音《かんのん》）を通《とお》して、日本仏教《にほんぶっきょう》の祖《そ》と仰《あお》がれる聖徳太子《しょうとくたいし》に祈願《きがん》をしたのです。

そして、九十五日目《にちめ》の明《あ》け方《がた》の夢《ゆめ》の中《なか》で「六角堂《ろっかくどう》の偈《げ》」なる観音《かんのん》のお告《つ》げを受《う》け、東山吉水《ひがしやまよしみず》で専修念仏《せんしゅうねんぶつ》（ただひたすら念仏《ねんぶつ》する）を説《と》く法然上人《ほうねんしょうにん》を訪《おとず》れ、百日間通《ひゃくにちかんかよ》い続《つづ》けて念仏《ねんぶつ》による衆生済度《しゅじょうさいど》を確信《かくしん》し、法然《ほうねん》の弟子《でし》となりました。時《とき》に法然《ほうねん》は六十九歳《さい》でありました。

元久二年《げんきゅうねん》（一二〇五）ごろ、法然《ほうねん》の許《ゆる》しをえて妻《つま》（恵信尼《えしんに》）を迎《むか》えた親鸞《しんらん》は僧俗《そうぞく》の別《べつ》なく在家往生《ざいけおうじょう》を主《しゅ》とすることを示《しめ》そうとしたようです。そして、専修念仏《せんしゅうねんぶつ》はしだいに広《ひろ》がり、大《おお》きな勢力《せいりょく》となっていったのです。何《なに》せ簡単《かんたん》な方法《ほうほう》（南無阿弥陀仏《ナムアミダブツ》の名号《みょうごう》を唱《とな》えれば）で極楽浄土《ごくらくじょうど》へ行《い》けるというのでありますから、一般《いっぱん》の庶民《しょみん》にとっては魅力《みりょく》でありました。

しかし、承元元年《じょうげんがんねん》（一二〇七）三十五歳《さい》の時《とき》に、叡山《えいざん》や興福寺《こうふくじ》などの旧仏教側《きゅうぶっきょうがわ》からの弾圧《だんあつ》によって、専修念仏《せんしゅうねんぶつ》は停止《ていし》となって、親鸞《しんらん》は還俗《げんぞく》（僧籍《そうせき》を離《はな》れて俗人《ぞくじん》にかえる）の上《うえ》、越後国《えちごのくに》、現在《げんざい》の新潟県《にいがたけん》に流罪《るざい》となりました。師《し》の法然《ほうねん》は讃岐国《さぬきのくに》、現在《げんざい》の香川県《かがわけん》に流罪《るざい》となりました。

四年後《ねんご》に許《ゆる》されて常陸国《ひたちのくに》、現在《げんざい》の茨城県《いばらぎけん》に移住《いじゅう》し、六十歳頃《さいごろ》までの約《やく》二十年間《ねんかん》、関東《かんとう》で布教《ふきょう》に専念《せんねん》しました。元仁元年《がんにんがんねん》（一二二四）五十二歳《さい》の時《とき》に、『教行信証《きょうぎょうしんしょう》』が完成《かんせい》し、この年《とし》をもって浄土真宗開宗《じょうどしんしゅうかいしゅう》の年《とし》としています。六十歳《さい》の頃《ころ》に京都《きょうと》へ帰《かえ》り、師法然《しほうねん》の行状《ぎょうじょう》・著書《ちょしょ》・消息《しょうそく》などを集《あつ》めた『西方指南鈔《さいほうしなんしょう》』を編集《へんしゅう》し、親鸞《しんらん》の法《ほう》語《ご》を集録《しゅうろく》した『歎異鈔《たんにしょう》』があります。その後《ご》、長男《ちょうなん》の善鸞《ぜんらん》が異《こと》なる教《おし》えを説《と》いた為《ため》に義絶《ぎぜつ》して、九十歳《さい》まで長寿《ちょうじゅ》を保《たも》ちました。

そして、三代覚如《だいかくにょ》の時《とき》、第《だい》九十代《だい》の亀山天皇《かめやまてんのう》の勅願寺《ちょくがんじ》となり本願寺《ほんがんじ》の号《ごう》を賜《たま》わりました。それから、明治《めいじ》九年《ねん》（一八七六）に見真大師《けんしんだいし》の諡号《しごう》を追贈《ついぞう》されましたが、経《いき》緯《さつ》をご存知《ぞんじ》の方《かた》は教《おし》えて頂《いただ》ければ有《あ》り難《がた》く存《ぞん》じます。祀仏《しぶつ》は阿弥陀如来《あみだにょらい》で、有名《ゆうめい》なお寺《てら》は、東西《とうざい》の本願寺《ほんがんじ》であります。

十、曹洞宗《そうとうしゅう》

十《とお》には曹洞宗《そうとうしゅう》ですが、宗祖《しゅうそ》・承陽大師《しょうようだいし》・道元禅師《どうげんぜんし》（一二〇〇―一二五三）が鎌倉《かまくら》時代《じだい》（一一八五―一三三三）の始《はじ》め、浄土真宗《じょうどしんしゅう》の親鸞上人《しんらんしょうにん》と同《おな》じ頃《ころ》に開宗《かいしゅう》した禅《ぜん》宗《しゅう》の教《おし》えです。曹洞宗《そうとうしゅう》という宗名《しゅうめい》は中国《ちゅうごく》で命名《めいめい》されたものですが、同宗《どうしゅう》の法統《ほうとう》を継承《けいしょう》した二人《ふたり》の高僧《こうそう》の名《な》にもとづくものと伝《つた》えられており、曹洞宗《そうとうしゅう》の真髄《しんずい》が道元《どうげん》を通《とお》して中国曹洞宗《ちゅうごくそうとうしゅう》から受《う》け継《つ》がれているのです。

道元《どうげん》は正治《しょうじ》二年《ねん》（一二〇〇）一月《がつ》に、京都《きょうと》で生《う》まれました。父《ちち》は内大臣《ないだいじん》の久我通《くがみち》親《ちか》、母《はは》は摂政《せっしょう》の藤原基房《ふじわらのもとふさ》の三女《さんじょ》の伊子《いし》という名門《めいもん》の家庭《かてい》でしたが、三歳《さい》の時《とき》に父《ちち》を失《うしな》い、八歳《さい》の時《とき》に母《はは》と死別《しべつ》するという非運《ひうん》に遭《あ》い、十三歳《さい》の時《とき》に比叡山《ひえいざん》に入《はい》って出《しゅっ》家《け》を志《こころざ》しました。翌年《よくねん》、十四歳《さい》の時《とき》に天台座主《てんだいざす》の公円《こうえん》に師事《しじ》して得度《とくど》（出家《しゅっけ》）し、仏法房道元《ぶっぽうぼうどうげん》の法名《ほうみょう》を与《あた》えられました。

その後《ご》、道元《どうげん》は仏法《ぶっぽう》について大《おお》きな疑問《ぎもん》を抱《いだ》き、比叡山《ひえいざん》で解答《かいとう》が得《え》られなかったため山《やま》を下《お》りて三井寺《みいでら》（近江《おうみ》園城寺《おんじょうじ》）で学《まな》び、さらに建仁寺《けんにんじ》で栄西僧正《えいさいそうじょう》について臨済《りんざい》宗《しゅう》の禅《ぜん》の修業《しゅぎょう》に励《はげ》みました。栄西《えいさい》の死後《しご》、その弟子《でし》明全《みょうぜん》に師事《しじ》し、貞応《じょうおう》二年《ねん》（一二二三）二十四歳《さい》の時《とき》に、明全《みょうぜん》に従《したが》って入宋《にゅうそう》し、天童山《てんどうさん》（浙江省《せっこうしょう》）の長翁如浄禅《ちょうおうにょじょうぜん》師《し》と出会《であ》い、真実《しんじつ》の師《し》に巡《めぐ》り会《あ》ったことを悟《さと》り、如浄《にょじょう》の法統《ほうとう》を継《つ》いで、安貞《あんてい》二年《ねん》（一二二七）二十八歳《さい》の時《とき》に、在宋《ざいそう》五年《ねん》にして帰国《きこく》しました。

帰国《きこく》した道元《どうげん》は、建仁寺《けんにんじ》に寄寓《きぐう》し、長翁《ちょうおう》から伝《つた》えられた仏法《ぶっぽう》を仏祖《ぶっそ》単伝《たんでん》の正法《しょうぼう》であるとして、独自《どくじ》の宋朝風《そうちょうふう》の純粋禅《じゅんすいぜん》を宣揚《せんよう》し、他宗《たしゅう》との兼修《けんしゅう》を認《みと》めず、もっぱら禅修行《ぜんしゅぎょう》に徹底《てってい》すべきことを本旨《ほんし》とし、曹洞禅《そうとうぜん》を伝《つた》えると共《とも》に、『正法眼蔵《しょうぼうげんぞう》』などを説《と》きましたが、名声《めいせい》を博《はく》する一方《いっぽう》で天台教団《てんだいきょうだん》からの圧迫《あっぱく》もあって、寛元《かんげん》二年《ねん》（一二四四）四十五歳《さい》の時《とき》に、波多野義重《はたのよししげ》の招《まね》きに従《したが》って、越前《えちぜん》、現在《げんざい》の福井県《ふくいけん》にくだり、その所領《しょりょう》である志比荘《しひのしょう》に大仏寺《だいぶつじ》、現在《げんざい》の大本山《だいほんざん》の永平寺《えいへいじ》を建立《こんりゅう》して弟子《でし》を育成《いくせい》し、座禅《ざぜん》専一《せんいつ》の宗風《しゅうふう》を保《たも》つことに務《つと》め、終生《しゅうせい》この地《ち》を拠点《きょてん》にして禅《ぜん》の修行《しゅぎょう》を続《つづ》けました。そして、建長《けんちょう》五年《ねん》（一二五三）九月《がつ》に、京都《きょうと》で療養中《りょうようちゅう》に、五十四歳《さい》で病没《びょうぼつ》しました。

その後《ご》、曹洞宗《そうとうしゅう》二《に》大本山《だいほんざん》の一《ひと》つ総持寺《そうじじ》の開山《かいざん》・瑩山禅師《けいざんぜんし》が宗《しゅう》の発展《はってん》の基礎《きそ》を築《きず》き、北陸一帯《ほくりくいったい》はもとより全国的《ぜんこくてき》に発展《はってん》をとげました。室町時代《むろまちじだい》（一三三六―一五七三）中期《ちゅうき》になると信徒《しんと》の層《そう》も大名《だいみょう》から一般庶民《いっぱんしょみん》や農民《のうみん》にまでいきわたり、戦国大名《せんごくだいみょう》の保護《ほご》をうけて各領国《かくりょうごく》を中心《ちゅうしん》に教線《きょうせん》を拡大《かくだい》しました。しかもこの頃《ころ》、永平寺《えいへいじ》と関係《かんけい》を絶《た》っていた瑩山派《けいざんは》が、その実力《じつりょく》を背景《はいけい》にして永平寺《えいへいじ》に昇住《しょうじゅう》するに至《いた》り、永平寺《えいへいじ》は瑩山《けいざん》派《は》をも含《ふく》めた曹洞全教団《そうとうぜんきょうだん》をその支配下《しはいか》に包容《ほうよう》する総本山《そうほんざん》となりました。

永正《えいしょう》四年《ねん》（一五〇七）には、「本朝曹洞第一道場《ほんちょうそうとうだいいちどうじょう》」という勅額《ちょくがく》を下賜《かし》され、勅《ちょく》旨《し》によって出住《しゅつじゅう》する紫衣勅許《しえちょっきょ》の出世道場《しゅっせどうじょう》となり、名実《めいじつ》ともに曹洞宗《そうとうしゅう》の根本道場《こんぽんどうじょう》となりました。そののち、石川県《いしかわけん》の総持寺《そうじじ》も本寺《ほんじ》に列《れっ》せられましたが、伽藍焼失《がらんしょうしつ》を機《き》会《かい》に横浜市《よこはまし》に移転《いてん》、現在《げんざい》に至《いた》っております。

祀仏《しぶつ》は釈迦如来《しゃかにょらい》で、「南無釈迦牟尼仏《なむしゃかむにぶつ》」と唱《とな》えます。『修証義《しゅしょうぎ》』を根本聖典《こんぽんせいてん》としています。

十一、日蓮宗《にちれんしゅう》

十一《じゅういち》には日蓮宗《にちれんしゅう》ですが、宗祖《しゅうそ》・立正大師《りっしょうだいし》・日蓮上人《にちれんしょうにん》（一二二二―一二八二）が鎌倉時代《かまくらじだい》（一一八五―一三三三）の始《はじ》めに開《ひら》いた、『妙法蓮華経《みょうほうれんげきょう》』略《りゃく》して法華経《ほっけきょう》という、を所依《しょえ》の経典《きょうてん》とする伝統仏教教団《でんとうぶっきょうきょうだん》です。日蓮宗《にちれんしゅう》には多《おお》くの流派《りゅうは》や分派《ぶんぱ》がありますが、それは日蓮《にちれん》が六人《にん》の弟子《でし》、六老僧《ろうそう》の日昭《にっしょう》・日朗《にちろう》・日興《にっこう》・日頂《にっちょう》・日持《にちじ》の六高弟《こうてい》を指名《しめい》して後事《こうじ》を託《たく》したことに端《たん》を発《はっ》しています。

日蓮《にちれん》は貞応元年《じょうおうがんねん》（一二二二）に、安房国《あわのくに》、現在《げんざい》の千葉県小湊《ちばけんこみなと》で生《う》まれ、十二歳《さい》の時《とき》、近《ちか》くの清澄山《きよすみさん》の山寺《やまでら》・清澄寺《せいちょうじ》に入山《にゅうざん》し、十六歳《さい》の時《とき》、出家《しゅっけ》しました。十九歳《さい》の時《とき》に、参籠《さんろう》して虚空蔵菩薩《こくぞうぼさつ》に祈願《きがん》し、満願《まんがん》の日《ひ》の霊夢《れいむ》が機縁《きえん》となって勉学《べんがく》の目標《もくひょう》を仏教諸宗《ぶっきょうしょしゅう》の研鑽《けんさん》と定《さだ》め、山《やま》を下《くだ》って当初鎌倉《とうしょかまくら》の光明寺《こうみょうじ》に学《まな》び、のちに比叡山《ひえいざん》・京《きょう》都《と》や奈良《なら》の諸大寺《しょだいじ》・高野山《こうやさん》などにおいて各宗《かくしゅう》の宗義《しゅうぎ》を究《きわ》め、『法華経《ほっけきょう》』こそ諸経《しょきょう》の王《おう》、釈尊《しゃくそん》の正意《せいい》に適《かな》う経典《きょうてん》であるとの信念《しんねん》を確立《かくりつ》しました。

建長五年《けんちょうねん》（一二五三）、三十二歳《さい》の時《とき》に、故郷《こきょう》の清澄山《きよすみさん》に帰山《きざん》した日蓮《にちれん》は、四月《がつ》二十八日《にち》に、清澄山旭《きよすみさんあさひ》の森《もり》において海上《かいじょう》を望《のぞ》んで立《た》ち、朝日《あさひ》に向《む》かって御題目《おだいもく》「南《ナ》無《ム》妙《ミョウ》法《ホウ》蓮《レン》華《ゲ》経《キョウ》」を十回唱《かいとな》えて立教《りっきょう》の宣言《せんげん》を行《おこな》いました。この時《とき》が開宗《かいしゅう》の日《ひ》とされています。

その後《ご》、日蓮《にちれん》は『法華経《ほっけきょう》』の広宣流布《こうせんるふ》〈布教活動《ふきょうかつどう》〉を通《とお》して、仏教界《ぶっきょうかい》については各宗《かくしゅう》の批判《ひはん》を強《つよ》めて、念仏無間地獄《ねんぶつむげんじごく》、禅天魔《ぜんてんま》、真言亡国《しんごんぼうこく》、律国賊《りっこくぞく》と覚醒《かくせい》を促《うなが》し、先《さき》の執権職北条時頼《しっけんしょくほうじょうときより》に『立正安国論《りっしょうあんこくろん》』を進献《しんけん》し諫言《かんげん》を行《おこな》いますが、その厳《きび》しさのあまり、数々《かずかず》の迫害《はくがい》に遭《あ》いました。

主《おも》な迫害《はくがい》の事実《じじつ》を列挙《れっきょ》しただけでも、文応元年《ぶんおうがんねん》（一二六〇）、三十九歳《さい》の時《とき》に、念《ねん》仏信者《ぶつしんじゃ》に松葉《まつば》が谷《やつ》の庵室《あんしつ》を焼《や》かれ、翌弘長元年《よくこうちょうがんねん》（一二六一）五月《がつ》には、幕府《ばくふ》によって伊豆国《いずのくに》、現在《げんざい》の静岡県伊東《しずおかけんいとう》に流《なが》されたが、二年後《ねんご》に赦免《しゃめん》となり、文永元年《ぶんえいがんねん》（一二六四）に安房《あわ》に帰《かえ》ったところ、地頭《じとう》の東条景信《とうじょうかげのぶ》に小松原《こまつばら》で襲撃《しゅうげき》され、額《ひたい》に刀傷《かたなきず》を受《う》けあやうく難《なん》を免《まぬか》れました。そして、文永八年《ぶんえいねん》（一二七一）には、捕《とら》えられ、片瀬《かたせ》の海《かい》岸竜《がんたつ》の口《くち》で、まさに首《くび》を落《お》とされようとしたが、危機《きき》を脱《だっ》し、佐渡《さど》に流罪《るざい》となりました。弟子《でし》や信徒《しんと》の中《なか》には逮捕《たいほ》・禁固《きんこ》・所領没収《しょりょうぼっしゅう》などの処分《しょぶん》を受《う》けた者《もの》もありました。

文永《ぶんえい》十一年《ねん》（一二七四）、五十三歳《さい》の時《とき》に赦免《しゃめん》となった日蓮《にちれん》は、鎌倉《かまくら》に帰《かえ》り、幕府《ばくふ》に対《たい》する三度目《どめ》の諫暁《かんぎょう》、つまり為政者《いせいしゃ》への諫言《かんげん》を行《おこな》いましたが、受《う》け入《い》れられず、甲斐国《かいのくに》、現在《げんざい》の山梨県《やまなしけん》の身延町《みのぶちょう》の身延山《みのぶざん》に入《はい》り、久遠寺《くおんじ》を建《た》て、弟子《でし》の育成《いくせい》や信徒《しんと》の教導《きょうどう》を直接《ちょくせつ》・間接《かんせつ》に行《おこな》いました。又《また》、佐渡流罪《さどるざい》の三年《ねん》の間《あいだ》に、『開目抄《かいもくしょう》』『観心本《かんじんほん》尊抄《ぞんしょう》』を著《あら》わして、法華経《ほっけきょう》行者《ぎょうじゃ》としての証《あか》しと末法《まっぽう》の世《よ》を救済《きゅうさい》する本尊《ほんぞん》を明《あき》らかにしています。

弘安《こうあん》五年《ねん》（一二八二）に、九年間《ねんかん》身延山《みのぶさん》を出《で》ることのなかった日蓮《にちれん》は、療養《りょうよう》のため常陸国《ひたちのくに》、現在《げんざい》の茨城県《いばらきけん》の温泉《おんせん》に行《い》く途中《とちゅう》、武蔵国池上《むさしのくにいけがみ》（東京《とうきょう》）の信徒《しんと》池上宗仲《いけがみむねなか》の家《いえ》で、十月《がつ》十三日《にち》、六十一歳《さい》で生涯《しょうがい》を閉《と》じました。祀仏《しぶつ》は釈迦如来《しゃかにょらい》であり、総本山《そうほんざん》は身延山久遠寺《みのぶさんくおんじ》であります。

大正《たいしょう》十年《ねん》（一九二一）に、日蓮《にちれん》の生誕《せいたん》七百年《ねん》にあたり、立正大師《りっしょうだいし》の諡号《しごう》が宣下《せんげ》されました。

十二、時宗《じしゅう》

十二《じゅうに》には時宗《じしゅう》ですが、大島宏之氏《おおしまひろゆきし》の著書《ちょしょ》『この一冊《いっさつ》で「宗教《しゅうきょう》」がわかる！』等《とう》によれば、宗祖《しゅうそ》・円照大師《えんしょうだいし》・一遍上人《いっぺんしょうにん》（一二三九—一二八九）が鎌倉時代《かまくらじだい》（一一八五—一三三三）の中頃《なかごろ》に開《ひら》いた浄土教《じょうどきょう》の一派《いっぱ》です。各地《かくち》を遊行《ゆぎょう》、つまり僧侶《そうりょ》が修行《しゅぎょう》のためにめぐり歩《ある》くことをして「念仏《ねんぶつ》」の札《ふだ》を配《くば》って歩《ある》く独自《どくじ》の布教方法《ふきょうほうほう》と、「踊《おど》り念仏《ねんぶつ》」によって知《し》られており、遊行宗《ゆぎょうしゅう》ともいわれております。

一遍《いっぺん》は延応元年《えんおうがんねん》（一二三九）に、伊予国《いよのくに》、現在《げんざい》の愛媛県道後《えひめけんどうご》の水軍豪族《すいぐんごうぞく》・河野通広《こうのみちひろ》の次男《じなん》として生《う》まれました。十歳《さい》の時《とき》に、母《はは》を失《うしな》うと父《ちち》の勧《すす》めで出家《しゅっけ》し、比叡山《ひえいざん》に登《のぼ》り天台宗《てんだいしゅう》を修業《しゅぎょう》し、さらに九州太宰府《きゅうしゅうだざいふ》、現在《げんざい》の福岡県《ふくおかけん》の浄土宗西山派《じょうどしゅうにしやまは》の聖達《しょうたつ》上人《じょうにん》について浄土教《じょうどきょう》を学《まな》ぶこと十三年《ねん》に及《およ》びました。その後《ご》、父《ちち》の死《し》によって一時《いちじ》還俗《げんぞく》し、俗人《ぞくじん》の生活《せいかつ》をしていましたが、再《ふたた》び念仏行《ねんぶつぎょう》に専念《せんねん》し、信濃《しなの》の善光寺《ぜんこうじ》に参籠《さんろう》して、「二河白道《にがびゃくどう》の図《ず》」（浄土《じょうど》に往生《おうじょう》を願《ねが》う凡夫《ぼんぷ》が信心《しんじん》を志《こころざ》してから往生《おうじょう》するまでの手順《てじゅん》を比喩《ひゆ》によって教示《きょうじ》した図《ず》で、衆生《しゅじょう》の貪欲《どんよく》と瞋恚《しんい》即《すなわ》ち深《ふか》い怒《いか》りを水《みず》と火《ひ》の二《ふた》つの河《かわ》にたとえ、その中間《ちゅうかん》に白《しろ》い道《みち》を配《はい》したことから二河白道《にがびゃくどう》と名《な》づけられた）、その図《ず》に深《ふか》く心《こころ》を打《う》たれ、それを書写《しょしゃ》して地元《じもと》にもどり、窪寺《くぼじ》においてこの図《ず》を掲《かか》げて称名念仏《しょうみょうねんぶつ》の修行《しゅぎょう》を三年続《ねんつづ》けました。

文永《ぶんえい》十一年《ねん》（一二七四）、三十六歳《さい》の時《とき》に、熊野権現《くまのごんげん》、現在《げんざい》の和歌山県熊野神社《わかやまけんくまのじんじゃ》に百日間参籠《ひゃくにちかんさんろう》した時《とき》、熊野権現《くまのごんげん》から「六字《ろくじ》の名号一遍《みょうごういっぺん》の法《ほう》、十界依正一遍体《じっかいえしょういっぺんたい》、万行《まんぎょう》離念一遍証《りねんいっぺんしょう》、人中上上妙好華《にんちゅうじょうじょうみょうこうげ》」という御神託《ごしんたく》を夢《ゆめ》の中《なか》で受《う》けました。つまり、一遍《いっぺん》が念仏《ねんぶつ》を勧《すす》めることは、阿弥陀仏《あみだぶつ》によってすでに救済《きゅうさい》されていることを衆生《しゅじょう》に告《つ》げることにほかならない。したがって信《しん》・不信《ふしん》を問《と》わず、一心《いっしん》に念仏《ねんぶつ》を広《ひろ》めればよい、との確信《かくしん》が与《あた》えられたのです。この時《とき》を開宗《かいしゅう》の年《とし》とし、この御神託《ごしんたく》によって以《い》後《ご》、一遍《いっぺん》と称《しょう》するようになりました。

その後《ご》、絶対不二《ぜったいふじ》の六字《じ》の名号《みょうごう》（南無阿弥陀仏《ナムアミダブツ》）を徹底《てってい》させるため「南無阿弥陀《なむあみだ》仏決定往生《ぶつけっていおうじょう》六十万人《まんにん》」と書《か》いた算《さん》（名号札《みょうごうふだ》）と勧進帳《かんじんちょう》をたずさえ、踊《おど》り念仏《ねんぶつ》を行《おこな》いながら、会《あ》う人《ひと》ごとに念仏札《ねんぶつふだ》（名号札《みょうごうふだ》）を与《あた》え、勧進帳《かんじんちょう》に記名《きめい》し、多《おお》くの人々《ひとびと》と結《けち》縁《えん》を結《むす》ぶという独自《どくじ》の布教方法《ふきょうほうほう》を編《あ》み出《だ》しました。この算《さん》に記載《きさい》された「六十万《まん》人《にん》」とは、六十万人《まんにん》の人々《ひとびと》という意味《いみ》ではなく、熊野権現《くまのごんげん》の御神託《ごしんたく》にある四句《く》の偈《げ》頌《じゅ》、神仏《しんぶつ》をたたえる言葉《ことば》の頭文字《かしらもじ》を綴《つづ》り合《あ》わせたものです。

そして、入寂《にゅうじゃく》するまでの十五年《ねん》の間《あいだ》、ほとんど全国《ぜんこく》をめぐり歩《ある》いたので、遊行《ゆぎょう》上人《しょうにん》といわれるようになり、念仏札《ねんぶつふだ》を受《う》けた人《ひと》は二十五万余人《まんよにん》にのぼったといわれております。そして、正応二年《しょうおうねん》（一二八九）八月《がつ》に、兵庫県神戸市《ひょうごけんこうべし》の観音堂《かんのんどう》、のちの真光寺《しんこうじ》で門弟《もんてい》に遺戒《いかい》をあたえ、「一代《いちだい》の聖教《しょうぎょう》、今日滅尽《こんにちめつじん》してただ南無阿弥陀仏《ナムアミダブツ》のみを留《とど》む」ととなえ、五十一歳《さい》で病没《びょうぼつ》しました。

明治五年《めいじねん》（一八七二）に、円照大師《えんしょうだいし》の諡号《しごう》を追贈《ついぞう》されました。祀仏《しぶつ》は阿弥陀如来《あみだにょらい》であり、神奈川県藤沢市《かながわけんふじさわし》の清浄光寺《しょうじょうこうじ》、遊行寺《ゆぎょうじ》ともいうが総本山《そうほんざん》であります。

十三、黄檗宗《おうばくしゅう》

十三《じゅうさん》には黄檗宗《おうばくしゅう》ですが、昭和《しょうわ》三十七年《ねん》（一九六二）に小学館《しょうがくかん》から発行《はっこう》されました

『日本百科大事典《にほんひゃっかだいじてん》2』等《とう》によれば、中国《ちゅうごく》・明《みん》の時代《じだい》の臨済寺《りんざいじ》の僧《そう》・大光普照国師《だいこうふしょうこくし》・隠元隆琦《いんげんりゅうき》（一五九二―一六七三）が江戸時代《えどじだい》（一六〇三―一八六八）の始《はじ》めに、日《に》本《ほん》に来朝《らいちょう》して開《ひら》いた禅宗《ぜんしゅう》の教《おし》えです。

隠元《いんげん》は一五九二年に、中国《ちゅうごく》の福建省《ふくけんしょう》で生《う》まれました。二十九歳《さい》の時《とき》に、福建省《ふっけんしょう》の黄檗山万福寺《おうばくざんまんぷくじ》に入《はい》り、臨済禅《りんざいぜん》の復興《ふっこう》につくしました。承応《じょうおう》三年《ねん》（一六五四）、六十三歳《さい》の時《とき》に、長崎《ながさき》の興福寺《こうふくじ》の逸然《いつねん》の懇請《こんせい》を受《う》け、門下《もんか》二人《ふたり》をともなって来朝《らいちょう》し、長崎《ながさき》の興福寺《こうふくじ》や崇福寺《そうふくじ》、さらに摂津国《せっつのくに》、現在《げんざい》の大阪府《おおさかふ》の普門寺《ふもんじ》に歴住《れきじゅう》して道俗《どうぞく》を教化《きょうか》しました。そして、後水尾上皇《ごみずのおじょうこう》をはじめ、公家《くげ》・武家《ぶけ》の尊敬《そんけい》を一身《いっしん》に集《あつ》め、万治元年《まんじがんねん》（一六五八）には、江戸《えど》の天沢寺《てんたくじ》に移《うつ》り、翌々年《よくよくねん》には、四代《だい》将軍徳川家綱《しょうぐんとくがわいえつな》から京都《きょうと》の宇治《うじ》に地《ち》を与《あた》えられ、中国《ちゅうごく》・明《みん》の建築様式《けんちくようしき》で黄檗山万福寺《おうばくざんまんぷくじ》の創建《そうけん》に着手《ちゃくしゅ》し、七年《ねん》をかけて完成《かんせい》させました。そして、諸法式《しょほうしき》いっさいを中国《ちゅうごく》の制式《せいしき》に準《じゅん》じて行《おこな》いました。

門下《もんか》に木庵《もくあん》・即非《そくひ》・竜渓《りゅうけい》・独湛《どくたん》らの逸材《いつざい》があり、江戸時代《えどじだい》の仏教界《ぶっきょうかい》、とくに臨《りん》済《ざい》・曹洞両宗《そうとうりょうしゅう》の復興《ふっこう》に大《おお》きな影響《えいきょう》を及《およ》ぼしました。延寳《えんぽう》元年（一六七三）に、八十二歳《さい》で没《ぼっ》しましたが、没後《ぼつご》、後水尾上皇《ごみずのおじょうこう》から大光普照国師《だいこうふしょうこくし》の諡号《しごう》を贈《おく》られました。

この後《のち》、木庵《もくあん》・慧林《えりん》・独湛《どくたん》・高泉《こうせん》ら、十四世《せい》竜統《りゅうとう》・十七世《せい》祖眼《そがん》をのぞいて、二十一世《せい》までの代々《だいだい》の法灯《ほうとう》を中国僧《ちゅうごくそう》がつぎ、沈滞《ちんたい》していた江戸時代《えどじだい》の仏教《ぶっきょう》に清新《せいしん》の気《き》をあたえましたが、その後《ご》は日本僧《にほんそう》が住《じゅう》するようになって、その独特《どくとく》な宗風《しゅうふう》もしだいに衰《おとろ》えていきました。

隠元《いんげん》の来朝《らいちょう》は法弟《ほうてい》や工匠《こうしょう》をともなう集団《しゅうだん》としてのものでありましたから、文化各《ぶんかかく》方面《ほうめん》に対《たい》する刺激《しげき》も大《おお》きく、南画《なんが》にあたえた影響《えいきょう》によって池大雅《いけのたいが》が出《で》て、その作品《さくひん》たる『西湖図《せいこず》』『虎渓三笑図《こけいさんしょうず》』『羅漢図《らかんず》』などが万福寺《まんぷくじ》に残《のこ》っております。彫刻《ちょうこく》では中国《ちゅうごく》から仏師《ぶっし》の范道生《はんどうせい》を招《まね》いて、中国《ちゅうごく》の明清時代《みんしんじだい》の様式《ようしき》が伝《つた》えられて弥勒像《みろくぞう》・十八羅漢像《らかんぞう》・達磨像《だるまぞう》などがあり、江戸時代《えどじだい》の諸文化《しょぶんか》に大《おお》きな影響《えいきょう》を及《およ》ぼしました。また、今日一般《こんにちいっぱん》に広《ひろ》く行《おこな》われている煎茶《せんちゃ》の風習《ふうしゅう》を紹介《しょうかい》したのも黄檗宗《おうばくしゅう》であり、インゲン豆《マメ》も大衆布教《たいしゅうふきょう》のための具《ぐ》として隠元《いんげん》が持参《じさん》したものといわれておりますが、その豆《まめ》はじつはフジ豆《まめ》で、現在《げんざい》のインゲン豆《マメ》とは別種《べっしゅ》のものであるそうです。

又《また》、平成《へいせい》八年《ねん》（一九九六）に三笠書房《みかさしょぼう》から発行《はっこう》されました『この一冊《いっさつ》で「宗教《しゅうきょう》」がわかる！』によれば、明治時代《めいじじだい》（一八六八―一九一三）に入《はい》って明治《めいじ》四年《ねん》（一八七一）に、廃藩置県《はいはんちけん》が行《おこな》われ諸大名《しょだいみょう》の没落《ぼつらく》と共《とも》に廃寺《はいじ》が続出《ぞくしゅつ》しました。そのため明治《めいじ》初頭《しょとう》には、本来《ほんらい》の宗派《しゅうは》でありました臨済宗《りんざいしゅう》に一時《いちじ》包含《ほうがん》されましたが、明治《めいじ》九年《ねん》に分《ぶん》離独立《りどくりつ》して、再《ふたた》び黄檗宗《おうばくしゅう》を名乗《なの》って現在《げんざい》に至《いた》っております。

祀仏《しぶつ》は釈迦如来《しゃかにょらい》であり、特色《とくしょく》は臨済宗《りんざいしゅう》や曹洞宗《そうとうしゅう》と大同小異《だいどうしょうい》であります。と教《おし》えて頂《いただ》きましたので、これを略年表《りゃくねんひょう》で表《あらわ》しますと、次《つぎ》の表《ひょう》になりますが、なんとなく何処《どこ》か間違《まちが》っているような気《き》がするのですが、気付《きづ》かれた方《かた》は教《おし》えて頂《いただ》ければ、大変《たいへん》有《あ》り難《がた》く存《ぞん》じます。

「日本の仏教」関連略年表

和暦・時代		西暦	天皇	できごと
				仏教は印度の釈迦牟尼世尊（釈尊）が説いた教え
欽明７		538	欽明	公伝は百済の聖明王から天皇に仏像・経典が献じられたが、拘部尾輿と中臣鎌子により、仏像を難波の堀江に捨てられる
敏達13		584	敏達	蘇我馬子、飛鳥豊浦《とゆら》の石川宅に仏殿を造り、石像を祀る
用明２		587	用明	崇仏派の蘇我馬子、排仏像の物部守屋を討つ。太子14歳の時 10月、勝軍寺の創建にかかり、のち皇室の祈祷所となる
崇峻１		588	崇峻	百済から僧や寺工が渡来し、元興寺（飛鳥寺）を建て始める
推古１	飛鳥時代	593	推古	４月、聖徳太子、20歳で摂政となり、蘇我馬子（義父）と政務を執る。難波（大阪）に四天王寺の創建にかかる「太子」
推古２		594	推古	２月、仏教興隆の「詔《みことのり》」により、寺の造営が進む
推古４		596	推古	８年の年月をかけて、馬子、飛鳥の地に元興寺を創建する
推古11		603	推古	秦河勝、太秦蜂岡（京都市右京区）に広隆寺を創建する
推古14		606	推古	太子、32歳の時、「法華経」を講讃し、『義疏』を著す
推古15		607	推古	太子、斑鳥宮の西に斑鳥寺（法隆寺西院の南）を創建する
白雉		654	孝徳	信濃に善光寺が完成し、聖明王から献じられた仏像を祀る
① 斉明６		660	斉明	入唐僧道照、在唐７年で帰朝し、元興寺で法相宗を伝える

	天武8	飛鳥時代	680	天武	天武天皇、皇后の病気平癒祈願し、薬師寺の創建にかかる
	文武3		700	文武	道照、72歳にて入寂する。我が国火葬の始めと伝えられる
	和銅3	奈良時代	710	元明	藤原不比等、平城京遷都に伴い、氏寺を移建し興福寺と改称
	神亀5		728	聖武	義淵、天智天皇から聖武天皇まで八代の天皇に使え入寂する
②	天平8		736	聖武	唐僧道璿《どうせん》、35歳の時、来朝して華厳宗を伝える
	天平13		741	聖武	聖武天皇、勅願により国分寺造営の「詔《みことのり》」を出す
	天平勝宝4		752	孝謙	東大寺の大仏開眼供養が行われ、初代別当に良弁任命される
③	天平勝宝6		754	孝謙	唐僧鑑真、66歳の時、来朝して律宗を伝える
	天平宝字4		760	淳仁	唐僧道璿、59歳にて入寂する
	天平宝字7		763	淳仁	唐僧鑑真、76歳にて建立した唐招提寺で入寂する
	延暦4		785	桓武	最澄、19歳の時、東大寺で正式の僧となる
	延暦7		788	桓武	〃 、22歳の時、比叡山寺（のちの延暦寺）を創建する
	延暦16	平安時代	797	桓武	空海、24歳の時、『三教指帰』を著す
④	延暦24		805	桓武	最澄、39歳の時、在唐1年で帰朝し、天台宗を伝える
⑤	大同1		806	平城	空海、33歳の時、在唐2年で帰朝し、真言宗を伝える
	弘仁7		816	嵯峨	空海、43歳の時、高野山を賜わり、金剛峯寺を創建する
	弘仁13		822	嵯峨	最澄、56歳にて比叡山寺で病没する。没後、比叡山寺に大乗戒壇設立の勅許が下される
	承和2		835	仁明	空海、62歳にて五穀断ちの後、高野山金剛峯寺で入定する

	貞観8		866	清和	最澄、清和天皇から伝教大師の諡号を賜わる。大師号の始め
	延喜21		921	醍醐	空海、醍醐天皇から弘法大師の諡号を賜わる。
	嘉保2		1095	堀河	良忍、23歳の時、比叡山を下り、後に大原に来迎院を創建す
⑥	永久5	平安時代	1117	鳥羽	〃、46歳の時、阿弥陀如来から直授し、融通念仏宗を開く
	長承1		1132	崇徳	〃、61歳にて来迎院で入寂する
	仁安3		1168	高倉	栄西、28歳の時、入宋を果たし天台山に登るが、秋帰朝する
⑦	承安5		1175	高倉	法然、43歳の時、比叡山を下り、浄土宗（専修念仏）を開く
⑧	建久2		1191	後鳥羽	栄西、51歳の時、在宋5年で帰朝し、臨済宗（禅）を伝える
	建仁1		1201	土御門	親鸞、29歳の時、比叡山を下り、京都の頂法寺（六角堂）に百日参籠をし、救世観音のお告げを受け、法然の弟子となる
	承元1		1207	土御門	法然、75歳の時、専修念仏は停止となり、讃岐（香川）に流罪となる。親鸞、35歳で越後（新潟）に流罪となる
	建暦2	鎌倉時代	1212	順徳	法然、80歳にて京都東山の大谷（後の知恩院）で入寂する
	建保3		1215	順徳	栄西、75歳にて入寂する。鎌倉に寿福寺、京都に建仁寺
	貞応2		1223	後堀河	道元、24歳の時、栄西の弟子明全に従って入宋する
⑨	元仁1		1224	後堀河	親鸞、52歳の時、『教行信証』を著し、浄土真宗を開く
⑩	安貞2		1227	後堀河	道元、28歳の時、在宋5年で帰朝し、曹洞宗（禅）を伝える
	寛元2		1244	後嵯峨	〃、45歳の時、越前（福井）に永平寺を創建する

	建長5		1253	後深草	〃、54歳にて京都で療養中に、病没する
⑪	建長5		1253	後深草	日蓮、32歳の時、比叡山・奈良・高野山で諸宗を学んだ後、『法華経』こそ釈尊の正意に適う経典とし、日蓮宗を開く
	弘長2		1262	亀山	親鸞、90歳にて入寂する。後に東山大谷の廟堂を本願寺とす
⑫	文永11		1274	亀山	一遍、36歳の時、天台宗・浄土宗を学んだ後、紀伊国熊野権現に百日参籠をして、御神託を受け、時宗（浄土宗）を開く 日蓮、53歳の時、甲斐（山梨）の身延山に久遠寺を創建する
	弘安5		1282	後宇多	〃、61歳にて常陸への療養の途中、武蔵池上で病没する
	正応2		1289	伏見	一遍、51歳にて兵庫神戸の観音堂、後の真光寺で病没する
⑬	承応3	江戸時代	1654	後光明	明僧隠元、63歳の時、来朝して黄檗宗（禅）を伝える
	延寳1	江戸時代	1673	霊元	明僧隠元、82歳にて創建した宇治の万福寺で入寂する
	慶応4	江戸時代	1868	明治	3月28日、神仏分離令が布告され、廃仏毀釈運動が起こり、寺院・仏像の破壊・焼き討ちが横行する
	明治5	明治時代	1872	明治	一遍、円照大師の諡号を賜わる
	明治9	明治時代	1876	明治	親鸞、見真大師の諡号を賜わる
	大正10	明治以降	1921	大正	日蓮、生誕七百年にあたり、立正大師の諡号を賜わる
	昭和25	明治以降	1950	昭和	法隆寺、法相宗から独立して、聖徳宗の総本山となる。

第五章　病気《びょうき》と因縁《いんねん》

現世《げんせ》利益《りえき》、そりゃ低級《ていきゅう》だよ

次《つぎ》に、宗教迷信《しゅうきょうめいしん》その二について、救《すく》い主《ぬし》・聖凰真光大導主様《せいおうまひかりだいどうしゅさま》は『「現世《げんせ》利益《りえき》、そりゃ低級《ていきゅう》だよ」という方《かた》があります。これまた、モーゼ、釈迦《しゃか》、イエスについて、歴史的事実上《れきしてきじじつじょう》からはまったく不勉強《ふべんきょう》と申《もう》し上《あ》げるほかないのですが、この点《てん》について少《すこ》し述《の》べて、「幸福者《こうふくしゃ》へ変化《へんげ》」しようと真面目《まじめ》に考《かんが》え、宗教観《しゅうきょうかん》に少《すく》なくとも責任《せきにん》をもたれる方《かた》のご参考《さんこう》にしたいと思《おも》います。

仏教《ぶっきょう》の教祖様《きょうそさま》、歴史上《れきしじょう》の釈尊《しゃくそん》は、インドの歴史《れきし》では、み弟子《でし》に対《たい》して常《つね》に、「神《かみ》と民衆《みんしゅう》の利益《りえき》となることをなせ」と強調《きょうちょう》して、神霊《しんれい》との交流《こうりゅう》や霊的救《れいてきすく》いに立《た》ち上《あ》がっていたではないですか。イエスは十二人《にん》の弟子《でし》に、「汝等《なんじら》、おこないてまず病《や》める者《もの》を癒《い》やせ、しかる後《のち》、福音《ふくいん》を述《の》べよ」と告《つ》げ、そして、自《みずか》ら目《め》の不自由《ふじゆう》な人《ひと》や中風《ちゅうふう》や小児《しょうに》マヒを、そして、憑霊現象者《ひょうれいげんしょうしゃ》の霊障解消《れいしょうかいしょう》をいたるところで発揮《はっき》しては、救《すく》いつつ説法《せっぽう》をして歩《ある》いていたではないですか。

修験道《しゅげんどう》の開祖《かいそ》といわれる役《えん》の行者《ぎょうじゃ》も、天智天皇《てんじてんのう》から聖武天皇《しょうむてんのう》までの八代《だい》の天皇《てんのう》に仕《つか》えた義淵和尚《ぎいんおしょう》さんも、史上例《しじょうれい》のない太政大臣禅師《だじょうだいじんぜんじ》となられた道鏡《どうきょう》が権力《けんりょく》を宮中《きゅうちゅう》に張《は》ったのも、元《もと》をただせば、異常《いじょう》な祈祷力《きとうりょく》によって皇族《こうぞく》や皇子様《みこさま》の霊障《れいしょう》を解《かい》消《しょう》したためです。古来名僧《こらいめいそう》はその意味《いみ》で「効験《こうけん》あらたかな法主様《ほっすさま》」と称《たた》えられたのが元《もと》であったのではないですか。

釈尊《しゃくそん》やその第一《だいいち》の高弟《こうてい》の目蓮等《もくれんとう》は、皆霊眼《みなひがん》の開眼者《かいがんしゃ》（到霊眼《とうひがん》）であり、インドの大行者《だいぎょうじゃ》、否《いな》、むしろ仙術《せんじゅつ》の優秀者《ゆうしゅうしゃ》であったことは、中国仏教経典上《ちゅうごくぶっきょうきょうてんじょう》では湮滅《いんめつ》、すなわち隠《かく》されてしまっているのです。皆《みな》さんはご承知《しょうち》なのですか。いずれも現世《げんせ》利益《りえき》を与《あた》えつつ、世人《よびと》を善導《ぜんどう》した猛者《もさ》であるからこそ、宗教《しゅうきょう》の偉大《いだい》さの基《もと》を開《ひら》いたのです。

霊的《れいてき》な救《すく》いによってはじめて現世利益《げんせりえき》が与《あた》えられ、神仏《しんぶつ》のおかげを事実《じじつ》の上《うえ》で感得《かんとく》させては説法《せっぽう》したから、真実《しんじつ》のさとりを開《ひら》かせ得《え》たことを見《み》のがしている。

日本古代《にほんこだい》の惟神道《かんながらのみち》もまた同《おな》じで、神主《かんぬし》は霊術者《れいじゅつしゃ》であり、神《かみ》との通話者《つうわしゃ》であったではないですか。後世《こうせい》の神主《かんぬし》やお坊《ぼう》さんは、霊的修業《れいてきしゅぎょう》はゼロとなって、理屈《りくつ》や理論《りろん》、人知哲学《じんちてつがく》を主体《しゅたい》にした中国後退仏教《ちゅうごくこうたいぶっきょう》や、あて推量《すいりょう》のキリスト神学即観念神仏《しんがくそくかんねんしんぶつ》弄《もてあそ》びが主《しゅ》となって、ついに両教《りょうきょう》から共産主義《きょうさんしゅぎ》と国《くに》を生《う》んでしまったほどです。理屈宗教《りくつしゅうきょう》が高級《こうきゅう》だというような迷信《めいしん》を植《う》えつけて観念宗教化《かんねんしゅうきょうか》し、救《すく》いの業力《ごうりき》、霊力《れいりょく》を失《うしな》って、昔《むかし》のような「効験《こうけん》あらたかな法主様《ほっすさま》」といわれる人《ひと》は、神道《しんとう》、仏教《ぶっきょう》、キリスト教《きょう》ともにいなくなりました。やむなくなんでもないことをむりやりむずかしく説《と》くのが宗教《しゅうきょう》というような妙《みょう》なことにして、大所高所的《たいしょこうしょてき》な、学問的《がくもんてき》なのが高級宗教《こうきゅうしゅうきょう》なるかのごとき印象《いんしょう》を与《あた》えてしまい、霊力《れいりょく》の皆無《かいむ》となったのに煙幕《えんまく》をかけた、阿片宗《あへんしゅう》教化《きょうか》となってしまったことを釈迦《しゃか》イエスおのおのに対《たい》してわびねばなりません。

したがって、本来宗教《ほんらいしゅうきょう》というものは、霊的《れいてき》（魂《たましい》と霊細胞体《れいさいぼうたい》）と、心的《しんてき》と、肉体的《にくたいてき》と、三《みっ》つの救《すく》いができなければ「宗教《しゅうきょう》ではない」、もう「宗教哲学《しゅうきょうてつがく》」でしかないのです』

とご教尊下《きょうそんくだ》されております。

祖霊《それい》の戒告《かいこく》と怨霊《おんりょう》

昭和《しょうわ》三十八年《ねん》（一九六三）十二月号《がつごう》真光《まひかり》十七号霊障物語《ごうれいしょうものがたり》、および昭和《しょうわ》四十二年《ねん》（一九六七）八月号真光《がつごうまひかり》六十号初研講座《ごうしょけんこうざ》より

「霊障《れいしょう》の実例《じつれい》」を教《おし》えていただきました。

祖霊《それい》の戒告《かいこく》と怨霊《おんりょう》の重複例《ちょうふくれい》で、位牌《いはい》がないために食事《しょくじ》の供養《くよう》がいただけず、ひもじかった姉《あね》の霊《れい》と、その奥《おく》に結核《けっかく》のために祖父《そふ》から捨《す》てられた妾《めかけ》の怨《うら》みの霊《れい》による憑依現象《ひょういげんしょう》です。概要《がいよう》は、

『ある日《ひ》、二十七歳《さい》になる娘《むすめ》T子《こ》さんを連《つ》れて、その父《ちち》なる人《ひと》がやって来《こ》られた。一見私《いっけんわたくし》は驚《おどろ》いて、いきなりそのお父《とう》さんに怒気《どき》さえ含《ふく》んで、

「お父《とう》さん！　あなたはひどい人《ひと》だ。こんな重病《じゅうびょう》の人《ひと》を、いきなり私《わたくし》の家《いえ》に連《つ》れて来《く》るなんて、死《し》んでしまうではないですか。どうして私《わたくし》をあなたの家《いえ》へ呼《よ》んでくれ

なかったのですか。飛《と》んで行《い》ってあげたではないですか」といってしまった。というのは、そのT子《こ》さんは、顔《かお》はゲッソリと真《ま》っ青《さお》で、身体《からだ》は衰弱《すいじゃく》しきって骨《ほね》と皮《かわ》、力《ちから》は抜《ぬ》けて、手《て》をダラーッとぶら下《さ》げているといった方《ほう》がいい。後《あと》でよくなれてから笑《わら》い話《ばなし》に「あのとき、あなたの横《よこ》に柳《やなぎ》を立《た》てたら、歌舞伎《かぶき》より上手《じょうず》な幽霊《ゆうれい》の妙演《みょうえん》でしたよ」というほどでした。

そのような状態《じょうたい》であったのだから、私《わたくし》が少《すこ》しムッとしたのもやむをえません。ところが二度《ど》ビックリさせられたことには、その父親《ちちおや》は、一向《いっこう》に平然《へいぜん》として苦笑《にがわら》いさえ浮《う》かべているのです。そして静《しず》かに口《くち》を切《き》りました。

「ごもっともです。しかし、私《わたくし》も貧乏《びんぼう》はしていますが、これでも三人《にん》の医師《いし》をつけてきました。そのお三人《にん》がもうここ二、三日《にち》の命《いのち》だと、どの方《かた》も仰《おっしゃ》います。それで諦《あきら》めております。その点《てん》、本人《ほんにん》も十分承知《じゅうぶんしょうち》してますので……」と、泰然《たいぜん》とされている。

私《わたくし》は思《おも》わず、「あんた本当《ほんとう》ですか」と、その娘《むすめ》さんに声《こえ》をかけました。

「左様《さよう》でございます。私《わたくし》も、もう覚悟《かくご》は致《いた》しております。ご心配《しんぱい》なく」と、T子《こ》さんは、か細《ぼそ》い力《ちから》ない声《こえ》でした。誠《まこと》に失礼《しつれい》だが、今《いま》あの世《よ》から帰《かえ》って参《まい》りましたというような方《かた》なので驚《おどろ》きました。

「じゃあ、こんなになられてから、真《ま》光《ひかり》のみ業《わざ》をさせていただいても意味《いみ》ないじゃないですか」と、私《わたくし》はいってみました。すると父親《ちちおや》は、

「いや、もう今《いま》さら身体《からだ》を治《なお》してほしい助《たす》けてほしいとは思《おも》いません。が、実《じつ》はある方《かた》から、先生《せんせい》のみ業《わざ》を死《し》の直前《ちょくぜん》でも受《う》けますと、息《いき》を引《ひ》き取《と》るとき、たいへん楽《らく》に逝《い》けるということと、幽界《ゆうかい》に参《まい》りましてから、一段《だん》でも二段《だん》でも本人《ほんにん》の霊《れい》が救《すく》われる、ということをうかがいましたので、どうかそれだけでよろしゅうございます。その真《ま》光《ひかり》の業《わざ》とやらをやっていただきたいだけでございます」と哀願《あいがん》されたのです。

「ああ、そうだったんですか。それはたいへん失礼《しつれい》な申《もう》し上《あ》げようをしてすみませんでした。それならわけのないこと、さっそくしてあげましょう」ということになり、真《ま》光《ひかり》の業《わざ》の施真《せしん》にはいったのです。

そして、その娘《むすめ》さんは「たいへん楽《らく》な気持《きも》ちになりました。明日《あした》また命《いのち》があったら参《まい》ります」といって帰《かえ》ったのですが、翌朝早《よくあさはや》くやって来《こ》られました。

そうして二日目《ふつかめ》の施真《せしん》をしていると、二十四歳《さい》で亡《な》くなったというその方《かた》の姉《あね》のご霊《れい》が浮《う》き出《だ》して、涙《なみだ》ながらに語《かた》ったのです。

「私《わたくし》は、二十四歳《さい》で死《し》にました長女《ちょうじょ》のM子《こ》です。仏壇《ぶつだん》に位牌《いはい》がありませんので、幽《ゆう》界《かい》で食《た》べられません。ひもじいのです。で、妹《いもうと》に憑《か》かりましたら、妹《いもうと》は、二十四歳《さい》で私《わたくし》と同《おな》じように結核《けっかく》で亡《な》くなってしまいました。やむなく次《つぎ》の妹《いもうと》に憑《か》かりましたら、これまたまもなく結核《けっかく》となり、二十四歳《さい》で死去《しきょ》しました。妹《いもうと》ではわかってもらえないので、三番目《ばんめ》の妹《いもうと》が二十四歳《さい》のとき、今度《こんど》は母《はは》に憑《か》かりました。すると今度《こんど》は母《はは》が死《し》んでしまいました。どうしようもないので、二十四歳《さい》で死《し》んだ姉《あね》の私《わたくし》であることを知《し》らせようと、最後《さいご》の妹《いもうと》にも二十四歳《さい》のときに憑依《ひょうい》しましたが、また同様《どうよう》に結核《けっかく》となり、こんなにやせ衰《おとろ》えてしまい、命旦夕《いのちたんせき》に迫《せま》っています。死《し》んではならぬと、一生懸命助《いっしょうけんめいたす》けているのですが、駄目《だめ》なんです。いったい私《わたくし》はどうしたらいいのでしょう」と訴《うった》えたのです。私《わたくし》は驚《おどろ》いて、そのご霊《れい》にこんこんとさとしました。

まず、幽界《ゆうかい》へいったん行《い》った魂《たましい》が現界《げんかい》の人《ひと》の肉体《にくたい》に憑依《ひょうい》すると、執着《しゅうちゃく》のため幽《ゆう》界《かい》を脱出《だっしゅつ》したことになり、幽界《ゆうかい》の神《かみ》の仕組《しく》みの掟《おきて》を破《やぶ》っている霊《れい》ということになり、執着《しゅうちゃく》を取《と》る苦行《くぎょう》にはいらされること。そして、被憑依者《ひひょういしゃ》を同《おな》じような病《やまい》にしてしまい、ついには殺《ころ》した罪業《ざいごう》となって、幽界《ゆうかい》で何百年《なんびゃくねん》も余分《よぶん》に、俗《ぞく》にいう地獄《じごく》の行《ぎょう》を、さとるまでさせられること。そして、急《いそ》いで離脱《りだつ》しないと妹《いもうと》T子《こ》さんは死《し》んでしまう。そうしたら、四人目《にんめ》の人殺《ひとごろ》しを霊界《れいかい》からしたという結果《けっか》になること。

この三点《てん》を話《はな》して聞《き》かせたら、ご霊《れい》はたいへんびっくりして、「とんでもないことをしてしまった」と、繰《く》り返《かえ》しワァワァ泣《な》き叫《さけ》び、「大急《おおいそ》ぎで幽《ゆう》界《かい》へ帰《かえ》ります。どうか位牌《いはい》をつくって下《くだ》さい、位牌《いはい》をつくって下《くだ》さい。神様《かみさま》に私《わたくし》の罪《つみ》をお許《ゆる》し下《くだ》さるように先生《せんせい》からお詫《わ》びして下《くだ》さい」と謝《あやま》るのです。その姿《すがた》の哀《あわ》れでいじらしいこと、私《わたくし》もつい涙《なみだ》を流《なが》してしまいました。

「よろしい。さとられればよろしいのです。位牌《いはい》は必《かなら》ずすぐつくらせて、毎日食《まいにちた》べさせてあげます。神《かみ》にもできるだけお許《ゆる》しをいただいてあげます。安心《あんしん》して、一刻《いっこく》も早《はや》く離脱《りだつ》しなさい。T子《こ》さんは危機一発《ききいっぱつ》のところ、すぐここで離脱《りだつ》して、仏壇《ぶつだん》のまわりで待《ま》っておいでなさい」と、私《わたくし》がさとしてあげると、ご霊《れい》は、「ありがとうございます、ありがとうございます」と、なんべんもお礼《れい》をいって、まもなく離脱《りだつ》してくれました。

そして、私《わたくし》は彼女《かのじょ》の父親《ちちおや》に、「今日《きょう》帰《かえ》ったらすぐ位牌《いはい》をつくり、心《こころ》から詫《わ》びて、長女《ちょうじょ》M子《こ》さんの好《す》きだったものをお供《そな》えして、今後《こんご》の毎日《まいにち》の供養《くよう》を怠《おこた》らぬことを、お誓《ちか》いしなさい」と、こんこんと話《はなし》をしてあげました。

父親《ちちおや》もすっかり驚《おどろ》いて、ス直《なお》に教《おし》えられたとおりに実行《じっこう》されました。

T子《こ》さんは、その後二日《ごふつか》もち、三日《みっか》もち、五日目《いつかめ》から急《きゅう》に食欲《しょくよく》が出《で》て、一カ月目《げつめ》にはむくむく太《ふと》って、美《うつく》しい若奥《わかおく》さんの姿《すがた》になられた。実《じつ》に恐《おそ》るべきことであると同《どう》時《じ》に、霊《れい》の実在《じつざい》を否定《ひてい》していた無知《むち》からの馬鹿馬鹿《ばかばか》しい一家《いっか》の大不幸《だいふこう》でした。

ちなみに、祖父《そふ》の二号《ごう》さんのうちで十八歳《さい》のとき結核《けっかく》となり捨《す》てられた女性《じょせい》の霊《れい》が、長男《ちょうなん》、次男《じなん》の命《いのち》を取《と》ったことを、長女《ちょうじょ》M子《こ》さんの霊《れい》が知《し》らせてくれたので、父親《ちちおや》に一家《いっか》の様子《ようす》を後《あと》で聞《き》いてみたら、『その通《とお》りの家《いえ》であった』と、聖凰真光大導主様《せいおうまひかりだいどうしゅさま》はご教導下《きょうどうくだ》されております。

そして、『先祖《せんぞ》が犯《おか》した罪穢《ざいえ》、つまり刃物《はもの》の恨《うら》みや悪徳《あくとく》の財産《ざいさん》というものは子孫《しそん》が受《う》け継《つ》ぐから、消《け》し役《やく》の者《もの》は、罪穢《ざいえ》を積《つ》むときに一番《いちばん》の主役《しゅやく》をした人《ひと》だから、病《びょう》貧《ひん》、争《そう》、災等《さいとう》になったら、「たいへんな罪穢《ざいえ》を積《つ》んできたなあ。自分《じぶん》のつくった罪穢《ざいえ》だから、自分《じぶん》で消《け》していかなくてはならない」と、罪穢《ざいえ》をさとってお詫《わ》びし、不平不満《ふへいふまん》をいわず、一生懸命《いっしょうけんめい》に人救《ひとすく》いに立《た》ちあがってごらんなさい。そうして罪穢《ざいえ》が消《き》え善徳《ぜんとく》が積《つ》まれると、幸運《こううん》が巡《めぐ》ってきて、よき仕組《しく》みがはじまり、よき仕組《しく》みを受《う》けるようになるから、なにをやってもうまくいくのです。また、「先祖《せんぞ》の善徳《ぜんとく》のおかげだ」と先祖《せんぞ》に感謝《かんしゃ》し、自分《じぶん》の力《ちから》だと思《おも》わない謙虚《けんきょ》な心《こころ》で「世《よ》のため、人《ひと》のため、神様《かみさま》のため」に尽《つ》くすと、ますます善徳《ぜんとく》を積《つ》むことになり「明《あ》かな霊《ひ》」となり良《よ》き仕組《しく》みが起《お》き、子孫《しそん》も仕組《しく》まれて「弥栄《いやさか》の人生《じんせい》」になれるのです』と、御子柴一郎道場長《みこしばいちろうどうじょうちょう》に教《おし》えていただきました。

曇《くも》り多《おお》き財産《ざいさん》

昭和四十二年《しょうわねん》（一九六七）八月号真光《がつごうまひかり》六十号初研講座《ごうしょけんこうざ》、および陽光文明研究会《ようこうぶんめいけんきゅうかい》

編《へん》『奇跡《きせき》の世界《せかい》』より

次《つぎ》の実例《じつれい》は、曇《くも》り多《おお》き財産《ざいさん》の例《れい》として、曇《くも》り消《け》し役《やく》をさせられた息子《むすこ》に小作人夫婦《こさくにんふうふ》の怨《うら》みの執念《しゅうねん》が憑《か》かっていたというものです。

『ある在京一流会社《ざいきょういちりゅうがいしゃ》の経理重役《けいりじゅうやく》(現組《げんく》み手《て》)の独《ひと》り息子《むすこ》を伴《ともな》って、美《うつく》しい母上《ははうえ》が、私《わたくし》の家《いえ》へ訪《おとず》れてこられた。母《はは》は五十肩《ごじゅうかた》とやらにて右手《みぎて》が後《うし》ろにまわらず、上《うえ》にも十分《じゅうぶん》あがらず、東京都《とうきょうと》の有名医《ゆうめいい》でも治《なお》らず困《こま》っていたのですが、真光《まひかり》の業《わざ》でよくなった方《かた》であります。

「先生《せんせい》、この子《こ》は私《わたくし》の息子《むすこ》です。実《じつ》は今日《きょう》、刑事訴訟《けいじそしょう》で敗訴《はいそ》しまして、懲役《ちょうえき》二年《ねん》の刑《けい》と決《き》まり、執行猶予《しっこうゆうよ》三年《ねん》となった帰途《きと》です。どうかそのあいだ、再失敗《さいしっぱい》のないようお願《ねが》いします」

とのことでした。

この青年《せいねん》は某一流大学《ぼういちりゅうだいがく》の優等卒業生《ゆうとうそつぎょうせい》で、そのうえ若《わか》い女性《じょせい》が一目惚《ひとめぼ》れするようなすばらしいハンサムボーイでした。そして、とても犯罪《はんざい》など犯《おか》せるような人柄《ひとがら》ではありませんでした。

「実《じつ》は、卒業後《そつぎょうご》の就職試験《しゅうしょくしけん》は、おかげさまでどこの一流会社《いちりゅうがいしゃ》も一、二番《ばん》でパスしたのですが、ある証券会社《しょうけんがいしゃ》へ入社《にゅうしゃ》しました。ところが一年半後《ねんはんご》、詐欺横領《さぎおうりょう》の疑《うたが》いで警察《けいさつ》に引《ひ》っぱられました。事情《じじょう》というのは、主任《しゅにん》の方《かた》が七百万円《ひゃくまんえん》ばかりの穴《あな》を会社《かいしゃ》にあけてしまいました。息子本人《むすこほんにん》はなにもわからず、その指示《しじ》に従《したが》って一生懸命《いっしょうけんめい》に勤《つと》めていたのが共犯《きょうはん》とされ、共犯《きょうはん》でない証拠《しょうこ》を立《た》てられず、ついに半分弁償《はんぶんべんしょう》することに決《き》まり、うちでは親《おや》が保証《ほしょう》することになりました。家屋敷《いえやしき》を担保《たんぽ》に借《か》り入《い》れ、不足分《ふそくぶん》は月賦《げっぷ》か、近《ちか》く主人《しゅじん》の退職資金《たいしょくしきん》もありますので、息子《むすこ》の車《くるま》も売《う》り、それでということで、示談《じだん》で済《す》みになりました。主人《しゅじん》とともにやれやれと肩《かた》の荷《に》を下《お》ろしたのですが、一カ月後《げつご》、今度《こんど》は警視庁《けいしちょう》から「自動車泥棒《じどうしゃどろぼう》」でいきなり逮捕《たいほ》となり、なんのことか見当《けんとう》もつかぬ始末《しまつ》でしたが、今日《きょう》のような判決《はんけつ》です。主人《しゅじん》の勤続《きんぞく》三十年《ねん》の努力《どりょく》の財産《ざいさん》もゼロとなり、まったく生《い》きた心地《ここち》がいたしません。なんとか三年《ねん》を無事《ぶじ》に過《す》ごせますよう、神様《かみさま》のご守護《しゅご》をいただきたく、参上《さんじょう》しました。なんとかお助《たす》けください」

と、目《め》を真《ま》っ赤《か》にして泣《な》いて訴《うった》えられたのです。

まったく同情《どうじょう》にたえなかったのですが、「やむないことです。お宅《たく》は、人《ひと》にたいへんな苦《くる》しみを与《あた》えて得《え》られた財産《ざいさん》（曇《くも》った財産《ざいさん》）があったお家《うち》と思《おも》います。その消《け》し役《やく》をご子息《しそく》がせねばならぬわけで、また、それだけご子息《しそく》は、前世《ぜんせ》にひどい曇《くも》りをつくってしまっていたわけで、この役割《やくわり》をせねばならぬのです。まずこれをさとられて、お家《うち》の曇《くも》りを取《と》り除《のぞ》く以外《いがい》にない。とにかく、急《いそ》いで親子《おやこ》三人揃《にんそろ》って研修《けんしゅう》を受《う》け、「真光《まひかり》」のみ霊《たま》を受《う》けられ、利他愛《りたあい》に生《い》きることによって人救《ひとすく》いに努力《どりょく》しなさい。そしてしばらく親子《おやこ》で真光《まひかり》のみ業《わざ》を受《う》けて、魂霊《タマヒ》の浄《きよ》めをしなさい。そうすれば、神《かみ》はこれ以上《いじょう》のことが起《お》こらぬようにして下《くだ》さいますよ」と、お勧《すす》めしました。そこで入信《にゅうしん》に決《けっ》し、親子《おやこ》三人《にん》、三日間《みっかかん》の研修《けんしゅう》を受《う》けられたのです。

研修後《けんしゅうご》、ご子息《しそく》は母上《ははうえ》と道場《どうじょう》へ来《こ》られて、お浄《きよ》めの業《わざ》を受《う》けるよう約束《やくそく》し、連日《れんじつ》私《わたくし》のもとへ通《かよ》われました。五日目《いつかめ》だったか、ご子息《しそく》の身体《からだ》から憑依霊《ひょういれい》が浮《う》き出《だ》してきました。くやし涙《なみだ》に濡《ぬ》れつつ、その霊《れい》が物語《ものがた》った物語《ものがたり》の大要《たいよう》は、次《つぎ》のようなものであります。

「私達《わたくしたち》は貧農《ひんのう》の夫婦《ふうふ》です。この人《ひと》のお祖父《じい》さんは大地主《おおじぬし》で庄屋《しょうや》だった。おそろしく強欲《ごうよく》な人《ひと》でした。私達《わたくしたち》は年貢米《ねんぐまい》を欠《か》かしたことのない人間《にんげん》でしたが、ある年《とし》、不作《ふさく》でどうしても二、三俵《ぴょう》の米《こめ》が納《おさ》められないので、今年《ことし》だけは堪忍《かんにん》してくれと頼《たの》んだのです。すると翌日《よくじつ》、やくざ五、六人《にん》が抜刀《ばっとう》してはいって来《き》て、いきなり〝叩《たた》っ斬《き》る〟という口上《こうじょう》でございました。いくらなんでもと怒《いか》りに燃《も》えましたが、〝なんとか待《ま》ってくれ〟〝待《ま》てぬ。米《こめ》を耳《みみ》を揃《そろ》えて出《だ》せ〟〝出《だ》せぬ〟〝叩《たた》っ斬《き》る〟と、刀《かたな》を振《ふ》り上《あ》げられ、夫婦《ふうふ》で身《み》ぶるいしてしまいました。〝命《いのち》だけはお助《たす》け下《くだ》さい〟〝それなら命《いのち》だけは助《たす》けてやる。そのかわり、家屋敷《いえやしき》、田畠《たはた》は召《め》し上《あ》げる〟と、全財産《ぜんざいさん》を取《と》り上《あ》げられました。くやしくてくやしくてなりませんが、自分《じぶん》たちに力《ちから》はなく、食《く》うこともできません。二人《ふたり》で相談《そうだん》し、〝死《し》んで夫婦《ふうふ》であの一家《いっか》にとり憑《つ》こう〟と堅《かた》い約束《やくそく》をしまして、ともに心中《しんじゅう》いたしたものです。どうかお許《ゆる》し願《ねが》いたい。間《ま》もなく、その家《いえ》の祖父《そふ》の命《いのち》は取《と》りましたが、父親《ちちおや》が残《のこ》っているので、これもどう仇《あだ》を討《う》つかと夫婦《ふうふ》でこの息子《むすこ》に憑依《ひょうい》しております。しかも五十年《ねん》じっと我慢《がまん》し、やっと今仇討《いまあだう》ちできるところでございます。どうか神様《かみさま》にお許《ゆる》し願《ねが》っていただきたい」

というわけで、こちらも涙《なみだ》さんさんとして訴《うった》えるのです。

事情《じじょう》を聞《き》くと、これまた同情《どうじょう》せざるを得《え》ないところですが、私《わたくし》の立場《たちば》は現界人《げんかいにん》の魂霊《タマヒ》も幽界《ゆうかい》の魂霊《タマヒ》もともに救《すく》い昇華《しょうげ》せしめねばならぬ天職役《アママツリやく》ですから、次《つぎ》のようなことを噛《か》んで含《ふく》めるように説《と》いてあげた。

一《ひと》つは、幽界《ゆうかい》へ一旦《いったん》行《い》った魂《たましい》が現界《げんかい》の人《ひと》の肉体《にくたい》に憑依《ひょうい》すると、執着《しゅうちゃく》のため幽界《ゆうかい》を脱出《だっしゅつ》したことになり、幽界《ゆうかい》の神《かみ》の仕組《しく》みの掟《おきて》を破《やぶ》っている霊《れい》ということになり、執着《しゅうちゃく》を取《と》る苦行《くぎょう》にはいらされること。二《ふた》つには、その家《いえ》の祖父《そふ》を殺《ころ》した罪《つみ》により、幽界《ゆうかい》で何百年《なんびゃくねん》も余分《よぶん》に俗《ぞく》にいう地獄《じごく》の行《ぎょう》を、さとるまでさせられること。三《みっ》つには、そういう死《し》に方《かた》をしなければならなかった因《いん》は夫婦《ふうふ》にあり、逆《ぎゃく》にその罪《つみ》を幽界《ゆうかい》で贖《アガナ》ヒせねばならなかった関係《かんけい》、すなわち因縁《いんねん》、心中《しんじゅう》するような事態《じたい》を引《ひ》き起《お》こしたもう一《ひと》つ前世《ぜんせ》の罪《つみ》が、夫婦《ふうふ》たち自身《じしん》にもあったということ。さらに、幽界《ゆうかい》での救《すく》われの法《ノリ》は、神《かみ》の掟《おきて》を守《まも》り、現界《げんかい》への執着《しゅうちゃく》を取《と》らねばならないということ。等々《とうとう》、真光《まひかり》の業《わざ》をなしつつ、二、三日《にち》にわたって話《はな》してやりました。

三日目《みっかめ》に、夫婦《ふうふ》の霊《れい》はさとりを開《ひら》いて、「もうしわけないことをした、もうしわけないことをした。どうか夫婦《ふうふ》の罪《つみ》を神《かみ》にお詫《わ》びしてほしい」と、再三悔悟《さいさんかいご》の涙《なみだ》にくれるのでした。私《わたくし》はみ救《すく》いを約束《やくそく》してやりました。そうして、彼《かれ》らは安心《あんしん》して幽界《ゆうかい》へ離脱《りだつ》していったのです。

ご子息《しそく》は、その直後《ちょくご》、性格《せいかく》が一変《いっぺん》されましたそうで、無事来年《ぶじらいねん》の三月《がつ》をもって清《きよ》らかな身《み》となられんことを、今《いま》、日夜神《にちやかみ》にご守護《しゅご》をお念《ねん》じしてあげてるお一人《ひとり》であります。

この霊夫婦《れいふうふ》の目《め》に見《み》えぬ仇討《あだう》ちの苦心《くしん》は念《ねん》のいったものでした。

第一《だいいち》に、相手《あいて》（床屋《とこや》）の命《いのち》と財産《ざいさん》を取《と》り壊《こわ》したあと、三代目《だいめ》の今《いま》の家《いえ》にすぐ仇《あだ》を取《と》ったのでは面白《おもしろ》くない。五十年一生懸命《ねんいっしょうけんめい》、朝夕《あさゆう》となく主人《しゅじん》に勤労《きんろう》させ、やっと財産《ざいさん》をつくらせ、もう大丈夫《だいじょうぶ》という退職《たいしょく》のころになって、いっぺんに引《ひ》っくり返《かえ》すという計画性《けいかくせい》と忍従《にんじゅう》の仕組《しく》み。実《じつ》に執念《しゅうねん》は深《ふか》く恐《おそ》ろしいものです。

第二《だいに》に、一番優秀《いちばんゆうしゅう》で頼《たよ》りとせねばならぬ息子《むすこ》を狙《ねら》っていること。

第三《だいさん》に、その息子《むすこ》を、詐欺横領《さぎおうりょう》を企《くわだ》てている主任《しゅにん》の下《した》につけている。上手《じょうず》に共犯《きょうはん》になるように仕組《しく》んでいる。

第四《だいよん》に、第一事件《だいいちじけん》をなんとか解決《かいけつ》したあとに、第二犯《だいにはん》を仕組《しく》んだ。その手《て》が巧妙《こうみょう》です。その事情《じじょう》をちょっとつけ加《くわ》えてみましょう。

第一回判決後《だいかいはんけつご》、息子《むすこ》さんは家《いえ》でぶらぶらしていました（このとき、せめて私《わたくし》のところへ来《き》ておられれば、再犯《さいはん》は防《ふせ》げたと思《おも》います）。そうして一カ月《げつ》ほどたったある日《ひ》、家《いえ》の前《まえ》の通《とお》りで、家《いえ》から少《すこ》し離《はな》れたところに乗用車《じょうようしゃ》が一台《だい》置《お》いてありました。自分《じぶん》の、前《まえ》にもっていた車《くるま》と同《おな》じだったので、ついなつかしさのあまりなでまわしているうちに運転席《うんてんせき》のドアが開《ひら》いた。ちょっとそこまで運転《うんてん》したくなって、運転《うんてん》して家《いえ》の前《まえ》までいった。

そこへ友達《ともだち》が三人《にん》あらわれました。みなお金持《かねも》ちのお子《こ》さんで、おまけに三人《にん》ともお小遣《こづか》いをもらった直後《ちょくご》であったそうです。

「おい、これはお前《まえ》の車《くるま》か」

ご子息《しそく》としては、こういうわけで俺《おれ》の車《くるま》は売《う》っちゃった、といえなかったのです。幸《さいわ》い型《かた》も年式《ねんしき》も同《おな》じ車《くるま》、つい「うーん、俺《おれ》のだよ」と、いってしまった。

そこで「ちょっと貸《か》せよ。ちょっと運転《うんてん》させろよ」ということになり、乗《の》ってしまった。

ちょっとそのあたりを乗《の》りまわすだけだと思《おも》って「ううん、いいよ」と、貸《か》してしまった。問題《もんだい》はここからです。一時間経《じかんた》っても二時間《じかん》たっても……五日《いつか》、十日《とおか》たっても帰《かえ》ってこない、なしのつぶてです。といって警察《けいさつ》に届《とど》けるわけにもいかない。一犯《いっぱん》をおかした直後《ちょくご》であり、まして父母《ふぼ》にいうわけにもゆかず、一人懊悩《ひとりおうのう》の日《ひ》を過《す》ごして一カ月《げつ》、その煩悶煩悶《はんもんはんもん》。とうとう一月後《ひとつきご》に、手捉《てじょう》がガチャンということになったのです。

その三人《にん》はもともとすぐ帰《かえ》ってくるつもりで借《か》りたのですが、そのうちの一人《ひとり》が、「奴《やつ》のならかまわん。ちょうど小遣《こづか》いをもらったばかりだ、行《い》っちゃえ行《い》っちゃえ」と、伊豆《いず》、熱海《あたみ》、箱根《はこね》と乗《の》りまわし、その帰途《きと》に、事故《じこ》をおこして警察《けいさつ》のごやっかいになったというわけです。そのときもち主《ぬし》の方《ほう》からは車《くるま》の盗難届《とうなんとどけ》が出《で》ており、そういうわけで犯人《はんにん》はご子息《しそく》ということに決《き》まったのでした。

かくして、怨《うら》みの霊《れい》によって、この文化《ぶんか》の発達《はったつ》した昭和《しょうわ》のみ代《よ》に、数限《かずかぎ》りなく不《ふ》幸《こう》が仕組《しく》まれているのです。
私《わたくし》はこれを不可視《ふかし》（unseen《アンスイーン》）の力《ちから》（power《パワァ》）界《かい》の仕組《しく》みの一《ひと》つとして、研修《けんしゅう》で教《おし》えています。肉眼《にくがん》しか見《み》えぬ人間生活《にんげんせいかつ》のもろさ、計《はか》り知《し》れぬものを、さとらねばなりません』と、このように教《おし》えていただきました。

しかし、昭和《しょうわ》四十二年《ねん》（一九六七）八月号真光《がつごうまひかり》六十号初研講座《ごうしょけんこうざ》では、「主人勤続《しゅじんきんぞく》五十年《ねん》」となっており、また、「五十年一生懸命《ねんいっしょうけんめい》、朝夕《あさゆう》となく」となっておりますが、陽光文明研究会編《ようこうぶんめいけんきゅうかいへん》『奇跡《きせき》の世界《せかい》』では、「主人《しゅじん》も勤続《きんぞく》三十年《ねん》で」と、「五十年《ねん》ものあいだ、一生懸命働《いっしょうけんめいはたら》かせ」となっております。どちらが正《ただ》しいのでしょうか。

百《ひゃく》五十年《ねん》も怨《うら》み続《つづ》けた武士《ぶし》

一九六四年六月号真光《がつごうまひかり》二十三号霊障物語《ごうれいしょうものがたり》、および昭和《しょうわ》四十二年《ねん》（一九六七）十月号真光《がつごうまひかり》六十二号初研講座《ごうしょけんこうざ》よりそれから、百五十年《ひゃくねん》も怨《うら》み続《つづ》けた武士《ぶし》の霊《れい》もありました。

『Nさんは、尊《とうと》い真光《まひかり》の教《おし》えをお知《し》りになる数年前《すうねんまえ》までは、肉体的《にくたいてき》にも精神的《せいしんてき》にも破局寸前《はきょくすんぜん》の状態《じょうたい》で、生《い》ける屍《しかばね》のごとく、顔色《かおいろ》は青黒《あおぐろ》く、体《からだ》を動《うご》かすことさえ容易《ようい》でなく、なにをするにも無気力《むきりょく》で、空虚《くうきょ》な毎日《まいにち》を送《おく》られていました。医師《いし》の診断《しんだん》は「原因不明《げんいんふめい》、手《て》の施《ほどこ》す術《すべ》を知《し》らない」という、この上《うえ》ない残酷《ざんこく》な宣告《せんこく》に、世《よ》のなかが真《ま》っ暗《くら》になり、そのまま地《ち》に吸《す》い込《こ》まれていってしまいそうな打撃《だげき》を受《う》けられたのです。

それから数日後《すうじつご》、お母《かあ》さんに連《つ》れられて本部《ほんぶ》を訪問《ほうもん》し、真光《まひかり》のみ業《わざ》を受《う》けて、人知《じんち》では計《はか》り知《し》ることのできない世界《せかい》をお知《し》りになり、思《おも》わず「私《わたくし》は救《すく》われる」と心《こころ》のなかで感嘆《かんたん》の声《こえ》を発《はっ》せられたそうです。

一日《いちにち》、二日《ふつか》とたつうちに、次第《しだい》に体《からだ》の痛《いた》みも、玉葱《たまねぎ》の皮《かわ》が一枚《まい》ずつむけるように取《と》れていき、顔色《かおいろ》も晴《は》れやかになられて、お会《あ》いすることが日増《ひま》しに楽《たの》しみになりました。

そんなある日《ひ》、今《いま》まで動物霊《どうぶつれい》のふりをしてNさんの体内《たいない》で頑張《がんば》っていた浮霊《ふれい》に、「あなたはなんの霊《れい》か、なぜこの女性《じょせい》に憑《か》かったのか」と、質問《しつもん》しました。これを霊《れい》査《さ》といいます。霊《れい》と会話《かいわ》ができるのです。ついにその霊《れい》はたまりかねて白状《はくじょう》しました。

中沖《なかおき》さんに憑《か》かっていた霊《れい》の語《かた》るところによると、

「自分《じぶん》は武士《ぶし》で、この女性《ひと》（Nさん）のことで、百《ひゃく》五十年前《ねんまえ》に果《は》たしあいをし、親《しん》友《ゆう》でもあった相手《あいて》の武士《ぶし》にめった斬《ぎ》りにされ、非常《ひじょう》に苦《くる》しんで死《し》んだ。しかも死体《したい》を路傍《ろぼう》に捨《す》てられたままとなり、それ以来《いらい》無縁《むえん》の仏《ほとけ》とされ、供養《くよう》も受《う》けていない。憎《にく》んでも憎《にく》みきれないほどくやしい。自分《じぶん》がこうなったのも、この女性《ひと》がいたればこそである。自分《じぶん》が苦《くる》しんだときと同《おな》じような苦《くる》しみを味《あじ》わわせてやるのだ」

と、口《くち》を曲《ま》げ、歯《は》をくいしばり、悲痛《ひつう》の面持《おもも》ちで、涙《なみだ》ながらに畳《たたみ》の上《うえ》に字《じ》を書《か》いたのです。思《おも》いもよらぬ前世《ぜんせ》の因果《いんが》と人間《にんげん》の再生問題《さいせいもんだい》です。恐《おそ》ろしいほど、かたくなな執念《しゅうねん》です。

私《わたくし》は、「一旦《いったん》幽界《ゆうかい》へ行《い》った魂《たましい》は、いかなる理由《りゆう》があろうとも、現界《げんかい》の人《ひと》の肉体《にくたい》に憑《つ》いてはいけない。憑《つ》いてしまっては、幽界脱出《ゆうかいだっしゅつ》の罪《つみ》、神《かみ》の掟《おきて》を破《やぶ》った罪《つみ》、執着《しゅうちゃく》の罪等《つみとう》を犯《おか》したことになり、そのため非常《ひじょう》に苦《くる》しい修業《しゅぎょう》を幽界《ゆうかい》で何百年《なんびゃくねん》としなければならない。また、自分《じぶん》が生前《せいぜん》そういう目《め》にあったということは、その一《ひと》つ前《まえ》の世《よ》、すなわち前世《ぜんせ》で、己《おのれ》が人《ひと》を苦《くる》しめたことがあるからだ。そういうもう一《ひと》つ前《まえ》の世《よ》の罪《つみ》をさとり、わびて、改心《かいしん》しなければ、いつまでたっても救《すく》われず、ますます罪業《ざいごう》が深《ふか》くなり、幽界《ゆうかい》と現界《げんかい》の再生《さいせい》を通《つう》じて何百年何千年《なんびゃくねんなんぜんねん》と地獄《じごく》の行《ぎょう》を続《つづ》けなければならなくなる。このままだと永久《えいきゅう》に救《すく》われず、魂《たましい》を抹殺《まっさつ》されるような愚《おろ》かなことにさえなってしまう。一刻《いっこく》も早《はや》く離《はな》れなさい」

と、こんこんと武士《ぶし》の霊《れい》にさとしたのです。憑依《ひょうい》していた武士《ぶし》の霊《れい》はうなずき、

「今《いま》までの罪《つみ》を許《ゆる》してほしい。知《し》らなかったとはいえ、二度《ど》と神《かみ》の掟《おきて》を破《やぶ》るようなことはしない。本当《ほんとう》に悪《わる》いことをしてしまいました。心《こころ》からおわびいたします」

と、何度《なんど》も頭《あたま》を下《さ》げ、すっかり改心《かいしん》して離脱《りだつ》しました。

霊《れい》の離脱後《りだつご》、Nさんは、今《いま》まで味《あじ》わいたくても味《あじ》わうことのできなかった体《からだ》の軽《かる》さ、すっきりした気分《きぶん》を味《あじ》わい、あれほど苦《くる》しんだ全身《ぜんしん》の直線的《ちょくせんてき》な痛《いた》み、これは憑依《ひょうい》していた武士《ぶし》の霊《れい》がめった斬《ぎ》りされた通《とお》りの痛《いた》み——これも嘘《うそ》のようになくなり、思《おも》う

ように動《うご》かすことのできなかった両手《りょうて》も、楽《らく》に動《うご》かすことができるようになったのです。嬉《うれ》しさと驚《おどろ》きに、感謝《かんしゃ》と感激《かんげき》の日《ひ》を送《おく》られています。

Nさんは今《いま》までを振《ふ》り返《かえ》り、心《こころ》に育《そだ》っていた人生《じんせい》の虚無感《きょむかん》が、なんという愚鈍《ぐどん》な浅《せん》知《ち》であったのかと悔悟《かいご》されています。Nさんの人生《じんせい》は一変《いっぺん》し、すべてに明《あか》るい希望《きぼう》を抱《いだ》く人間《にんげん》に変《か》わられました。

家路《いえじ》へ急《いそ》ぐNさんの姿《すがた》はさっそうとし、友人《ゆうじん》と空念仏《からねんぶつ》にも等《ひと》しい哲学的宿命論《てつがくてきしゅくめいろん》を論《ろん》じあっていたころの姿《すがた》はどこにも見《み》られず、そのころが滑稽《こっけい》で、そよ風《かぜ》も一緒《いっしょ》に苦《く》笑《しょう》しているような気《き》がして恥《は》ずかしいです、と話《はな》しておられます。

そして、真光《まひかり》のみ業《わざ》で得《え》た生《い》きる自信《じしん》と喜《よろこ》びを、多《おお》くの方々《かたがた》にお伝《つた》えしたい一念《いちねん》に燃《も》えられています。霊《れい》の実在《じつざい》をさとり、「真光《まひかり》のみ業《わざ》」によって霊障《れいしょう》を解消《かいしょう》することこそ、人類幸福《じんるいこうふく》への最捷路《さいしょうろ》であると、中沖《なかおき》さんは確信《かくしん》をもたれたのです』

と、救《すく》い主《ぬし》・聖凰真光大導主様《せいおうまひかりだいどうしゅさま》はご教導《きょうどう》を下《くだ》されております。

先祖《せんぞ》の霊《れい》が災《わざわ》いしたぜんそく

昭和《しょうわ》四十二年《ねん》（一九六七）十月号真《がつごうま》光《ひかり》六十二号初研講座《ごうしょけんこうざ》より

先祖《せんぞ》の霊《れい》が災《わざわ》いした病《やまい》の例《れい》もあります。

『二十九年《ねん》という長《なが》いあいだ、Hさんは持痛《じつう》のぜんそくに苦《くる》しまれていた。ところが、すでに神組《かみく》み手《て》となられている方《かた》からお導《みちび》きを受《う》け、一九六二年《ねん》三月《がつ》、研修会《けんしゅうかい》に出《しゅっ》席《せき》してみ霊《たま》をいただかれた。

しかし、Hさんは以前《いぜん》より、最高道徳科学《さいこうどうとくかがく》および九星《きゅうせい》の研究《けんきゅう》をしておられたため、あまり気乗《きの》りがされなかったのです。それが、神組《かみく》み手《て》の方《かた》の熱心《ねっしん》なお導《みちび》きもあり、奥《おく》さまが心配《しんぱい》して一度《いちど》お浄《きよ》めを受《う》けるように勧《すす》められたので、四月下旬《がつげじゅん》、道場《どうじょう》にお浄《きよ》めを受《う》けに来《こ》られました。

第《だい》一日目《にちめ》はなにがなんだかわからないままでしたが、二日目《ふつかめ》のお浄《きよ》めを受《う》けられると、不思議《ふしぎ》と体《からだ》が軽《かる》く、気分《きぶん》もよくなり、三日目《みっかめ》はいままでに味《あじ》わったことのないほど気《き》もちのいい朝《あさ》を迎《むか》えられたそうです。そのような状態《じょうたい》が二、三日続《にちつづ》いたあと、七月上旬《がつじょうじゅん》まで約《やく》三カ月半《げつはん》のあいだは発作《ほっさ》がぶり返《かえ》し、非常《ひじょう》に苦《くる》しい毎日《まいにち》を送《おく》られました。それでも道場《どうじょう》へ通《かよ》われ神向《しんこう》を高《たか》め、主神《スしん》の真光《まひかり》を受《う》け、霊障《れいしょう》の解消《かいしょう》に努《つと》められたのです。

お浄《きよ》めの偉効《いこう》は驚《おどろ》くばかりで、Hさんの体《からだ》に憑霊《ひょうれい》していたご霊《りょう》は、ぜんそくで亡《な》くなられた六代前《だいまえ》の先祖《せんぞ》のご霊《りょう》であることがわかりました。その霊《れい》も主神《スしん》の真《まこと》の光《ひかり》によってさとりを開《ひら》かれ、霊界《れいかい》にお帰《かえ》りになったのです。それと同時《どうじ》にHさんの体《からだ》は二十九年前《ねんまえ》の健康体《けんこうたい》に戻《もど》りました。病気《びょうき》が治《なお》るのに、薄皮《うすかわ》を一枚《まい》一枚《まい》はぐようによくなるといいますが、Hさんの場合《ばあい》は、手《て》の平《ひら》を返《かえ》したように三カ月《げつ》たらずで治《なお》ってしまい、現在《げんざい》では普通《ふつう》の健康体《けんこうたい》の方以上《かたいじょう》に元気《げんき》に働《はたら》かれています。

その六代前《だいまえ》のご先祖様《せんぞさま》が霊界《れいかい》へお帰《かえ》りになったのは七月《がつ》の上旬《じょうじゅん》で、それからまもなくお盆《ぼん》になりました。お盆《ぼん》の朝《あさ》になぜかぜんそくの発作《ほっさ》があり、驚《おどろ》いて道場《どうじょう》にきてお浄《きよ》めを受《う》けられたところ、六代前《だいまえ》のご先祖様《せんぞさま》がまた憑《つ》いていたのです。

「なぜ、再《ふたた》び憑《つ》いたのか」と問《と》うと、「お盆《ぼん》だから帰《かえ》ってきた」というのです。霊界《れいかい》の法則《ほうそく》は、お盆《ぼん》で帰《かえ》ってこられるにしてもお位牌《いはい》に憑《つ》かないといけない、等々《とうとう》、憑《ひょう》依霊《いれい》にさとすと、今回《こんかい》はさとりが早《はや》く、憑依霊《ひょういれい》はその場《ば》で霊界《れいかい》へ帰《かえ》られました。おそらくお位牌《いはい》へ憑《つ》いたのだろうと、淵上《ふちがみ》さんは手厚《てあつ》く供養《くよう》をされたそうです。

昔《むかし》から、お盆《ぼん》には仏様《ほとけさま》（ご先祖様《せんぞさま》）が帰《かえ》ってこられると世間《せけん》でいわれていても実《じっ》感《かん》がなく、淵上《ふちがみ》さんはあまり熱心《ねっしん》な供養《くよう》をされていませんでした。しかし、今回《こんかい》はっきりとそれをさとられ、その後《ご》はご先祖様《せんぞさま》の供養《くよう》を熱心《ねっしん》にされています』と、救《すく》い主《ぬし》・聖凰真光大導主様《せいおうまひかりだいどうしゅさま》はご教導《きょうどう》を下《くだ》されております。

また、それと関連《かんれん》して、

『ぜんそくの原因《げんいん》は、ぜんそくで死亡《しぼう》した霊《れい》の憑依《ひょうい》によるものが圧倒的《あっとうてき》に多《おお》いのです。お浄《きよ》めの方法《ほうほう》としては、いかなる因縁《いんねん》の霊《れい》で、いかなる理由《りゆう》で憑依《ひょうい》したかを調《しら》べる必要《ひつよう》があります。ご先祖《せんぞ》のご霊《りょう》は、お位牌《いはい》のお祀《まつ》りの仕方《しかた》、供養《くよう》の仕方《しかた》に間違《まちが》いのある場合《ばあい》によく憑依《ひょうい》されます。その霊《れい》が離脱《りだつ》するなどして霊障《れいしょう》が解消《かいしょう》されれば、手《て》の平《ひら》を返《かえ》したように病気《びょうき》などはぱっと治《なお》ってしまうもので、医学的《いがくてき》に考《かんが》えればまったくの奇跡《きせき》というほかなく、たいへんなみ救《すく》いをいただけるものです。

ぜんそくの人《ひと》をお浄《きよ》めするときは、お浄《きよ》めをすると、咳《せき》とたんの量《りょう》がたいへん増《ふ》えてくるので、よく「清浄化《せいじょうか》の原理《げんり》」を説《と》き聞《き》かせて、納得《なっとく》していただいてからお浄《きよ》めにはいることが大切《たいせつ》です』と、『崇教真光《すうきょうまひかり》・真光《まひかり》の業《わざ》』（書《か》き取《と》り本《ぼん》）から教《おし》えていただきました。

清浄化《せいじょうか》の原理《げんり》

『崇教真光《すうきょうまひかり》・班員指導《はんいんしどう》教本合本《きょうほんがっぽん》』および『班長用《はんちょうよう》・班員指導《はんいんしどう》カセット教本《きょうほん》』より

『清浄化《せいじょうか》の原理《げんり》は、み教《おし》えのなかでも、もっとも重要《じゅうよう》な根本原理《こんぽんげんり》であるにもかかわらず、一般《いっぱん》にはこのみ教《おし》えがかなり不徹底《ふてってい》のようです。この原理《げんり》をしっかり把握《はあく》しなければ、組《く》み手《て》としての使命《しめい》も理解《りかい》できず、自《みずか》らが健《けん》、和《わ》、富《ふ》になってみせることもできません。そのため、生活《せいかつ》のなかに神向《かみむ》きが定着《ていちゃく》しないことになる恐《おそ》れもあります。

したがって、お互《たが》いにしっかりさとる必要《ひつよう》がある原理《げんり》です。
「尊《とうと》かり、神《かみ》の縁《ゆか》りの吾《わ》が魂《たましい》を、知《し》らず汚《けが》せし我《われ》を詫《わ》びつも」（祈《のり》・154頁《ページ》）
我々《われわれ》は長《なが》いあいだにわたって、再生《さいせい》、転生《てんせい》を繰《く》り返《かえ》すうちにいろいろな罪《つみ》を犯《おか》し、たいへんな曇《くも》りを積《つ》んでしまい、また、先祖《せんぞ》からの曇《くも》りをも同時《どうじ》に受《う》け継《つ》いで今日《こんにち》に至《いた》っています。この「霊《れい》の曇《くも》り」というものを、まずしっかり認識《にんしき》することが大切《たいせつ》なのです。この再生転生《さいせいてんせい》の繰《く》り返《かえ》しのあいだに、いろいろ罪《つみ》を犯《おか》して曇《くも》らせてしまっているわけです。
では魂霊《タマヒ》を曇《くも》らせてしまった原因《げんいん》とはいったいどういうものがあるのでしょうか。まず、正神《せいしん》を天《あま》の岩戸《いわと》に押《お》し込めてきた罪穢《ざいえ》があります。正神《せいしん》と副神《ふくしん》が政権交代《せいけんこうたい》し、正神《せいしん》がお隠《かく》れになる際《さい》に、人類《じんるい》の先祖《せんぞ》が「いり豆《まめ》」をぶつけ、「いり豆《まめ》に花《はな》が咲《さ》いたら出《で》ておいで」と呪文《じゅもん》を唱《とな》えて、正神《せいしん》を天《あま》の岩戸《いわと》に押《お》し込《こ》めたたいへんなご無礼《ぶれい》に気《き》づかぬまま、今日《こんにち》にまで至《いた》っているのです。これが人類共通《じんるいきょうつう》の罪穢《ざいえ》、大《おお》いなる曇《くも》りとなっているので、人類全体《じんるいぜんたい》が早《はや》くこの事実《じじつ》に気《き》づいて、おわびせねばならないのです。

次《つぎ》に、肉体《にくたい》を毒化《どくか》させた罪穢《ざいえ》があります。神様《かみさま》が全智全能《ぜんちぜんのう》をふりしぼって、清浄《せいじょう》無垢《むく》の魂霊《タマヒ》と肉体《にくたい》をおつくりになった最高《さいこう》の芸術品《げいじゅつひん》、神宝《ミタカラ》が人《ひと》です。これに医薬《いやく》毒《どく》、化学薬品毒《かがくやくひんどく》を注《そそ》ぎ込《こ》み、汚《けが》し、毒化《どくか》しきってしまった罪穢《ざいえ》。神様《かみさま》から賜《たま》わった最《さい》高《こう》の芸術品《げいじゅつひん》である身体《からだ》（神来体《カラダ》）を手術《しゅじゅつ》して切《き》りきざんだ罪穢《ざいえ》。悪口《わるくち》、怨《うら》み、妬《ねた》み、そねみ、邪悪《じゃあく》な考《かんが》えなど悪《わる》い想念《そうねん》を起《お》こしたり、怒《おこ》ったりすると、濁微粒子《だくびりゅうし》が自分《じぶん》の体内《たいない》に発生《はっせい》し、霊細胞《れいさいぼう》の曇《くも》りとなり、やがて毒《どく》が物質化《ぶっしつか》するのです。そして、神様《かみさま》のみ意成就《こころじょうじゅ》のため、次《つぎ》の新真文明《しんしんぶんめい》を担《にな》うべき子孫《しそん》の染色体遺伝子《せんしょくたいいでんし》にまでこれらの毒《どく》が入《はい》りこみ、それによって先天性《せんてんせい》の障害《しょうがい》が年々増加《ねんねんぞうか》しているのです。

さらに、神様《かみさま》がつくられた生《い》き物を殺《ころ》した人類共通《じんるいきょうつう》の罪穢《ざいえ》があります。生《せい》あるものを殺《ころ》すとそれは罪《つみ》になります。ただし、食用《しょくよう》のためのものは罪《つみ》が軽《かる》いのです。人《にん》間《げん》が人間《にんげん》を殺《ころ》すということは国津罪《くにつつみ》になっています。あるいはまた、人間《にんげん》だけでなくいろいろな動物《どうぶつ》を苦《くる》しめたり、憎《にく》ませたり、不幸《ふこう》におとしいれたりした場合《ばあい》も、発生《はっせい》する執念怨念《しゅうねんおんねん》の波動幽波《はどうゆうは》が霊《れい》を曇《くも》らせるのです。また、先祖《せんぞ》、親《おや》が逆法《ぎゃくほう》によって犯《おか》した罪穢《ざいえ》、自分《じぶん》の前世《ぜんせ》および現世《げんせ》に犯《おか》した罪穢《ざいえ》、知《し》って犯《おか》した罪穢《ざいえ》と知《し》らずに犯《おか》した罪穢《ざいえ》も含《ふく》まれます。

それから、神様《かみさま》がつくられた自然界《しぜんかい》の仕組《しく》みの置《お》き手《て》を破壊《はかい》した罪穢《ざいえ》があります。細《こま》やかなるご愛情《あいじょう》でつくられた自然界《しぜんかい》の仕組《しく》み、その置《お》き手《て》を、人知唯物主科学《じんちゆいぶつしゅかがく》により公害《こうがい》を引き起《お》こし、自然《しぜん》を破壊《はかい》し、やがては異常気象《いじょうきしょう》を誘発《ゆうはつ》し、ついには大天変地異《だいてんぺんちい》まで招《まね》かざるを得《え》ないほどにまで至《いた》らしめた罪穢《ざいえ》です。その結果《けっか》、現実《げんじつ》に人類《じんるい》全体《ぜんたい》が苦《くる》しみ出《だ》していることに注目《ちゅうもく》せねばならないのです。

では、魂霊《タマヒ》が曇《くも》るとどうなるのでしょうか。

その人《ひと》の魂霊《タマヒ》が曇《くも》ったり濁《にご》ったりすると、神《かみ》のみ光《ひかり》をよく透《とお》さない暗《くら》い魂霊《タマヒ》と化《か》し、邪悪《じゃあく》の想念波《そうねんは》が放射《ほうしゃ》され、その人《ひと》の光波《こうは》も弱《よわ》く寂《さび》しい光《ひかり》となり、霊力《れいりょく》を低下《ていか》させ、憑依《ひょうい》されやすくなって、悪霊《あくれい》が活動《かつどう》しやすくなります。この悪霊《あくれい》は神《かみ》の真光《まひかり》を受《う》けると、熱《あつ》く痛《いた》く眩《まぶ》しく感《かん》じ、非常《ひじょう》に嫌《いや》がるのです。まさにヨハネの「悪《あ》しき者《もの》は光《ひかり》を好《この》まず、暗《くら》きを好《この》む」という言葉《ことば》のとおりです。実《じつ》にはっきりと「真光《まひかり》の業《わざ》」で認識《にんしき》させられるのです。したがって、神《かみ》の真光《まひかり》が入《はい》りにくい人《ひと》は、この悪霊《あくれい》の憑依《ひょうい》現象《げんしょう》、霊障《れいしょう》というものを受《う》けやすいのです。

このように、自《みずか》らの魂霊《タマヒ》を曇《くも》らせ、大自然《だいしぜん》を破壊《はかい》し、ついには人類《じんるい》の破滅《はめつ》すら招《まね》くという、取《と》り返《かえ》しのつかない寸前《すんぜん》までできてしまった根本原因《こんぽんげんいん》は、天地創造神《てんちそうぞうしん》に対《たい》する感謝報恩《かんしゃほうおん》の念《ねん》のおびただしい欠如《けつじょ》によるものであって、真《まこと》に慄然《りつぜん》としなければならないことであります。

しかし、それにもかかわらず、神様《かみさま》はこの魂霊《タマヒ》の曇《くも》りを拭《ぬぐ》い去《さ》る、いわばクリーニングの方法《ほうほう》を用意《ようい》して下《くだ》さっておられるのです。それがミソギハラヒです。

ミソギハラヒとは、霊《れい》の曇《くも》りを削《そ》ぎ取《と》って、陽霊《ようれい》、明《あか》るい魂霊《タマヒ》に開《ひら》くという原理《げんり》です。仏教《ぶっきょう》でも観音様《かんのんさま》は清浄《せいじょう》の願《ねが》を発《はっ》しておられます。清《きよ》らかさは宇宙《うちゅう》をつくられた神《かみ》の願《ねが》いなのです。たとえば、神社仏閣《じんじゃぶっかく》はいつも掃《は》き清《きよ》められており、すがすがしい気《き》が漂《ただよ》っているのをみてもおわかりでしょう。このミソギハラヒの一《ひと》つの方法《ほうほう》として、いわば自然界《しぜんかい》のクリーナーともいうべきものがあります。それは雨《あめ》です。雨《あめ》が汚《よご》れを洗《あら》います。そして、風《かぜ》で汚《よご》れを吹《ふ》き祓《はら》い、灼熱《しゃくねつ》の太陽《たいよう》で消毒《しょうどく》し、吹雪《ふぶき》で吹《ふ》き清《きよ》めます。宇宙《うちゅう》の原理《げんり》に反《はん》しない限《かぎ》り、狂《くる》いがないのが本然《ほんねん》の姿《すがた》なのです。汚《よご》れればクリーニングとして、ミソギハラヒが起《おこ》るのが宇宙《うちゅう》の原理《げんり》であります。

神様《かみさま》は、芸術《げいじゅつ》作品《さくひん》であり魔法《まほう》の機械《きかい》とでもいうべき人間《にんげん》をつくられるときにも、これを動《うご》かさなければならない関係上《かんけいじょう》、汚《よご》れたらすぐにキレイにするお掃除《そうじ》の方法《ほうほう》として、自然界《しぜんかい》と万霊《ばんれい》にクリーナーを備《そな》えて下《くだ》さっているのです。それがいわゆる病《びょう》気《き》、不幸《ふこう》現象《げんしょう》、そして死《し》といわれているもので、これらは、実《じつ》は天寿《てんじゅ》をまっとうし、健《けん》、和《わ》、富《ふ》になるためのすばらしい清浄《せいじょう》化《か》現象《げんしょう》なのです。

人間達《にんげんたち》は、このお掃除《そうじ》が起《おこ》ると、ほら風邪《かぜ》だ、たんが出《で》る、気管《きかん》支炎《しえん》だ、ほらはしかだ盲腸《もうちょう》だと騒《さわ》ぎますが、この誤解《ごかい》と錯覚《さっかく》を人間達《にんげんたち》から拭《ぬぐ》ってしまわなければなりません。このせっかくのクリーニングを、薬《くすり》、すなわち化学薬品《かがくやくひん》で止《と》めるのはたいへんな間違《まちが》いであり、馬鹿《ばか》げたことなのです。

神代《かみよ》の時代《じだい》には、クリーニングの原理《げんり》をよく知《し》っていて、常《つね》に感謝《かんしゃ》のうちにクリーニングしていたので、体《からだ》も大《おお》きく寿命《じゅみょう》も長《なが》かったのです。これからの人類《じんるい》は、神様《かみさま》の大《おお》きな愛《あい》であるミソギハラヒの原理《げんり》を十分《じゅうぶん》に把握《はあく》して、感謝《かんしゃ》して受《う》けていかないと、寿命《じゅみょう》があっという間《ま》に尽《つ》きてしまいます。正法《せいほう》の霊智《ミチ》を習《なら》い、実践《じっせん》すれば、孫《まご》の代《だい》では、百《ひゃく》五十歳《さい》の寿命《じゅみょう》は容易《ようい》となるでしょう。

このクリーニングに感謝《かんしゃ》して、苦《くる》しくとも乗《の》り越《こ》えれば、先祖《せんぞ》からの罪穢《ざいえ》は一《ひと》つずつ消《き》えてゆき、霊層《れいそう》は向上《こうじょう》し、だんだんと幸《しあわ》せな家庭《かてい》になるのです。

では逆《ぎゃく》に、ミソギハラヒを止《と》めるとどうなるのでしょうか。

まず、肉体《にくたい》のクリーニングを対症療法《たいしょうりょうほう》などでむりやり止《と》めると、肉体細胞《にくたいさいぼう》が曇《くも》り、霊細胞《れいさいぼう》が曇《くも》り、結局《けっきょく》は家《いえ》の霊相《れいそう》が曇《くも》ります。すると今度《こんど》は、家《いえ》のミソギハラヒが起《お》きてきます。貧乏《びんぼう》したり、火事《かじ》になったり、交通事故《こうつうじこ》などの災厄《さいやく》という形《かたち》でクリーニングが起《お》こります。しかし、これも借金《しゃっきん》や救援物資《きゅうえんぶっし》などを用《もち》いて対症療法的《たいしょうりょうほうてき》に防《ふせ》ごうとすると、せっかくのミソギも無意味《むいみ》となって、家《いえ》の霊相《れいそう》が曇《くも》りっぱなしということになります。

そういう曇《くも》りの多《おお》い家《いえ》が集《あつ》まっている地方《ちほう》は、今度《こんど》は台風《たいふう》や洪水《こうずい》などで広域《こういき》にわたって大《おお》きなミソギを受《う》けます。これもあらゆる手段《しゅだん》を講《こう》じてくい止《と》めると、その地方《ちほう》は曇《くも》りっぱなしとなります。さらにミソギが大規模《だいきぼ》になると、国全体《くにぜんたい》のミソギとなります。たとえば、交通事故《こうつうじこ》や凶悪犯罪《きょうあくはんざい》、忌《い》まわしい集団災厄《しゅうだんさいやく》とか、あるいは戦争《せんそう》という形《かたち》であらわれるのです。日本《にほん》は太平洋戦争《たいへいようせんそう》で大《おお》きなミソギを受《う》けました。ベトナムも中東《ちゅうとう》も悲惨《ひさん》なミソギを受《う》けていません。この霊的《れいてき》ミソギハラヒに気《き》がつかないまでいるから、地上《ちじょう》に大天変地異《だいてんぺんちい》、火《ひ》の洗礼《せんれい》さえ招《まね》くに至《いた》ってしまったのです。

人類《じんるい》はミソギハラヒを受《う》けねばならないようになっているのです。実《じつ》に重大《じゅうだい》な問《もん》題《だい》といえましょう。肉体《にくたい》のミソギハラヒを薬《くすり》を使《つか》って止《と》めてきたことが、全人類《ぜんじんるい》の苦《くる》しみの起《お》きた元《もと》だったのです。神《かみ》が、実《じつ》に深《ふか》い細《こま》やかな仕組《しく》みをされておられるにもかかわらず、それを浅《あさ》はかな人知《じんち》で止《と》めて、「どうしてこんなに不幸《ふこう》なんだろう」と、嘆《なげ》いているというわけです。

神の真光《まひかり》は、このような最悪《さいあく》の状態《じょうたい》におちいった人類《じんるい》を救《すく》う神《かみ》のみ手《て》であります。神《かみ》は、大罪《たいざい》を犯《おか》しっぱなしの人類《じんるい》であるにもかかわらず、愛《あい》のみ手《て》を差《さ》し伸《の》べて下《くだ》さっているのです。

「天《てん》のとき、到《いた》りて真光業許《まひかりわざゆる》されて、世人易《よびとやす》けく神注《みそ》ぎ祓《はら》わる」（祈《のり》・131頁《ページ》）

神《かみ》のみ救《すく》いをいただいて、「神《かみ》は救《すく》うのが当《あた》り前《まえ》じゃないか」という気持《きも》ちでは、真《まこと》のみ救《すく》いはいただけません。神《かみ》の大《おお》きな愛《あい》に感謝《かんしゃ》を捧《ささ》げるとともに、大罪《たいざい》を犯《おか》してきたおわびとして、いかにして神《かみ》のご用《よう》にお応《こた》え申《もう》し上《あ》げるかということ、すなわち利他愛《りたあい》の想念《そうねん》で報恩《ほうおん》の行《ぎょう》に生《い》きなければ神《かみ》は許《ゆる》して下《くだ》さらないでしょう』と、教《おし》えていただきました。

病気《びょうき》とは良《よ》くなる為《ため》の変化《へんげ》

昭和《しょうわ》四十五年《ねん》(一九七〇)十月号《がつごう》真光《まひかり》九十七号《ごう》初研講座《しょけんこうざ》より

救《すく》い主《ぬし》・聖凰真光大導主様《せいおうまひかりだいどうしゅさま》は、『病気《びょうき》とは「人類史上空前絶後《じんるいしじょうくうぜんぜつご》の一大迷信《いちだいめいしん》」であることに開眼《かいがん》し、開眼《かいがん》さすほかないのです。されば病《やまい》の真因《しんいん》やいかに、そのことに対《たい》して徹底的《てっていてき》な人類想念《じんるいそうねん》(思考《しこう》のもう一《ひと》つ奥《おく》)の大転換《だいてんかん》を要《よう》する時期《じき》がきているのです。さて病気《びょうき》とは、説明《せつめい》するまでもなく、「気《き》を病《や》む」と書《か》いてあります。「病《やまい》は気《き》から」とはよくいったもので、皆《みな》さんも耳《みみ》にし口《くち》にもするところでしょう。大部分《だいぶぶん》の病《やまい》は、勝手《かって》に人類《じんるい》が病気《びょうき》と考《かんが》えさせられただけのものです。今《いま》こそ我々《われわれ》がこのことに気《き》がつかねば、人類《じんるい》を病《やまい》から「健《けん》の自由《じゆう》へ解放《かいほう》する」常法《じょうほう》の発見《はっけん》は永遠《えいえん》におぼつかないでしょう。

私《わたくし》は、どうしてこんなに人類《じんるい》は「病気《びょうき》をしたがり」なのかと、医者《いしゃ》や薬屋《くすりや》さんは商売《しょうばい》だから仕方《しかた》がないとしても、医学者《いがくしゃ》や薬理学者《やくりがくしゃ》や政府《せいふ》までが、いつまでも大衆《たいしゅう》をこんなに病気《びょうき》にさせておきたいのかまったく判断《はんだん》に苦《くる》しみます。全人類《ぜんじんるい》を病人《びょうにん》たらしめざれば止《や》まざらんとする精神《せいしん》でやっているのだろうかと疑《うたが》いたくさえなります。それこそが二十世紀末《せいきまつ》の真相《しんそう》、狂奏歌《きょうそうか》である。と私《わたくし》は考《かんが》えています。

今日《こんにち》、米国《べいこく》などですでにはじめられている精神病理学《せいしんびょうりがく》による治療法《ちりょうほう》、催眠薬《さいみんやく》を使《つか》わぬ催眠術《さいみんじゅつ》による無痛手術《むつうしゅじゅつ》、あるいは、日本《にほん》でも六年《ねん》くらい前《まえ》からはじめられた「心身医学《しんしんいがく》」、あるいは東京《とうきょう》、大阪《おおさか》の「心霊医学会《しんれいいがくかい》」などに博士《はかせ》が輩出《はいしゅつ》しだし、進展《しんてん》しつつあること、また我々《われわれ》のように「有病者《ゆうびょうしゃ》が一転《いってん》して健化《けんか》するという事実《じじつ》」の続《ぞく》出《しゅつ》に至《いた》っては、昭和《しょうわ》の奇跡《きせき》であるとともに、否定《ひてい》しようのない事実《じじつ》です。その気《き》になれば研究材料《けんきゅうざいりょう》はいくらでもあるのに、そこを見向《みむ》きもしない不可思議《ふかしぎ》さ。まったく奇怪《きかい》な世《よ》のなかに大衆《たいしゅう》は釘《くぎ》づけにされているのです。どうして、近代医学《きんだいいがく》はこう

「治病《ちびょう》が好《す》きで、人間《にんげん》を健《けん》にすることをきらうのでしょう」といいたい。「病気《びょうき》とは、宇宙《うちゅう》にも人類《じんるい》にもないのです」といいたい。実体《じったい》は、祈言集《のりごとしゅう》の「幸《さち》への誇《ほこ》り」にありますように、

「主《ス》の大神《おおかみ》もその創造《そうぞう》し給《たま》える宇宙《うちゅう》も本来健《ほんらいけん》・和《わ》・富狂《ふくる》いなし。汝《なれ》は全智全能《ぜんちぜんのう》のみ祖《おや》の創《つく》り給《たま》いし最高《さいこう》の芸術品《げいじゅつひん》、神宝《ミタカラ》たり。汝《なんじ》、既《すで》にそのみ袖《そで》の内《うち》にあり。故《ゆえ》に人本《ひとほん》来健《らいけん》・和《わ》・富《ふ》の仕組《しく》みのみ手内《てぬち》に在《あ》り。なれば神大愛《かみたいあい》の霊《れい》・心《しん》・肉三位一体《にくさんみいったい》の霊削《ミソ》ぎ開陽霊《ハラヒ》・クリーニングあれど病《やまい》なし。本来不幸不運《ほんらいふこうふうん》なし。一切良《いっさいよ》くなる為《ため》の変化《へんげ》あるのみ」

「病気《びょうき》とは、不幸不運《ふこうふうん》とは、汝《なんじ》が心《こころ》の曇《くも》りに乗《じょう》ぜし邪神《じゃしん》の魔語《まご》なり。汝《なんじ》が迷《まよ》いなり。妄想《もうそう》なり」

「肉《にく》の目《め》に見《み》えずとも在《あ》りて有《あ》る神《かみ》の真《ま》の光《ひかり》の流《なが》れに、包《つつ》み積《つ》み来《き》たりて気枯《けが》れせしめし、汝《な》が魂霊《タマヒ》の曇《くも》りを溶《と》き祓《はら》ひ給《たま》う業《わざ》あるのみ」

「汝《な》が曇《くも》り多《おお》き身《み》と家《いえ》の霊相《れいそう》を禊《ミソ》ぎ給《たま》いて、汝《な》が霊肉《れいにく》と運命《うんめい》を『明《あ》かな霊《ヒ》』に還《かえ》さん為《ため》のものなり。霊相浄化《れいそうじょうか》・霊層昇華《れいそうしょうげ》の為《ため》のみ。然《しか》らずば汝《な》が穢《けが》れや業《ごう》は、物《もの》と肉《にく》に

よる大《おお》いなる『贖《あかな》ひ』を為《な》すことなく、『明《あ》かな霊《ひ》』となすこと能《あた》わざればなり。汝《なれ》、数千歳《すうせんざい》を惑《まど》わされしのみ、操《あやつ》られしのみ」なのです。

「実在《じつざい》しないものを在《あ》る」と断定《だんてい》したことこそ、人類《じんるい》をして今日《こんにち》の病観《びょうかん》という泥沼《どろぬま》にふかぶかと足《あし》をはまらせ、抜《ぬ》き差《さ》ししがたいものにしてしまった張本人《ちょうほんにん》であります。今日《こんにち》の「毒《どく》をもって毒《どく》を制《せい》する」というギリシャ・ユダヤ時代《じだい》からの西洋医学《せいよういがく》、近代《きんだい》医学《いがく》は、釈尊《しゃくそん》のいった魔道《まどう》の世《よ》の「恐《おそ》るべき邪教信仰《じゃきょうしんこう》」となんら異《こと》なるところはないのです。

いずれ暴露《ばくろ》されていくであろうと十数年前《すうねんまえ》から予告《よこく》し絶叫《ぜっきょう》し続《つづ》け、書《か》きあらわしてきたのですが、今《いま》、改《あらた》めて、このことを公刊書稿《こうかんしょこう》として世《よ》に叫《さけ》ばざるを得《え》なくなりました。じかに大衆《たいしゅう》に知《し》らせるより外《ほか》に仕方《しかた》がないほど、病根《びょうこん》は深《ふか》いのです。

立教《りっきょう》十年後《ねんご》の今日《こんにち》、今《いま》やっとではありますが、農薬《のうやく》、食品毒等《しょくひんどくとう》を手《て》はじめとして大《おお》きな公害問題《こうがいもんだい》となり出《だ》しました。このことはいまだ氷山《ひょうざん》の一角《いっかく》とはいえ、医薬品《いやくひん》がやかましい人道問題化《じんどうもんだいか》せざるをえない時世《じせい》にきていることは明白《めいはく》であり、人類暗黒《じんるいあんこく》時代《じだい》からの文明《ぶんめい》の暁《あかつき》をほのかに感《かん》じさせる、人類《じんるい》へのせめてもの祝福《しゅくふく》となりつつあります。

しからば「病《やまい》とは」と問《と》われれば、どこまでも「ほとんど実在《じつざい》しない幻影《げんえい》」というこの一言《ひとこと》につきるのであり、一歩《いっぽ》譲《ゆず》って実在《じつざい》であるとしても、それは「人間《にんげん》が勝手《かって》に想像《そうぞう》し」かつ「わざわざ製造《せいぞう》し、寄《よ》ってたかって育《そだ》て、増産《ぞうさん》したもの」と定義《ていぎ》づけるほかないのです。

たとえば、現代人《げんだいじん》はあまりにも「病院《びょういん》」というものに慣《な》れてしまっているため、多《おお》くの胃腸《いちょう》病院《びょういん》があることの不思議《ふしぎ》さに気《き》づいていない。これ自体《じたい》がもう怪奇《かいき》現象《げんしょう》というほかはないのです。

要《よう》するに、胃腸《いちょう》病《びょう》だ、消化器《しょうかき》病《びょう》だとおどかされては胃腸薬《いちょうやく》を飲《の》まされ、治《なお》るどころか、長《なが》いあいだにしだいしだいに悪《わる》くし、慢性化《まんせいか》しているにすぎないのです。どうしようもない慢性《まんせい》胃腸《いちょう》病《びょう》に悩《なや》み苦《くる》しんだ末《すえ》、当方《とうほう》に救《すく》いを求《もと》めてこられた人《ひと》のなかで、いまだかつて、胃腸《いちょう》そのものが悪《わる》い人《ひと》にぶつかったことなど、何千人《なんぜんにん》のなかに何人《なんにん》もいませんでした。この事実《じじつ》を一体《いったい》どう解釈《かいしゃく》すればよいのでしょう。胃潰瘍《いかいよう》のひどいものや、胃癌《いがん》、食道癌《しょくどうがん》ぐらいになれば、少《すこ》しは胃《い》が悪《わる》い、胃病《いびょう》だといえないこともないでしょう。しかし、現代人《げんだいじん》は「不治《ふち》の病《やまい》が医学《いがく》にある」ということの不《ふ》思議《しぎ》さにさえ気《き》づいていないのです。医学《いがく》がなくても健《けん》の世界《せかい》は地球《ちきゅう》上《じょう》に実在《じつざい》しているというのにです』と、ご教導《きょうどう》を下《くだ》されております。

病気《びょうき》の深因《しんいん》と真因《しんいん》

昭和《しょうわ》四十五年《ねん》（一九七〇）十月号《がつごう》真光《まひかり》九十七号《ごう》初研講座《しょけんこうざ》より

救《すく》い主《ぬし》・聖凰真光大導主様《せいおうまひかりだいどうしゅさま》は、『病気《びょうき》といわれるものの原因《げんいん》には、深因《しんいん》と真因《しんいん》と見《み》せかけの因《いん》とが必存《ひつぞん》しますが、まず結論《けつろん》をさきに出《だ》しておきます。深因《しんいん》、真因《しんいん》とは、霊的影響《れいてきえいきょう》即《そく》心霊科学上《しんれいかがくじょう》の因由《いんゆ》であり、これが八十パーセント、そして、見《み》せかけの病因《びょういん》つまり、心理的因《しんりてきいん》と純肉体的因《じゅんにくたいてきいん》が二十パーセントです。

さらに薬毒禍《やくどくか》を自然排泄《しぜんはいせつ》しようとする、いわゆる自然《しぜん》の良能《りょうのう》、生物《せいぶつ》の復元力《ふくげんりょく》の発《はつ》動現象《どうげんしょう》が起《お》きると、その状態《じょうたい》は医学《いがく》でいう病《やまい》の症状《しょうじょう》そっくりとなります。いえ、病《やまい》といわれるそれ自体《じたい》でさえあると開眼《かいがん》することが、厚生省《こうせいしょう》にも医学界《いがくかい》にも大衆《たいしゅう》にも緊急《きんきゅう》であります。

胃病《いびょう》、胸《むね》の病《やまい》、ぜんそくの問題等《もんだいとう》を題材《だいざい》として解決《かいけつ》してみましょう。

第一《だいいち》は霊的真因《れいてきしんいん》です。消化器病《しょうかきびょう》といったら、今日《こんにち》の人々《ひとびと》が第一《だいいち》に考《かんが》えねばならぬことは、胃腸《いちょう》が悪《わる》いと思《おも》い込《こ》む前《まえ》に、霊的《れいてき》な真因《しんいん》を明《あき》らかにすべきです。慢性胃《まんせいい》腸病《ちょうびょう》の人《ひと》が家《いえ》にいたり、消化器《しょうかき》に潰瘍《かいよう》や、癌《がん》が出《で》たりしたら、まず祖霊《それい》の祭祀《さいし》に問題《もんだい》があると思《おも》って九十パーセント間違《まちが》いはありません。祖霊《それい》の要求《ようきゅう》にあわせ得《え》さえすれば、けろりと治《なお》ってゆくこの実相《じっそう》を受《う》けとるべきです。祖霊《それい》の戒告現象《かいこくげんしょう》を受《う》けている事実《じじつ》は実《じつ》にハッキリしています。だいたい今《いま》の人《ひと》は、仏壇《ぶつだん》や位牌《いはい》などを形式《けいしき》ぐらいにしか考《かんが》えていないのです。また心霊科学《しんれいかがく》を勉強《べんきょう》していない宗教家《しゅうきょうか》は、祖霊《それい》を祀《まつ》ることなど必要《ひつよう》なしとさえ考《かんが》えています。

ある会場《かいじょう》で、さる大貫主《だいかんしゅ》などは、祖先《そせん》を祀《まつ》るごときは仏教《ぶっきょう》の堕落《だらく》であるとさえ公言《こうげん》しているのです。そのくせ自分達《じぶんたち》は、檀家《だんか》の葬式代《そうしきだい》や墓《はか》の永代供養料《えいだいくようりょう》をお布施《ふせ》として受《う》け取《と》っている。そのような時代《じだい》だから、一般《いっぱん》の人《ひと》の家《いえ》では論外《ろんがい》で、たとえ祀《まつ》っている人《ひと》でも、宗門宗派《しゅうもんしゅうは》で勝手《かって》な祀《まつ》り方《かた》をし、今日《こんにち》では一流大学《いちりゅうだいがく》の正課《せいか》にさえなっている国際心霊科学《こくさいしんれいかがく》の一ページも研究《けんきゅう》していないで、無責任《むせきにん》な教《おし》えを説《と》いているため、今日《こんにち》どれだけこの世《よ》の胃腸病患者《いちょうびょうかんじゃ》を増《ふ》やしているかはかり知《し》れないのです。

人間《にんげん》は、肉体《にくたい》が死《し》んでしまったらもうそれで全《すべ》てが終《お》わりだと思《おも》っている、科学的《かがくてき》に単純《たんじゅん》な大迷信《だいめいしん》が、この文明開発《ぶんめいかいはつ》、科学《かがく》が進歩《しんぽ》したと自称《じしょう》している世《よ》に依然《いぜん》としてあります。今《いま》の科学《かがく》ではまだ魂《たましい》も霊体《れいたい》も幽体《ゆうたい》すらもキャッチできない低次元科学《ていじげんかがく》しか人間《にんげん》にないだけなのだと、いまだに気《き》づいておらぬのです。ゆえに「肉《にく》の目《め》に見《み》えなきゃ、ない」と簡単《かんたん》に割《わ》り切《き》れる、単細胞頭脳《たんさいぼうずのう》になり果《は》てた現代人《げんだいじん》が、自《みずか》ら招《まね》いた贖《あがな》ひ、業《ごう》でいっぱいの時代《じだい》が現代《げんだい》であることに目覚《めざ》める、これが緊急《きんきゅう》なのです。

こういった病《やまい》の人《ひと》を霊的《れいてき》に見《み》ると、八十パーセントが祖霊《それい》の戒告《かいこく》で、あとの二十パーセントが怨《うら》みや憎《にく》しみの霊《れい》の憑依《ひょうい》で導《みちび》かれている。この恐《おそ》るべき事実《じじつ》はどうしようもない現実《げんじつ》であり、人類医学《じんるいいがく》の大盲点《だいもうてん》であります。

事実《じじつ》の世界《せかい》では、人間《にんげん》は死《し》ぬ前《まえ》に、魂即本霊《たましいそくほんれい》と霊体《れいたい》が肉体《にくたい》から離脱《りだつ》してしまう。

そしてその離脱《りだつ》した幽体人《ゆうたいじん》は幽界生活《ゆうかいせいかつ》をはじめるのです。ちょうど、蝉《せみ》がカラから抜《ぬ》け出《だ》して生活《せいかつ》するのと寸分《すんぶん》の違《ちが》いもありません。

幽界生活《ゆうかいせいかつ》の実相《じっそう》を詳《くわ》しく習《なら》い、かつ真光《まひかり》の業《わざ》で事実《じじつ》を修得《しゅうとく》すれば、問答無用《もんどうむよう》となりましょうが、極楽生活《ごくらくせいかつ》にはいる幽界人《ゆうかいじん》は何千万人《なんぜんまんにん》に一人《ひとり》という少《すく》ない状態《じょうたい》が現代《げんだい》人《じん》です。せいぜいいいところで、神道《しんとう》でいう中有界《ちゅうゆうかい》、キリスト教《きょう》の精霊界《せいれいかい》、仏教《ぶっきょう》の第四兜率天《だいよんとそつてん》の外院《がいいん》、こういった凡夫《ぼんぷ》の住《す》む穢土《えど》と表現《ひょうげん》しているところにはいる。しかし、大部分《だいぶぶん》はもっとひどい重労働界《じゅうろうどうかい》で、寒《さむ》く暗《くら》い生活圏《せいかつけん》で暮《く》らしているのです。

アジアの霊界《れいかい》では、食《た》べ物《もの》の制度《せいど》が欧米《おうべい》の霊界《れいかい》とはたいへん異《こと》なっていて、とにかく下《した》の方《ほう》から捧《ささ》げる型《かた》で供給《きょうきゅう》してあげる様式《ようしき》になっています。現界人《げんかいじん》の理論《りろん》ではどうしようもない世界《せかい》なのです。

仏教《ぶっきょう》で供養《くよう》という言葉《ことば》がありますが、これは仏教《ぶっきょう》がかつては霊界事情《れいかいじじょう》の実相《じっそう》をよく探知《たんち》していたのだということを物語《ものがた》っています。「供養《くよう》」とは、アジア幽界《ゆうかい》の実際《じっさい》上《じょう》の姿《すがた》を表現《ひょうげん》する、まことにすばらしい言葉《ことば》だと感心《かんしん》させられます。「供《そな》え養《やしな》う」ことは、先亡霊《せんぼうれい》の給与上《きゅうよじょう》切実《せつじつ》な緊急問題《きんきゅうもんだい》であるし、欠《か》かせない現実問題《げんじつもんだい》なのです。

それが不足《ふそく》することが一番《いちばん》つらいし、恨《うら》めしい。こうした怒《いか》りの心理《しんり》を幽界人《ゆうかいじん》に誘《ゆう》発《はつ》させ、遺族《いぞく》への戒告現象《かいこくげんしょう》とさえなって、頻繁《ひんぱん》にかつ敏感《びんかん》に、テレビのごとく作動《さどう》影響《えいきょう》してくることからもわかるのです。すなわち、その家《いえ》の幸不幸《こうふこう》や病気《びょうき》と密接不《みっせつふ》離《り》であることを警告《けいこく》したいのです。仏教《ぶっきょう》の餓鬼道行《がきどうぎょう》さえさせられている魂霊《タマヒ》は少《すく》なくありません。

したがって、位牌《いはい》を通《とお》しての日々《ひび》の食事供養《しょくじくよう》が間違《まちが》ったり、あるいはしないでいたりすると、やがていろいろな戒告現象《かいこくげんしょう》を引《ひ》き起《お》こすのです。親《おや》を思《おも》う子供《こども》の霊《れい》でさえ三年以上《ねんいじょう》は辛抱《しんぼう》しきれず、親《おや》への期待《きたい》が大《おお》きいだけに、報《むく》いられなかったときの怒《いか》りと憎《にく》しみは、それだけ激《はげ》しいものに化《か》するのが普通《ふつう》です。一《ひと》つひとつの事情《じじょう》を詳《くわ》しく調《しら》べてみると、怒《おこ》るのも無理《むり》からぬことばかりで、こちらが驚《おどろ》かされるほどです。

幽界人《ゆうかいじん》と現界人《げんかいじん》との差《さ》は、なんといっても言葉《ことば》が通《つう》じなくなるということです。幽《ゆう》界人《かいじん》は幽界言《ゆうかいげん》（幽波《ゆうは》による念波交流《ねんぱこうりゅう》）で話《はな》しますが、現界人《げんかいじん》は「霊言《れいげん》」「幽界言《ゆうかいげん》」が聞《き》こえぬよう肉耳《にくみみ》の限界《げんかい》がつくられているので、その言霊《ことだま》を言葉《ことば》という音波《おんぱ》に乗《の》せないと言葉《ことば》はわかりません。一方《いっぽう》、現界人《げんかいじん》が霊《れい》、幽音《ゆうおん》まで聞《き》こえたら、そうでなくても騒音防止《そうおんぼうし》が問題《もんだい》となっているこの世《よ》のなか、一日《いちにち》として生《い》きてはいられないでしょう。神様《かみさま》はじつにうまく万生界《ばんせいかい》を造出《ぞうしゅつ》して下《くだ》さっていると気《き》づかねばならない』と、ご教導《きょうどう》を下《くだ》されております。

現代医学《げんだいいがく》は対症療法《たいしょうりょうほう》

さらに、『癌《ガン》を例《れい》とすると、癌《ガン》の治療《ちりょう》は手術《しゅじゅつ》と放射線療法《ほうしゃせんりょうほう》の二《ふた》つに限《かぎ》られています。しかし、その効果《こうか》たるやまことにあてにならないのが現状《げんじょう》です。早期発見《そうきはっけん》、早期治療《そうきちりょう》といっても、早期《そうき》でも必《かなら》ずしも治《なお》るということはなく、結局決《けっきょくき》め手《て》はまったくないのが実際《じっさい》です。

今日《こんにち》の医学《いがく》は、人間《にんげん》の身体《からだ》を肉塊《にくかい》と見《み》ているところにその根本的限界《こんぽんてきげんかい》があるし、矛盾《むじゅん》でいっぱいになっています。人間《にんげん》は決《けっ》して肉体細胞《にくたいさいぼう》の塊《かたまり》ではなく、肉体細胞《にくたいさいぼう》の他《ほか》に幽体細胞《ゆうたいさいぼう》、霊体細胞《れいたいさいぼう》を同時《どうじ》にもつものであり、これらの次元《じげん》を同時《どうじ》に見《み》ていかねばならないのです。

しかるに現代医学《げんだいいがく》は肉体細胞《にくたいさいぼう》だけを対象《たいしょう》にするために、癌《ガン》なども悪性肉腫《あくせいにくしゅ》と見《み》て、これをメスで切《き》り取《と》ればいい、というような考《かん》え方《かた》に立《た》つわけです。ところが、この癌細胞《ガンさいぼう》も、単《たん》なる物的《ぶってき》、肉体的《にくたいてき》なものだけでなく、そこに憑依霊《ひょういれい》が宿《やど》ることが少《すく》なくありません。怨《うら》みを持《も》って人間《にんげん》を苦《くる》しめている霊的《れいてき》なものであれば、切《き》れば切《き》るほど方々《ほうぼう》に転移《てんい》して人間《にんげん》を苦《くる》しめ、その目的《もくてき》を果《は》たすということもあるでしょう。そういう次元《じげん》から、癌《ガン》などの病気《びょうき》を見《み》なければならないのです。

病気《びょうき》というものも、現代《げんだい》の医学《いがく》は人間《にんげん》にとって悪《わる》い状態《じょうたい》であるという病理観《びょうりかん》に立《た》ちますが、本来《ほんらい》は病気《びょうき》に見《み》られる悪《わる》い症状《しょうじょう》は、体内《たいない》の汚濁《おだく》を浄化《じょうか》するクリーニング現象《げんしょう》なのです。

したがって、悪《わる》いところをそのつど対症的《たいしょうてき》に治《なお》すのでなくて、全身《ぜんしん》が健全《けんぜん》になるように、その人本来《ひとほんらい》の生命力《せいめいりょく》を増《ま》すようにして、最終的《さいしゅうてき》には無病《むびょう》の身体《からだ》にするのが、本来《ほんらい》の医学《いがく》でなければならないはずです。それをなんでもかんでも、悪《わる》いところを一時的《いちじてき》にでも治《なお》そうとするために、無闇《むやみ》に薬《くすり》を使《つか》ったり、手術《しゅじゅつ》をしたりする。その結《けつ》果《か》が今日《こんにち》の薬害《やくがい》であり、奇病《きびょう》の発生《はっせい》であり、癌《ガン》、その他難病《たなんびょう》の慢延《まんえん》であります。

これでいくと、「頭《あたま》が痛《いた》い」といえば、すぐに頭痛薬《ずつうやく》、麻痺剤《まひざい》、鎮静剤《ちんせいざい》等《とう》を飲《の》ませればいいということになる。そうすると脳《のう》の神経《しんけい》が麻痺《まひ》します。刺激《しげき》のあるところに薬《くすり》が集《あつ》まってくるため「痛《いた》い」ことを感《かん》じなくなってくる。これは、痛《いた》む現象《げんしょう》が治《なお》っているのではない。痛《いた》んでいるのがわからないというだけです。

このように、対症療法《たいしょうりょうほう》は、「胃《い》が痛《いた》い」といえば、胃《い》の薬《くすり》のなかに麻痺剤《まひざい》を入《い》れればいいとしている。こうしたら胃《い》の神経《しんけい》は麻痺《まひ》し痛《いた》みはなくなります。しかし、痛《いた》んでいる現象《げんしょう》は少《すこ》しも止《と》まりません。ですから、麻痺《まひ》が切《き》れればまた痛《いた》む、また薬《くすり》を飲《の》む、時間《じかん》がたつとまた痛《いた》む、これを何度《なんど》か繰《く》り返《かえ》しているうちに、麻痺剤《まひざい》がだんだんと体《からだ》に溜《た》まる。その溜《た》まった麻痺剤《まひざい》も排泄《はいせつ》しないと、胃《い》の細胞《さいぼう》がきれいにならずに、再《ふた》びクリーニング現象《げんしょう》が起《お》きます。そして、麻痺剤《まひざい》が溶《と》けて流《なが》れ出《だ》すとまた「痛《いた》い」。しかも前《まえ》よりも痛《いた》みを増《ま》す胃《い》になる。そうすると、また麻痺剤《まひざい》の分量《ぶんりょう》を増《ふ》やして痛《いた》みを感《かん》じなくさせる。というのが、今日《こんにち》の西洋医学《せいよういがく》の原理《げんり》なのです』と、教《おし》えていただきました。

クスリについて

クスリについては、『最近《さいきん》はクスリの害《がい》がいろいろと言《い》われておりますが、御聖言《ごせいげん》に、「もともとクスリと申《もう》させしは、クスリとならん草木根《くさきね》（臭《くさ》き根《ね》の毒《どく》）より取《と》り出《だ》せしものにて、もともとは毒《くすり》なり、毒《どく》なり。草木《くさき》の毒《どく》にて寝《ね》を楽《たの》しませなん心《こころ》なりき。その本音《もとね》をわきまえ、止《や》むなきときにのみ用《もち》うるものこそ毒《くすり》にして、今日学問《こんにちがくもん》にて汝等申《なんじらもう》す「薬《くすり》」など申《もう》すものの真相《しんそう》を知《し》らしむるなり」とお示《しめ》しいただきました。

つまり、薬《くすり》には主作用《しゅさよう》と副作用《ふくさよう》とがあって、治《なお》そうとする部分《ぶぶん》にはいいかもしれないが、ほかの部分《ぶぶん》を犠牲《ぎせい》にする「毒作用《どくさよう》（副作用《ふくさよう》）」があるということです。また、薬《くすり》というものは生体《せいたい》になじまない性質《せいしつ》のもので、肝臓《かんぞう》・腎臓《じんぞう》を労《ろう》して、それらを体《たい》外《がい》に排泄《はいせつ》しなければなりません。

また、店《みせ》で売《う》っているオレンジジュースとか、ブドウジュースとかコーラといった、いわゆる飲料類《いんりょうるい》は、ただの水《みず》に色素《しきそ》と香料《こうりょう》を合成《ごうせい》したものがほとんどだといいます。

ただの水《みず》をビンに入《い》れて五十円《えん》、百円《ひゃくえん》で売《う》ったら皆《みな》さんは怒《おこ》るでしょう。ところが、水《みず》に色《いろ》と香《かお》りをつけると、どんどん売《う》れて、誰《だれ》も文句《もんく》をいわない。それほど今《いま》の人間《にんげん》は馬鹿《ばか》になってしまったのです。しかも、こういう飲料《いんりょう》や食品《しょくひん》に使《つか》われる色素《しきそ》、香《こう》料《りょう》は、ほとんどが毒性《どくせい》をもったものばかりだそうですから、現代人《げんだいじん》はお金《かね》を出《だ》して、毒《どく》を飲《の》み食《く》いして喜《よろこ》んでいるようなものです。

最近《さいきん》になって、「内服薬《ないふくやく》は、よいにつけ悪《わる》いにつけ、胃《い》、腸壁《ちょうへき》、肝臓《かんぞう》などで処理《しょり》を受《う》けるけれど、注射薬《ちゅうしゃやく》は生体《せいたい》の細胞《さいぼう》にじかに作用《さよう》し、生体《せいたい》の化学物質《かがくぶっしつ》のバランスに急激《きゅうげき》な変化《へんか》を与《あた》えるので、十分《じゅうぶん》に注意《ちゅうい》して使《つか》うべきだ」といわれるようになりました。

しかし、「迷蒙《めいもう》の雲《くも》」をかけられて、毒《どく》を体《からだ》にいっぱい入《い》れて「自分《じぶん》はどうしてこんなに病気《びょうき》をするんだろう、子供《こども》がなぜ弱《よわ》いんだろう」といいながらまた薬《くすり》を飲《の》むのが世間《せけん》の人《ひと》です。人間《にんげん》には必要《ひつよう》がないばかりでなく、害《がい》になるような物質《ぶっしつ》を、わざわざ自分《じぶん》の肉体《にくたい》へ入《い》れている。このあきれた人間《にんげん》の姿《すがた》が、己《おの》れの姿《すがた》であることをハッキリさとらなければならないでしょう。

毒《どく》はどんなに少量《しょうりょう》でも「毒《どく》は毒《どく》」であって、薬《くすり》になるなんてことは永久《えいきゅう》にありえません。だから、毒《どく》を体内《たいない》に入《い》れると、こんどはその排泄運動《はいせつうんどう》が大《おお》きくなってくる。そのクリーニング現象《げんしょう》を病気《びょうき》と命名《めいめい》され、また「薬《くすり》、薬《くすり》」と薬《くすり》を求《もと》めてしまいます。だから、薬《くすり》を飲《の》む人《ひと》は、副作用《ふくさよう》を抑《おさ》えるために、また薬《くすり》を飲《の》むようになります。そうすると、その薬《くすり》のために、さらに別《べつ》の副作用《ふくさよう》が起《お》きる。悪循環《あくじゅんかん》で、いよいよ複雑《ふくざつ》な「病《やまい》」が、果《は》てしなく次々《つぎつぎ》と発生《はっせい》するのです。

しかしながら、おそらくまだまだ「こんなことははたして本当《ほんとう》かな」などと、密《ひそ》かに思《おも》っている方が多《おお》いのではないでしょうか。表面《ひょうめん》ではわかった気《き》になっても、いざとなると、「お浄《きよ》め一本《いっぽん》」に確信《かくしん》が持《も》てなくて「薬《くすり》だ、医者《いしゃ》だ」と騒《さわ》ぎ出《だ》すのではありませんか』と、教《おし》えていただきました。

病気《びょうき》を根本《こんぽん》から取《と》りのぞく原因療法《げんいんりょうほう》

『全身《ぜんしん》が健全《けんぜん》になるように、その人本来《ひとほんらい》の生命力《せいめいりょく》を増《ま》すようにして、最終的《さいしゅうてき》には無《む》病化《びょうか》の身体《からだ》にするのが、本来《ほんらい》の医学《いがく》でなければならない。ですから、無病化《むびょうか》するには、原因《げんいん》を取《と》りのぞく原因療法《げんいんりょうほう》をするのです。原因《げんいん》を取《と》ったら無病《むびょう》になる。病《やまい》の元《もと》がなければ病気《びょうき》にならない。元《もと》をなくせばいいのです。それが原因療法《げんいんりょうほう》です。

お医者《いしゃ》さんに、「今日《こんにち》の医学《いがく》は、一歩《いっぽ》も原因療法《げんいんりょうほう》に入《はい》っていないのではないか」と、突《つ》っ込《こ》んだら「その通《とお》り、処置《しょち》なし」との返事《へんじ》でした。対症療法《たいしょうりょうほう》だけが発達《はったつ》し、ごまかしの医学《いがく》だけが発達《はったつ》したということです。

私達《わたくしたち》の方《ほう》は、対症療法《たいしょうりょうほう》は一切《いっさい》やりません。しかし病《やまい》の原因《げんいん》を取《と》るから、自然《しぜん》に無病化《むびょうか》してしまう。年数《ねんすう》がたつにつれて無病化《むびょうか》していきます。

目《め》が悪《わる》いなら悪《わる》くなった原因《げんいん》を取《と》り、耳《みみ》が悪《わる》いなら悪《わる》くなった原因《げんいん》を取《と》り、胃《い》が痛《いた》むならその原因《げんいん》を取《と》る。背中《せなか》が痛《いた》む、肩《かた》がこる、それぞれ原因《げんいん》を取《と》りますから、胃《い》の痛《いた》みが治《なお》り、肩《かた》のこりが治《なお》り、癌《ガン》はなくなるのです。

人生《じんせい》の不幸現象《ふこうげんしょう》、病《びょう》、貧《ひん》、争《そう》、災《さい》のうち、少《すく》なくとも八十パーセントは霊障《れいしょう》です。これは病気《びょうき》についても同《おな》じです。病気《びょうき》の原因《げんいん》の八十パーセントが、神仏《しんぶつ》の戒告《かいこく》であったり、因縁霊《いんねんれい》の障《さわ》りなのです。

頭《あたま》の病気《びょうき》の原因《げんいん》が、仏壇《ぶつだん》の上《うえ》に物《もの》が置《お》いてあることだったり、胃病《いびょう》の原因《げんいん》が、祖《そ》霊《れい》の食事供養《しょくじくよう》の不備《ふび》であったり、腰痛《ようつう》の原因《げんいん》が、ミルクが欲《ほ》しい赤《あか》ちゃんの霊《れい》であったり、交通事故《こうつうじこ》の原因《げんいん》が祖霊祀《それいまつ》りを要求《ようきゅう》する祖霊《それい》だったりします。

また、前世《ぜんせ》の恨《うら》みをもつ因縁霊《いんねんれい》、もしくは先祖《せんぞ》との因縁霊《いんねんれい》による霊障《れいしょう》もおびただしく、四六時中《しろくじちゅう》、作動《さどう》してくるものです。急《きゅう》にお腹《なか》が痛《いた》くなったり、ぜんそくの発《ほっ》作《さ》が止《と》まらなかったり、妊娠《にんしん》しても流産《りゅうざん》してしまったり、勉強《べんきょう》しようとすると頭《あたま》が痛《いた》くなったり重《おも》くなったり、わけもなく悲《かな》しくなったり、イライラと怒《いか》りの気持《きも》ちが湧《わ》いてきたり、その障《さわ》りには果《は》てしないものがあります。

神祀《かみまつ》りの間違《まちが》いなどによる戒告《かいこく》も多《おお》くあります。ご神体《しんたい》やご尊像《そんぞう》のご奉戴場所《ほうたいばしょ》の間《ま》違《ちが》い、御《お》み霊《たま》へのご無礼《ぶれい》、神《かみ》を祀《まつ》る想念《そうねん》の間違《まちが》い等《とう》に対《たい》しても、こと細《こま》かく愛《あい》と真《まこと》のご注意《ちゅうい》をいろいろな形《かたち》で示《しめ》されます。

私達《わたくしたち》はたえず、神《しん》、幽《ゆう》、現《げん》の連動《れんどう》のなかに生《い》かされているわけです。そのなかで主神《スしん》と波調《はちょう》あわせをし、我々《われわれ》の魂《たましい》を磨《みが》き上《あ》げてゆくことが、神《かみ》の子《こ》、霊止《ヒト》としての永遠《えいえん》の行《ぎょう》なのです。その正法《せいほう》を行《ぎょう》ぜずして、ただお浄《きよ》めを受《う》けるだけで病気《びょうき》を治《なお》そう、幸《しあわ》せになろうとしてもそれは夢《ゆめ》であり、無理《むり》なのです。霊障《れいしょう》をおそれることはありません。主神《スしん》との波調《はちょう》あわせをする限《かぎ》り、神様《かみさま》は私達《わたくしたち》をお護《まも》り下《くだ》さり、いくらでも救《すく》いの奇跡《きせき》を賜《たま》わるものです。要《よう》は、神《かみ》のみ教《おし》えをス直《なお》に実践《じっせん》することこそ、最高《さいこう》の原因療法《げんいんりょうほう》です』と、教《おし》えていただきました。

頭《あたま》の病気《びょうき》

『頭《あたま》の病気《びょうき》の原因《げんいん》は霊的《れいてき》なものが一番多《いちばんおお》いです。一《ひと》つは神様《かみさま》への間違《まちが》いに由来《ゆらい》します。もう一《ひと》つは、神祀《かみまつ》りの仕方《しかた》の間違《まちが》い、なにか神様《かみさま》にご無礼《ぶれい》や間違《まちが》いをしたとき、それが大《おお》きな形《かたち》でくる。祖霊《それい》の戒告《かいこく》、すなわち先祖《せんぞ》の祀《まつ》り方《かた》に間違《まちが》いがあるか？ お供《そな》えの仕方《しかた》が間違《まちが》っているか？ そのために先祖《せんぞ》が憑《か》かっておられたら、霊査《れいさ》をして原因《げんいん》を知《し》り、おわびを申《もう》し上《あ》げて、要求《ようきゅう》を受《う》け入《い》れるのです。その点《てん》を注意《ちゅうい》してお浄《きよ》めすればめきめきよくなります』

まず、脳卒中《のうそっちゅう》ですが、脳卒中《のうそっちゅう》の「卒《そつ》」というのは「突発《とっぱつ》する」ということで、「中《ちゅう》」は物《もの》にあたるという意味《いみ》です。物《もの》に突《つ》きあたるように突発《とっぱつ》するのが脳卒中《のうそっちゅう》の特徴《とくちょう》で、この「物《もの》」とは霊《れい》のことです。昔《むかし》は中気《ちゅうき》とか中風《ちゅうふう》といわれ、脳《のう》の血管《けっかん》に変化《へんか》が起《お》こり、脳《のう》の一部《いちぶ》に血液《けつえき》がゆかなくなり、脳《のう》の働《はたら》きが失《うしな》われるもので、急《きゅう》に意識《いしき》を失《うしな》ってそのまま死亡《しぼう》することもあり、命《いのち》が助《たす》かっても、手足《てあし》の麻痺《まひ》やしびれ、言語《げんご》障害《しょうがい》、意識障害《いしきしょうがい》などが残《のこ》ることがあります。

脳《のう》の血管《けっかん》が破《やぶ》れる「脳溢血《のういっけつ》（脳出血《のうしゅっけつ》）」、脳《のう》の血管《けっかん》が詰《つ》まる「脳梗塞《のうこうそく》」、脳血栓《のうけっせん》とか脳軟化《のうなんか》というのは、脳梗塞《のうこうそく》と同《おな》じです。そのほか、クモ膜下腔《まっかちつ》の血管《けっかん》が切《き》れる「クモ膜下出血《まっかしゅっけつ》」などがあります。

『脳溢血《のういっけつ》（脳出血《のうしゅっけつ》）は、脳溢血《のういっけつ》で亡《な》くなった霊《れい》がついている場合《ばあい》が五十パーセントです。その家系《かけい》に脳溢血《のういっけつ》で亡《な》くなった方《かた》がいないか調《しら》べ、正《ただ》しく祀《まつ》って供《そな》えるのです。

また、後頭部《こうとうぶ》を血液《けつえき》が通《とお》るとき、濁毒《だくどく》、濁血《だくけつ》が硬化《こうか》して、ここを通《とお》っている静脈《じょうみゃく》が圧迫《あっぱく》されて血行《けっこう》が止《と》まることでも起《お》きます。これに対《たい》して薬《くすり》を飲《の》んで寝《ね》る、そのうえ、熱《ねつ》が出《で》ると水《みず》で冷《ひ》やす。そういったことがだんだん溜《た》まってふくれてくるのです。後頭部《こうとうぶ》がコブのようになってきたら、命取《いのちと》りになります。

そこで、肩《かた》と後頭部《こうとうぶ》をお浄《きよ》めして、柔《やわ》らかくしておくことです。そうすると脳溢血《のういっけつ》になろうとしてもなれない。

後頭部《こうとうぶ》へ濁毒《だくどく》がうっ血《けつ》してくるようになってしまうと、熱《あつ》い風呂《ふろ》に入《はい》ったり、急《きゅう》に運動《うんどう》したり、酒《さけ》をたくさん飲《の》んだりしたときに急《きゅう》に血行《けっこう》がよくなり、濁毒《だくどく》が硬化《こうか》して土管《どかん》のようになって血管《けっかん》が破裂《はれつ》してしまいます。よく動脈硬化《どうみゃくこうか》といいますが、薬《くすり》を飲《の》まなければ動脈硬化《どうみゃくこうか》にはなりません。薬《くすり》を飲《の》むと、全身《ぜんしん》の血管《けっかん》に船底《ふなぞこ》のカキのような薬毒《やくどく》がついて血管《けっかん》が硬化《こうか》するのです。毛細血管《もうさいけっかん》のような細《ほそ》い管《くだ》が硬化《こうか》するために、急《きゅう》に血行《けっこう》がよくなると破《やぶ》れます。このとき右側《みぎがわ》が破《やぶ》れると左側《ひだりがわ》に血《ち》が流《なが》れ、左側《ひだりがわ》が破《やぶ》れると右側《みぎがわ》に血《ち》が流《なが》れます。流《なが》れた濁血《だくけつ》が節々《ふしぶし》へ行《い》く、一度流《いちどなが》れ出《だ》した血《ち》は硬化《こうか》します。ですから、神経《しんけい》が悪《わる》いわけでも脳《のう》が悪《わる》いわけでもなんでもない。ただ、血管《けっかん》が破《やぶ》れて血《ち》が固《かた》まっただけのことなのです。

不随《ふずい》になっている方《ほう》の、反対側《はんたいがわ》の後頭部《こうとうぶ》の血管《けっかん》が破裂《はれつ》しているのですから、そこを重点《じゅうてん》にお浄《きよ》めをして、硬化《こうか》している所《ところ》を丹念《たんねん》に溶《と》かすようにします。倒《たお》れてすぐでしたら、身体《からだ》を動《うご》かさずにお医者《いしゃ》に連絡《れんらく》して、お医者《いしゃ》が来《く》るあいだ手《て》かざしをする。冷《ひ》やしたり、注射《ちゅうしゃ》をすると、二週間《しゅうかん》も三週間《しゅうかん》もかかってしまいます。

そのうちに鼻血《はなぢ》がだーっと出《で》てしまえば、中風等《ちゅうふうなど》になりません。脳《のう》に溜《た》まったものが鼻血《はなぢ》になって出《で》ればよいのです。これが鼻《はな》に出《で》ないで、後頭部《こうとうぶ》から身体《からだ》に流《なが》れ、節々《ふしぶし》に固《かた》まるとその姿勢《しせい》で中風《ちゅうふう》になる。倒《たお》れてすぐですと一週間《しゅうかん》もたたないうちによくなります。この場合《ばあい》、後頭部《こうとうぶ》には触《さわ》らないようにします。一週間《しゅうかん》もお医者《いしゃ》さんに任《まか》せておいたものは、一カ月半《げつはん》ほど治《なお》るのにかかります。二年《ねん》も三年《ねん》も放《ほお》っておいた人《ひと》ですと半年《はんとし》や一年《ねん》はかかりますが、根気《こんき》よくやることが大切《たいせつ》です。

家族《かぞく》の誰《だれ》かが研修《けんしゅう》を受《う》けて、毎日《まいにち》二、三回《かい》、お浄《きよ》めの時間《じかん》は二十分《ぷん》から三十分《ぷん》くらい間隔《かんかく》をおいて、固《かた》まっているところを片《かた》っ端《ぱし》から溶《と》かします。それと、反対側《はんたいがわ》の後頭部《こうとうぶ》もお浄《きよ》めします。その後《あと》は、動《うご》きたいところ、あるいは動《うご》かせそうなところからお浄《きよ》めをしますと、一週間《いっしゅうかん》もやっていると動《うご》き出《だ》してきます。「今度《こんど》はここが動《うご》きたい」となったら、そこをよくお浄《きよ》めする。今度《こんど》はこちらが動《うご》く、次《つぎ》は肩《かた》が動《うご》いた、というようになります。そしてだんだんに動《うご》かせるようになります。中風《ちゅうふう》は不治《ふち》の病《やまい》ではないのです。

脳震盪《のうしんとう》は、ひっくり返《かえ》って顔《かお》や頭《あたま》を強《つよ》く打《う》ち、しばらく意識《いしき》がぼんやりしたり、気《き》を失《うしな》ったりすることです。この場合《ばあい》、すぐお医者《いしゃ》を呼《よ》ぶことです。しろうとが手《て》をつけると危《あぶ》ない。お医者《いしゃ》が来《く》るまで絶対《ぜったい》に動《うご》かさないということが条件《じょうけん》です。打《う》ったところを手《て》で押《お》さえていたら、その手《て》の上《うえ》からでもいいからお浄《きよ》めをします。大概《たいがい》医者《いしゃ》が来《く》るまでには痛《いた》みが消《き》え、出血《しゅっけつ》も止《と》まります。本人《ほんにん》が起《お》きようとしても、絶《ぜっ》対動《たいどう》かさずじっとしているように指示《しじ》し、お浄《きよ》めを続《つづ》けます。

そして、お医者《いしゃ》に診《み》てもらい内出血《ないしゅっけつ》しているか確《たし》かめてもらいます。骨折《こっせつ》の有無《うむ》はX線《エックスせん》を撮《と》ってみないとわかりませんが、骨折《こっせつ》していなくても内出血《ないしゅっけつ》している場合《ばあい》は死《し》にます。内出血《ないしゅっけつ》の有無《うむ》は、しろうとではわかりませんからお医者《いしゃ》に任《まか》せます。

内出血《ないしゅっけつ》していなければ、三十分《ぷん》か一時間《じかん》ほどお浄《きよ》めすればすっきりしてきます。脳内出血《のうないしゅっけつ》（脳溢血《のういっけつ》）をしている場合《ばあい》はお医者《いしゃ》に任《まか》せます。お医者《いしゃ》に見放《みはな》されたら、お浄《きよ》めをしてあげて下《くだ》さい。内出血《ないしゅっけつ》している場合《ばあい》でも救《すく》われる場合《ばあい》があります。内《ない》出血《しゅっけつ》は神様《かみさま》やご先祖様《せんぞさま》に対《たい》してご無礼《ぶれい》をしているから起《お》こるのです』

実例《じつれい》として、昭和《しょうわ》四十五年《ねん》（一九七〇）五月三日《がつみっか》の月始祭《げっしさい》での道場長《どうじょうちょう》の体験談《たいけんだん》があります。研修受講後間《けんしゅうじゅこうごま》もない方《かた》のお舅《しゅうと》さんが卒倒《そっとう》し、すぐ病院《びょういん》に担《かつ》ぎ込《こ》まれたのですが、人事不省《じんじふせい》のまましゃっくりをして手足《てあし》をばたつかせ、医者《いしゃ》はいろいろな注射《ちゅうしゃ》を打《う》ったのですが、効果《こうか》がなかったということです。

そこで、御《お》み霊《たま》をいただいたばかりでしたが、お舅《しゅうと》さんの額《ひたい》に手《て》かざししたところ、手足《てあし》のばたつきが止《と》まり、後頭部《こうとうぶ》をお浄《きよ》めしたところしゃっくりが止《と》まったので、周囲《しゅうい》の人《ひと》も医者《いしゃ》もその不思議《ふしぎ》な現象《げんしょう》にびっくりしていたそうです。しかし、お浄《きよ》めをすると発作《ほっさ》は止《と》まるけれど、しばらくするとまたバタバタはじまり、その状態《じょうたい》が何日《なんにち》か続《つづ》きました。そのうちしゃっくりもばたつきも止《と》まったものの、医者《いしゃ》は「脳内《のうない》出血《しゅっけつ》をしているので、これは全然見込《ぜんぜんみこ》みがない。時間《じかん》の問題《もんだい》だから、身内《みうち》の人《ひと》もそのつもりで」との宣告《せんこく》でした。

そこで、その方《かた》は親戚《しんせき》の方達《かたたち》と一緒《いっしょ》に道場《どうじょう》まで尋《たず》ねてきたので、その方々《かたがた》に、お位牌《いはい》の大切《たいせつ》さや、ご先祖祀《せんぞまつ》りの必要《ひつよう》を話《はな》したら、皆《みな》さんス直《なお》にさとられ、ご神前《しんぜん》で今《いま》までのことをおわびし、先祖祀《せんぞまつ》りを約束《やくそく》して帰《かえ》ったのでした。その後《ご》、人事不省《じんじふせい》だった病人《びょうにん》が、七日目《なのかめ》に意識《いしき》を取《と》り戻《もど》したとのことでした。医者《いしゃ》も驚《おどろ》き、家《いえ》の人《ひと》や親戚《しんせき》の人達《ひとたち》も驚《おどろ》くとともに、涙《なみだ》ながらに感激《かんげき》していました。

『次《つぎ》に、ノイローゼ、神経衰弱《しんけいすいじゃく》、これはすべて憑依現象《ひょういげんしょう》です。とくに祖霊《それい》の戒告《かいこく》が多《おお》いのです。この場合《ばあい》、後頭部《こうとうぶ》をよくお浄《きよ》めします。一週間程《いっしゅうかんほど》たって柔《やわ》らかくなり、よく眠《ねむ》れるようになってから、お額《ひたい》のお浄《きよ》めをします。するとだんだん力《ちから》がついてくるので憑霊《ひょうれい》の方《ほう》が活動《かつどう》できなくなります。そこでよく霊《れい》をさとらせるようにします。このとき鎮《しず》まらないことがあるので、あらかじめ後頭部《こうとうぶ》をよくお浄《きよ》めしておくことが大切《たいせつ》なのです』

実例《じつれい》として、同《おな》じく昭和《しょうわ》四十五年《ねん》（一九七〇）五月三日《がつみっか》の月始祭《げっしさい》での体験談《たいけんだん》があります。

二十代《だい》の娘《むすめ》さんが、ノイローゼ、切《き》れ痔《じ》、便秘《べんぴ》で苦《くる》しみ、母親《ははおや》に連《つ》れられて道場《どうじょう》へ見《み》えた。この家庭《かてい》は父親《ちちおや》も結核《けっかく》で入院《にゅういん》しているという憂《ゆう》うつな状況《じょうきょう》で、娘《むすめ》さんは何日間《なんにちかん》も食欲《しょくよく》がなく、便秘《べんぴ》のままで、肛門《こうもん》のまわりはこちこちに固《かた》くなっていました。しかも、三人《にん》で抱《かか》えられるようにしてきたのを見《み》て、「この人は死《し》ぬのではないか」と心配《しんぱい》するほどだったのです。

話《はなし》を聞《き》くと、祖霊《それい》のお祀《まつ》りをしていないとのこと。そこでご先祖様《せんぞさま》の位牌《いはい》の用意《ようい》と、その供養《くよう》を勧《すす》め、さっそくお浄《きよ》めを一週間《いっしゅうかん》ほど続《つづ》けました。すると、一週間《いっしゅうかん》くらいから、ひどかった便秘《べんぴ》が溶《と》けてきて、メリケン粉《こ》を溶《と》かして墨《すみ》を混《ま》ぜたような、真《ま》っ黒《くろ》な便《べん》がひっきりなしに、トロトロと出《で》てきました。

それから二十日《はつか》ほどしたらノイローゼは完全《かんぜん》に治《なお》り、痔《じ》もなくなり、便秘《べんぴ》はすっかり解消《かいしょう》して、食欲《しょくよく》がドンドン出《で》てきて、今《いま》では家事《かじ》にいそしむようになったそうです。

『次《つぎ》に、頭蓋骨骨折《ずがいこつこっせつ》、これは霊障《れいしょう》です。ご先祖様《せんぞさま》も子孫《しそん》が気《き》づかなければ、頭《あたま》を割《わ》ってまで気《き》づかせようとします』

この実例《じつれい》として、同《おな》じく昭和《しょうわ》四十五年《ねん》(一九七〇)五月三日《がつみっか》の月始祭《げっしさい》での体験談《たいけんだん》があります。

ある家《いえ》の二歳半《さいはん》の坊《ぼう》やが、隣家《りんか》の坊《ぼう》やと汽車《きしゃ》の踏切近《ふみきりちか》くで遊《あそ》んでいたところ、通過《つうか》電車《でんしゃ》の風圧《ふうあつ》で吹《ふ》き飛《と》ばされ、頭《あたま》を強打《きょうだ》して頭蓋骨《ずがいこつ》を骨折《こっせつ》しました。すぐ病院《びょういん》に担《かつ》ぎ込《こ》まれましたが、瞳孔《どうこう》が開《ひら》き、肛門《こうもん》も開《ひら》いている状態《じょうたい》に医者《いしゃ》は絶望《ぜつぼう》と判断《はんだん》、そのまま放置《ほうち》してしまうありさま。たまたま前橋中道場《まえばしちゅうどうじょう》のお主枝和人副会長《すえわにんふくかいちょう》をしていた山《やま》本林平《もとりんぺい》さんが話《はなし》を聞《き》き、強引《ごういん》に手術《しゅじゅつ》を頼《たの》んだため、ようやく手術《しゅじゅつ》がとりおこなわれました。手術《しゅじゅつ》の前後《ぜんご》に坊《ぼう》やにお浄《きよ》めを続《つづ》けたところ、四日目《よっかめ》に意識《いしき》を回復《かいふく》、しかも普通《ふつう》なら痛《いた》みを訴《うった》えるはずなのに、まったく苦痛《くつう》の様子《ようす》がありません。その後坊《あとぼう》やは以前《いぜん》より元気《げんき》になり、頭《あたま》もかえってよくなったそうです。

目《め》の病気《びょうき》

『目《め》の病気《びょうき》でも、そこひや星目《ほしめ》や目《め》が見《み》えなくなるというのは、ほとんど百《ひゃく》パーセント神仏《しんぶつ》と関係《かんけい》があります』

そこひには、白《しろ》そこひ、青《あお》そこひ、黒《くろ》そこひがあります。白《しろ》そこひとは白内障《はくないしょう》のことで、目《め》の玉《たま》の水晶体《すいしょうたい》が白《しろ》くにごり、物《もの》がかすんで見《み》えます。青《あお》そこひとは緑内障《りょくないしょう》のことで、目《め》が激《はげ》しく痛《いた》み、電燈《でんとう》のまわりに虹《にじ》のような輪《わ》が見《み》えます。黒《くろ》そこひとは黒内障《こくないしょう》のことで、見《み》たところなんともないのに、目《め》が見《み》えなくなる病気《びょうき》のことです。星目《ほしめ》とは目《め》の玉《たま》の縁《ふち》に、泡《あわ》つぶぐらいの大《おお》きさの白《しろ》い星《ほし》のようなものがあらわれる病気《びょうき》です。

『神仏《しんぶつ》に対《たい》する間違《まちが》いによるものです。神様《かみさま》に対《たい》し間違《まちが》いがないか反省《はんせい》し、先祖《せんぞ》の祀《まつ》り方に間違《まちが》いがないか早《はや》く発見《はっけん》することです。

たとえば、祖父《そふ》や祖母《そぼ》が、観音様《かんのんさま》や天照日大神様《あまてらすひのおおかみさま》をお祀《まつ》りしてい祠《ほこら》を壊《こわ》してしまったり、蹴飛《けと》ばしたりしたとか、あるいは、焼《や》いてしまったか、正《ただ》しい処理《しょり》をしないと、必《かなら》ず頭《あたま》や目《め》に型示《かたしめ》しがあらわれます。自分《じぶん》に型示《かたしめ》しのない場合《ばあい》は、子供《こども》や孫《まご》へとあらわれます。事故《じこ》で頭《あたま》を打《う》ったり、割《わ》ったりしてしまう。また、先祖《せんぞ》の位牌《いはい》の祀《まつ》り方が間違《まちが》っていても、頭《あたま》や、目《め》に不調《ふちょう》があらわれます。

ですから、いいかげんな考《かんが》えで神霊《しんれい》、仏霊《ぶつれい》の祀《まつ》りをやっていると、子孫《しそん》にたいへんな間違《まちが》いが起《お》きてしまいます。目《め》の場合《ばあい》は失明《しつめい》ということになります。百《ひゃく》パーセントそれです。そこで、間違《まちが》いがないかどうかを一度《いちど》調《しら》べて、間違《まちが》いがあったら心《こころ》からおわびし、正《ただ》しい祀《まつ》り方《かた》をしてさしあげる。そうしないと同《おな》じことが次々《つぎつぎ》と起《お》きてきます。

そしてお浄《きよ》めをします。そこひの場合《ばあい》、目《め》やにや涙《なみだ》が強《つよ》く出《で》るようになります。そして一時《いちじ》ぼーっとなって見《み》えなくなるようであればよくなります。それは一度《いちど》溶《と》けた濁毒《だくどく》（薬毒《やくどく》）が広《ひろ》がるので、一時《いちじ》見《み》えなくなるのです。しばらくたったら、今度《こんど》は目《め》の芯《しん》が痛《いた》くなります。痛《いた》みは溶《と》けている証拠《しょうこ》ですから、感謝《かんしゃ》することが大切《たいせつ》です。

そのとき目《め》が悪《わる》くなったと思《おも》って、目薬《めぐすり》を差《さ》さないようにします。また、手術《しゅじゅつ》をすると治《なお》りにくく長《なが》くかかります。水晶体《すいしょうたい》は、手術《しゅじゅつ》していなければ見《み》えるようになります。注射《ちゅうしゃ》をしたり、手術《しゅじゅつ》したりすると、どうしても消毒剤《しょうどくざい》と麻痺剤《まひざい》を入《い》れるから、青《あお》そこひになります。青《あお》そこひは薬《くすり》の固《かた》まりです。

また、鳥目《とりめ》というのは、鳥《とり》の霊《れい》が憑《つ》かっているだけです。これは、不倫《ふりん》の行為《こうい》を非《ひ》常《じょう》に嫌《きら》う守護霊《しゅごれい》や先祖《せんぞ》がありますと、霊界《れいかい》で鳥《とり》の霊《れい》に戒告《かいこく》を頼《たの》むのです。先祖《せんぞ》がよく頼《たの》むのは、狐《きつね》、狸《たぬき》、鳥《とり》の霊《れい》です。なにか不倫《ふりん》な行為《こうい》、人《ひと》の道《みち》にはずれることはないか反省《はんせい》する必要《ひつよう》があるということです。必《かなら》ずそこを嫌《きら》ってやらせています』と、教《おし》えていただきました。

耳《みみ》の病気《びょうき》

『中耳炎《ちゅうじえん》、耳《みみ》だれ、これは膿《うみ》が出れば出《で》るほどよいのです。耳《みみ》の穴《あな》からお浄《きよ》めすると、無理《むり》に出《だ》さなくてもどんどん出《で》てきます。これは扁桃腺《へんとうせん》を止《と》めたり、目《め》ヤニを止《と》めたり、鼻風邪《はなかぜ》を止《と》めたりしてきた罰《ばつ》ですから、耳《みみ》から出《だ》すよりしょうがないのです。どんどん出《だ》しませんと、中耳炎《ちゅうじえん》から脳膜炎《のうまくえん》を起《お》こします。出《だ》している限《かぎ》り脳膜炎《のうまくえん》にはなりません。膿《うみ》を出《だ》せば、どんなひどい人《ひと》でも二十日《はつか》くらいで膿《うみ》が止《と》まり、子供《こども》の場合《ばあい》はびっくりするほど、頭《あたま》のよい子《こ》になるということです。

また、中耳炎《ちゅうじえん》の子《こ》は、頭《あたま》の肌《はだ》がピンクに変《か》わってきます。ですから絶対《ぜったい》に止《と》めてはいけないものであるという考《かんが》え方《かた》で、どんどん出《だ》せばよいのです。脳《のう》に入《はい》っていく直前《ちょくぜん》ですから、耳《みみ》だれは出《だ》さなければなりません。

耳鳴《みみな》り、これも治《なお》らない人《ひと》はいません。耳鳴《みみな》りを治《なお》す医者《いしゃ》は世界中《せかいじゅう》どこにもいません。これを治《なお》せるのは陽光子《ようこうし》（神組《かみく》み手《て》）の人《ひと》だけです。世界中《せかいじゅう》の病院《びょういん》へ何年《なんねん》も通院《つういん》した外務省《がいむしょう》の人《ひと》がいましたが治《なお》らず、なのに手《て》かざしですっかりよくなってしまいました。耳鳴《みみな》りは頭《あたま》の毒素《どくそ》の流《なが》れる音《おと》が原因《げんいん》です。よくお浄《きよ》めして頭《あたま》の毒素《どくそ》を流《なが》すようにします。また、たまに耳鳴《みみな》りで亡《な》くなった方《かた》の霊《れい》のために耳鳴《みみな》りになる場合《ばあい》もあります。

耳《みみ》は、だんだん聞《き》こえなくなったのなら薬毒《やくどく》が溜《た》まったのです。これはお浄《きよ》めをしていればひとりでに聞《き》こえるようになります。手術《しゅじゅつ》をして鼓膜《こまく》に穴《あな》があいているのはだめですが、そうでなければ大丈夫《だいじょうぶ》です。穴《あな》があいていても子供《こども》のうちならよくなります。

突然聞《とつぜんき》こえなくなるのは憑霊現象《ひょうれいげんしょう》です。木龍《ぼくりゅう》に憑《か》られるとなります。庭《にわ》の木《き》や、古木《こぼく》を切《き》ったりするときには、木龍《ぼくりゅう》が憑《か》っていることを常識《じょうしき》と考《かんが》え、木《き》を切《き》る前《まえ》に、まず小《ちい》さい木《き》を一本《ぽん》植《う》えます。次《つぎ》に水《みず》がめに水《みず》を入《い》れて置《お》き「これからこの木《き》を切《き》りますから、もし龍神様《りゅうじんさま》が住《す》んでおられたら、隣《となり》の木《き》に移《うつ》って下《くだ》さい」と申《もう》し上《あ》げて切《き》れば怒《おこ》られません。これをせずに切《き》りますと、その木《き》で龍神《りゅうじん》が行《ぎょう》をしていたらたいへんです。すぐ憑《かか》ってきます。五日《いつか》くらいのあいだに聞《き》こえなくなる。木《き》こりがやられるのはこれです。わびて、お浄《きよ》めすれば治《なお》ってしまいます。

また、古井戸《ふるいど》をいきなり埋《う》めると、水龍神《すいりゅうじん》が怒《おこ》って祟《たた》り、家《いえ》は火事《かじ》で焼《や》かれることになります。商売《しょうばい》はうまくいくと思《おも》うとだめになり、命《いのち》は取《と》られる、そのように徹底的《てっていてき》にやられてしまいます。卵《たまご》、米《こめ》、水《みず》、酒《さけ》などを供《そな》え、事前《じぜん》にお断《こと》わりをすることです。

山《やま》で遭難《そうなん》が多《おお》いのも、半分以上《はんぶんいじょう》は霊障《れいしょう》です。山《やま》では天狗《てんぐ》や龍神《りゅうじん》が行《ぎょう》をしています。それを知《し》らないで不浄《ふじょう》なことをするから、龍神《りゅうじん》などが怒《おこ》って岩崩《いわくず》れ、なだれ、龍巻《たつまき》などを起《お》こすのです。だから、なにをするのでもちょっと断《こと》わってからすれば、なんでもないのです』

癌《ガン》について

『癌《ガン》は霊的《れいてき》には、祖霊《それい》の戒告《かいこく》が一番多《いちばんおお》いです。食《た》べられないという型《かた》を示《しめ》してきます。放《はな》っておくと手術《しゅじゅつ》ができないところまできます。怨《うら》みの霊《れい》のなかでも蛇《へび》の霊《れい》です。人間《にんげん》が青大将《あおだいしょう》に転生《てんせい》しますから、青大将《あおだいしょう》になって死《し》んだ霊《れい》のなかでも大勢《おおぜい》が龍神界《りゅうじんかい》に落《お》ち、行《ぎょう》をしている霊《れい》もあります。

よく「家《いえ》の主《ぬし》」といわれる蛇《へび》がいますが、あれは大概先祖《たいがいせんぞ》です。ですから、その蛇《へび》を殺《ころ》すと、わびるまで家族中《かぞくじゅう》の生命《せいめい》を取《と》ります。先祖《せんぞ》の生命《せいめい》を取《と》ったのですから、ものすごく怒《おこ》ってとことんやります。蛇《へび》の霊《れい》はお浄《きよ》めすると逃《に》げますからすぐわかります。身体中《からだじゅう》逃《に》げまわりますが、毎日毎日《まいにちまいにち》、家族《かぞく》ぐるみの神《かみ》向《む》きをやっていると、だんだんとその逃《に》げる速度《そくど》が遅《おそ》くなって、ついにはグニャグニャになってしまいます。

この逃《に》げまわるのをお医者《いしゃ》さんは「移動癌《いどうガン》」といいます。お医者《いしゃ》が「移動癌《いどうガン》」というときは、恨《うら》んだ龍神《りゅうじん》の霊《れい》が癌《ガン》を住《す》み家《か》にしているということです。その場合《ばあい》は霊《れい》障《しょう》を解消《かいしょう》しながら、癌《ガン》の場所《ばしょ》のお浄《きよ》めをすればよいのです。あるいは、霊《れい》がさとってから手術《しゅじゅつ》すればいいのですが、現在《げんざい》の医学《いがく》では霊障《れいしょう》ということを全然考《ぜんぜんかんが》えませんから、霊《れい》は住《す》まいの拠点《きょてん》を取《と》られたと怒《いか》り、ますます殺《ころ》そうとしてしまいます。イギリスの医学界《いがくかい》では、癌《ガン》の手術後《しゅじゅつご》五年以上《ねんいじょう》生《い》きている方《かた》は非常《ひじょう》に少《すく》ないと発表《はっぴょう》しています。

いろいろ実例《じつれい》を見《み》ましても、さまざまな結果《けっか》になっていますが、総《そう》じてご家族《かぞく》の神《かみ》向《む》きが非常《ひじょう》に大切《たいせつ》になります。これは、いかなる場合《ばあい》でもいえることです。

癌《ガン》は、電気《でんき》をかけた人《ひと》、コバルトをかけた人《ひと》、光線治療《こうせんちりょう》をやった人《ひと》はよくなりにくいのです。全然《ぜんぜん》なにもしない癌《ガン》であれば、三年《ねん》のところが一年《ねん》ほどで元気《げんき》になります。このような療法《りょうほう》が科学的《かがくてき》だと思《おも》っていることがいかに病気《びょうき》を悪化《あっか》させているか、明瞭《めいりょう》です。てきめんに治《なお》りが悪《わる》くなります。ただ、固《かた》めてしまい硬化現象《こうかげんしょう》を起《お》こすので、新《あら》たに癌《ガン》が出《で》たり、咳《せき》が出《で》たりはしなくなります。そのかわり、癌《ガン》を永久的《えいきゅうてき》に存在《そんざい》させてしまいます。

一《ひと》つ癌《ガン》ができたら、年中《ねんじゅう》そこに濁素《だくそ》が溜《た》まりますから、だんだん大《おお》きくなってしまいます。そもそも壊《こわ》すために神様《かみさま》はばい菌《きん》を使《つか》われるのです。それがいけないといって固《かた》めるような薬《くすり》を注射《ちゅうしゃ》したり、飲《の》ませたり、電気療法《でんきりょうほう》をしますから、ますます硬化《こうか》した癌《ガン》になってしまうのです。そうしていよいよ溶《と》けない。ゴムマリのような筋肉《きんにく》であったものが木質化《もくしっか》し、鉱物化《こうぶつか》し、鉄筋《てっきん》コンクリートのようになり、鋼鉄《こうてつ》のようにしてしまう。そういうことをして、科学的《かがくてき》な療法《りょうほう》という「医学《いがく》の迷信《めいしん》」は恐《おそ》るべきものだと思《おも》います。

癌《ガン》は、八十パーセントが霊障《れいしょう》です。あと二十パーセントはただ薬《くすり》が固《かた》まっているだけです。子宮癌《しきゅうがん》でも、飲《の》んだ薬《くすり》が子宮《しきゅう》の濁血《だくけつ》と一緒《いっしょ》に固《かた》まったというだけです。とくに濁血《だくけつ》と薬毒《やくどく》が一緒《いっしょ》になると、非常《ひじょう》に硬《かた》いものができてしまいます。体内《たいない》に入《い》れた薬毒《やくどく》が硬化現象《こうかげんしょう》の働《はたら》きで筋肉《きんにく》のなかへ染《し》み込《こ》んで硬《かた》くなったものを「肉腫《にくしゅ》」だとか「癌《ガン》」だとかいっているだけです。ただ飲《の》んだ薬《くすり》が固《かた》まっただけのものを癌《ガン》だとか肉腫《にくしゅ》だとかいって、なにかハイカラな病気《びょうき》でもしたように思《おも》っているけれども、実《じっ》は、飲《の》んだり注射《ちゅうしゃ》した薬《くすり》が、ただ細胞《さいぼう》に染《し》み込《こ》んで、その部分《ぶぶん》で固《かた》まって硬化現象《こうかげんしょう》を起《お》こしたというそれだけのことです。

だから、文明人《ぶんめいじん》ほど癌《ガン》が多《おお》いでしょう。アメリカなんぞ、どうですか。癌《ガン》が国民《こくみん》病化《びょうか》しているじゃないですか。現在《げんざい》のアメリカで最近急《さいきんきゅう》に騒《さわ》ぎ出《だ》しているのは、結《けっ》核《かく》と小児《しょうに》マヒと癌《ガン》が国民病化《こくみんびょうか》してきたという問題《もんだい》です。

日本《にほん》でもそうですね。最近《さいきん》は、肝臓硬化《かんぞうこうか》とか癌《ガン》、脳病《のうびょう》で亡《な》くなる人《ひと》が、いかに増《ふ》えたか。新聞《しんぶん》に出《で》るようなお偉《えら》い方《かた》、知識階級《ちしきかいきゅう》の人《ひと》、またお医者《いしゃ》さんが、しかも、自分《じぶん》の担当《たんとう》が内科《ないか》でありながら、年若《としわか》くして亡《な》くなっているか。お偉《えら》い方《かた》ほど、子《し》宮《きゅう》癌《ガン》だ、肺癌《はいガン》だ、肝臓癌《かんぞうガン》だ、癌性脳膜炎《まんせいのうまくえん》だ、胃癌《いガン》だ、直腸癌《ちょくちょうガン》だ、食道癌《しょくどうガン》だと、癌《ガン》で死《し》んでいる人《ひと》がアメリカに負《ま》けないほどになってしまっています。

それから、肝臓硬化《かんぞうこうか》も非常《ひじょう》に増《ふ》えてきました。しかも、医学博士《いがくはかせ》がばたばたと亡《な》くなっているのです。とうとう、そういう時代《じだい》になってしまったのです。しかも、新《あたら》しい医学《いがく》で人間《にんげん》がどんな病気《びょうき》でも治《なお》るというような迷信《めいしん》を、皆《みな》さんも今日《こんにち》までもっていたと思《おも》います。

さて、濁血《だくけつ》や濁毒《だくどく》が溶《と》けるとき、熱《ねつ》を出《だ》します。その濁毒《だくどく》を食《た》べにあらゆる菌《きん》が集《あつ》まって炎症《えんしょう》を起《お》こします。これが子宮《しきゅう》に起《お》きたのを子宮内膜炎《しきゅうないまくえん》といいます。子宮《しきゅう》のお浄《きよ》めをすれば、きれいによくなってしまいます。これを悪《わる》いと考《かんが》えて排泄《はいせつ》させないから、筋腫《きんしゅ》のような固《かた》まりができるのです。子宮筋腫《しきゅうきんしゅ》は、注射《ちゅうしゃ》や飲《の》んだ薬《くすり》が硬化《こうか》しているだけ、もしくは、生理《せいり》が順調《じゅんちょう》でないため、濁血《だくけつ》がそこで固《かた》まることによって起《お》きます。濁血《だくけつ》と薬毒《やくどく》が一緒《いっしょ》になると非常《ひじょう》に硬化《こうか》します。

子宮癌《しきゅうガン》は、男女間《だんじょかん》の恨《うら》みの霊《れい》が憑《か》かると起《お》きます。たとえば、祖父《そふ》が、女《おんな》に子供《こども》を産《う》ませて、惨《みじ》めな死《し》に方《かた》をさせた等《など》という場合《ばあい》は必《かなら》ずやられます。三代《だい》から六代前《だいまえ》のことが多《おお》いです。そうでなければ、旦那様《だんなさま》か奥様《おくさま》の今世《こんせ》受《う》けている恨《うら》みそねみです。自分《じぶん》でよく反省《はんせい》して思《おも》い当《あ》たることがあったら、「今度《こんど》はそういうことは致《いた》しませんから、神様《かみさま》どうぞお許《ゆる》し願《ねが》います」とおわびしてからお浄《きよ》めをする。先祖《せんぞ》からのことを消《け》すには、人《ひと》の救《すく》いに、家族《かぞく》の者《もの》が立《た》ち上《あ》がり、お許《ゆる》しをいただくことです。そうすれば、霊《れい》の方《ほう》が障《さわ》りを止《と》めてくれます。癌《ガン》はどんどん溶《と》けて出《で》てしまいます』と、救《すく》い主《ぬし》・聖凰真光大導主様《せいおうまひかりだいどうしゅさま》から教《おし》えていただきました。

酒乱《しゅらん》は先祖《せんぞ》の霊《れい》

昭和《しょうわ》四十年《ねん》（一九六五）四月号真光《がつごうまひかり》三十三号霊障物語《ごうれいしょうものがたり》、および昭和《しょうわ》四十二年《ねん》（一九六七）十月号真光《がつごうまひかり》六十二号初研講座《ごうしょけんこうざ》より

『それから、「酒乱《しゅらん》は先祖《せんぞ》の霊《れい》」が原因《げんいん》です。普段《ふだん》は非常《ひじょう》におとなしく、また好人物《こうじんぶつ》であるのに、飲《の》むと別人《べつじん》になり、暴《あば》れまわり、人《ひと》にからみ、妻子《さいし》を打擲《ちょうちゃく》し、乱行《らんぎょう》の限《かぎ》りをつくす人《ひと》が世間《せけん》にいます。禁酒会《きんしゅかい》にはいっても、精神科医《せいしんかい》に診《み》てもらっても治《なお》りません。

これは実例《じつれい》からいって、怨《うら》みの龍神等《りゅうじんとう》、霊力《れいりょく》の強《つよ》い霊《れい》がその人《ひと》に憑依《ひょうい》する場合《ばあい》と、

酒好《さけず》きで供養《くよう》してもらえない先祖《せんぞ》の霊《れい》が憑依《ひょうい》する場合《ばあい》に起《お》こる現象《げんしょう》です。これも真《ま》光《ひかり》のみ業《わざ》の拝受《はいじゅ》と、正《ただ》しい祖霊《それい》の供養《くよう》により、本人《ほんにん》に禁酒《きんしゅ》を無理強《むりじ》いしなくても、短期間《たんきかん》に治《なお》ってしまうものです。

秋深《あきふか》まったある日《ひ》、ある夫婦《ふうふ》が悲痛《ひつう》な面持《おもも》ちで道場《どうじょう》にこられました。ご主人《しゅじん》がたいへんな酒乱《しゅらん》で奥様《おくさま》が困《こま》りきって、人伝《ひとづて》に助《たす》けを求《もと》めてきたのです。

奥様《おくさま》が恥《は》ずかしさ悲《かな》しみをこらえて切々《せつせつ》と訴《うった》えるには、ご主人《しゅじん》は通勤《つうきん》し商売《しょうばい》をしていますが、毎日出《まいにちで》かける途中《とちゅう》に酒屋《さかや》があり、酒《さけ》の匂《にお》いを嗅《か》ぐと、門《もん》をくぐって朝《あさ》から飲《の》みはじめるというのです。飲《の》むと梯子酒《はしござけ》になり、一升《しょう》ぐらいは序《じょ》の口《くち》に飲《の》み、手《て》を出《だ》し足《あし》を出《だ》しで、店舗《てんぽ》のガラスを割《わ》ったり、他人《たにん》を殴《なぐ》ったりして、さんざんな振《ふ》る舞《ま》いをするので、そのあとを奥様《おくさま》が謝《あやま》って歩《ある》かなければならない、本当《ほんとう》につらい毎日《まいにち》を送《おく》っていたのだそうです。

お話《はなし》を一通《ひととお》りうかがいましてから、真《ま》光《ひかり》のみ業《わざ》を施《ほどこ》し、「しばらくのあいだ、お浄《きよ》めを続《つづ》けることが大切《たいせつ》です」と申《もう》し上《あ》げましたら、誠《まこと》に素直《すなお》な方《かた》で納得《なっとく》した様子《ようす》でした。ご神前《しんぜん》で「真《ま》光《ひかり》」を受《う》けられたご夫婦《ふうふ》は、おいでになったときとは打《う》ってかわって明《あか》るい表情《ひょうじょう》になりました。奥様《おくさま》には、正《ただ》しい祖霊祀《それいまつ》りと、ご先祖様《せんぞさま》にお酒《さけ》をお供《そな》えすることをお勧《すす》めしたところ、すぐその通《とお》り実行《じっこう》され、わずか数日間《すうじつかん》、四、五回《かい》ほど真光《まひかり》のみ業《わざ》を受《う》けられただけで、ご主人《しゅじん》は別人《べつじん》のようにお酒《さけ》を飲《の》まなくなりました。

その後《ご》もご夫婦《ふうふ》でお浄《きよ》めを続《つづ》けるようになって数回目《すうかいめ》のお浄《きよ》めのとき、突然憑依《とつぜんひょうい》霊《れい》が、上体《じょうたい》を大《おお》きくくねらせる霊動《れいどう》で奥様《おくさま》に浮霊《ふれい》し、字《じ》を書《か》き、口《くち》をきってわめきました。なぜ憑依《ひょうい》したのか質問《しつもん》したところ、その霊《れい》は、三代前《だいまえ》の酒好《さけず》きだった先祖《せんぞ》の霊《れい》であり、十九年前《ねんまえ》に霊界《れいかい》で蛇《へび》に転生《てんせい》し、八年前《ねんまえ》に屋敷《やしき》のなかで、子孫《しそん》であるご主《しゅ》人《じん》に殺《ころ》されたというのです。殺《ころ》された悔《くや》しさと、酒欲《さけほ》しさで憑《か》かったのだと白状《はくじょう》しました。

あくる日《ひ》のお浄《きよ》めでよくさとし、「二十日間《はつかかん》、毎日酒《まいにちさけ》を差《さ》し上《あ》げるが、あとは週《しゅう》に一度《ど》か、月《つき》に一度《ど》で毎日《まいにち》は差《さ》し上《あ》げられない」と、約束《やくそく》して霊界《れいかい》に帰《かえ》らせました。その後《ご》は、夫婦《ふうふ》で研修《けんしゅう》を受《う》けられ、それ以来《いらい》、ご主人《しゅじん》はほとんどお酒《さけ》を飲《の》まなくなり、今《いま》では家庭円満《かていえんまん》、嬉《うれ》し嬉《うれ》しの暮《く》らしをされています』と、ご教導《きょうどう》を下《くだ》されております。

守護霊《しゅごれい》はご先祖様《せんぞさま》

昭和《しょうわ》四十二年《ねん》（一九六七）九月号《がつごう》真光《まひかり》六十一号初研講座《ごうしょけんこうざ》より

昭和《しょうわ》五十四年《ねん》（一九七九）五月《がつ》十九日《にち》、母《はは》、堀口《ほりぐち》ゑよ子《こ》は、初級真光研修会《しょきゅうまひかりけんしゅうかい》の二日目《ふつかめ》の講義《こうぎ》を受講《じゅこう》させていただき、「守護霊《しゅごれい》」について教《おし》えていただきました。

『神様《かみさま》とご先祖様《せんぞさま》とあなたの関係《かんけい》は、まずあなたがいて、あなたの後《うし》ろというか上《かみ》にご先祖様《せんぞさま》の代表《だいひょう》が選《えら》ばれて、あなたのわき役《やく》をする守護霊《しゅごれい》として常《つね》についています。

その守護霊《しゅごれい》の後《うし》ろには多《おお》くのご先祖様《せんぞさま》が、背後霊団《はいごれいだん》となってあなたの守護霊《しゅごれい》を指導《しどう》しています。そして、さらにその後《うし》ろに産土神《うぶすなのかみ》つまり生《う》まれた土地《とち》の神《かみ》、鎮守《ちんじゅ》の神《かみ》――これはその土地《とち》や寺《てら》を守《まも》る神《かみ》、氏神《うじがみ》――これは氏《うじ》の先祖《せんぞ》として祀《まつ》る神《かみ》、こうした担任《たんにん》の神《かみ》がいて、その後《うし》ろに四十八《ヨトヤ》の神《かみ》がいて、その四十八《ヨトヤ》の神様《かみさま》を通《つう》じて天地創《てんちそう》造《ぞう》、人類創造《じんるいそうぞう》の主《ス》の大神様《おおかみさま》に通《つう》じているのです。

この関係《かんけい》は、たとえばあなたが商売《しょうばい》が好《す》きで、商売《しょうばい》をはじめたとします。ところが、守護霊《しゅごれい》が武士《ぶし》だと、商売《しょうばい》が好《す》きでも上手《じょうず》にはいかない。すると背後霊団《はいごれいだん》のなかで商《しょう》売上手《ばいじょうず》の祖霊《それい》が、なんとかしてやろうと、本人《ほんにん》の熱心《ねっしん》と精勤《せいきん》さをみて守護霊《しゅごれい》を知恵《ちえ》づけるのです。ふと思《おも》う、気《き》がつく、そんな気《き》がする、勘《かん》が働《はたら》くといいますね。勘《かん》と は甚《はなは》だしい力《ちから》と書《か》きます。皆《みな》この仕組《しく》みなんです。

ですから、人間《にんげん》があることを思《おも》う、予想《よそう》するというもののなかには、実際《じっさい》は思《おも》わされ、やらされていることが多《おお》いのです。人間《にんげん》の小我《しょうが》が災《わざわ》いして、そのことに気《き》がついていない。心理学等《しんりがくとう》だけでは、世《よ》の不思議《ふしぎ》や人生《じんせい》は永久《えいきゅう》に解決《かいけつ》できません。「人生《じんせい》は理外《りがい》の理《り》」で、本源《ほんげん》が潜在《せんざい》している因《いん》の一《ひと》つなのです。

霊魂《れいこん》と霊体《れいたい》の世界《せかい》が清《きよ》まる、すなわち霊相《れいそう》が浄《きよ》まると、霊層界《れいそうかい》は自然《しぜん》に上昇《じょうしょう》を起《お》こす。すると守護霊《しゅごれい》は霊層《れいそう》の低《ひく》い守護霊《しゅごれい》から霊層《れいそう》のより高《たか》い守護霊《しゅごれい》へと、あなたの霊《れい》層界上昇《そうかいじょうしょう》にともなって相応《そうおう》の魂《たましい》で交替《こうたい》が起《お》きる。霊層《れいそう》の高《たか》い守護霊《しゅごれい》の方《ほう》が、霊界《れいかい》現象《げんしょう》では先《さき》の方《ほう》が見《み》える。ちょうど山《やま》の麓《ふもと》から見《み》るより上《うえ》の方《ほう》へ登《のぼ》るとより遠《とお》くが見《み》えるようなものです。すなわち先《さき》の見《み》え方《かた》が広《ひろ》く、かつ幽界《ゆうかい》では、守護霊《しゅごれい》はおつきあいする守護霊間《しゅごれいかん》でその地位《ちい》、能力《のうりょく》、顔《かお》の広《ひろ》さなどが現界《げんかい》と同《おな》じように、大《おお》きい守《しゅ》護霊《ごれい》と交替《こうたい》される。謡《うたい》でいえば脇役《わきやく》、劇《げき》でいえば相手役《あいてやく》のよいほうに変《か》わる。人生劇《じんせいげき》はやりやすくなるという式《しき》です。

そこで「霊界《れいかい》と現界《げんかい》はあわせ鏡《かがみ》」になっている。霊界《れいかい》の影響《えいきょう》が連動《れんどう》してくる。現《げん》界《かい》のあなたは、上《あ》がる株《かぶ》とか、上昇《じょうしょう》の率《りつ》のいい土地《とち》を買《か》わされるでしょう。家相《かそう》や方角《ほうがく》の悪《わる》い土地《とち》や、家《いえ》、あるいは、月日《つきひ》があなたに悪《わる》いとか、災害《さいがい》の起《お》きる地域《ちいき》には、あなたがいくら気《き》にいって行《い》こうとしても、手《て》に入《い》れようとしても、いろいろと邪魔《じゃま》をして下《くだ》さって、どうしても自分《じぶん》の手《て》にははいらないような仕組《しく》みをする能力《のうりょく》が、霊層《れいそう》の低《ひく》い守護霊《しゅごれい》と霊層《れいそう》のより高《たか》い守護霊《しゅごれい》では違《ちが》ってきます。

これらの甚《はなは》だしい霊界《れいかい》の実相《じっそう》が生《い》き生《い》きとして実在《じつざい》しているのに、肉《にく》の目《め》にそれが見《み》えぬのをいいことに、宗教《しゅうきょう》を哲学《てつがく》と錯覚《さっかく》して、それが高級宗教《こうきゅうしゅうきょう》でもあるかのような大失態《だいしったい》を犯《おか》してしまっている。それが、今《いま》の神主様《かんぬしさま》、法主様《ほうおうさま》、住職様《じゅうしょくさま》、神学《しんがく》者《しゃ》、宗教評論家《しゅうきょうひょうろんか》といった職業宗教屋《しょくぎょうしゅうきょうや》です。それとなく気《き》づいていらっしゃる人《ひと》もいますが微々《びび》たるものです。

学識《がくしき》という無責任現象《むせきにんげんしょう》を見《み》ていると、大衆《たいしゅう》や被指導者層《ひしどうしゃそう》はたまったものではないのが現実《げんじつ》で、あらゆる面《めん》で仮面《かめん》の世《よ》というほかないのです。

したがって「触《さわ》らぬ神《かみ》（仏《ほとけ》）にたたりなし」とか「神《かみ》も仏《ほとけ》もあるもんか」式《しき》では、何千何万《なんぜんなんまん》という事実《じじつ》、まことの現実主義者《げんじつしゅぎしゃ》から見《み》ると、無茶苦茶《むちゃくちゃ》ですという以外《いがい》にない。人生大損《じんせいおおぞん》をして平気《へいき》だという虚勢《きょせい》か、はったり人種《じんしゅ》や無知《むち》さらけ出《だ》し人種《じんしゅ》の激増《げきぞう》、それを科学的《かがくてき》だとか知性人《ちせいじん》と思《おも》う迷信《めいしん》の世《よ》です。こうなってくると、万霊《ばんれい》さらにはみ仏《ほとけ》、神霊《しんれい》とその人《ひと》との交流交感能力《こうりゅうこうかんのうりょく》は甚《はなは》だしい差《さ》を生《しょう》じ、生《い》きながらの極楽人《ごくらくにん》と地獄人《じごくじん》との差《さ》があまりにも大《おお》きくなってくるのです。

さて、霊層《れいそう》の低《ひく》い肉体層《にくたいそう》からより霊層《れいそう》の高《たか》いところに中身《なかみ》が向上《こうじょう》しますと、目《め》に見《み》えぬ霊波線《れいはせん》が伸《の》びます。それがある限界《げんかい》がくると不思議《ふしぎ》なもので、より霊層《れいそう》の高《たか》いところから肉身界《にくしんかい》を引《ひ》っ張《ぱ》ります。運命《うんめい》のよい面《めん》での突然変異《とつぜんへんい》が起《お》きるのです。

すると人《ひと》は、運《うん》のいいやつ、要領《ようりょう》のいいやつと思《おも》い、己《おの》れも自分《じぶん》の学識《がくしき》や、腕《うで》がそうしたのだと思《おも》ってしまう。我《われ》、慢心《まんしん》か、狭《せま》い頑迷者《がんめいしゃ》となって、人生《じんせい》が止《と》まるか、大失敗《だいしっぱい》という、危険《きけん》の芽《め》が出《で》てきます。怨《うら》み、そねみ、ねたみ、邪霊《じゃれい》の障《さわ》りや、祖霊《それい》戒告現象《かいこくげんしょう》が起《お》こりやすいことになる。予想《よそう》がつぎつぎとはがれて、悲惨《ひさん》のどん底《ぞこ》にさえ誘導《ゆうどう》される人生《じんせい》となるのです。

反対《はんたい》に、より高《たか》い霊層界《れいそうかい》のランクに肉身《にくしん》があって生活《せいかつ》されている人《ひと》でも、魂霊《タマヒ》の世《せ》界《かい》が低《ひく》い霊層界《れいそうかい》に落《お》ちていたとします。すると、いつか商売《しょうばい》は急転直下《きゅうてんちょっか》となり、事《じ》業《ぎょう》がうまくゆかなくなり、ついにはにっちもさっちもいかなくなるのです。下手《へた》をすると倒産《とうさん》にまでもっていってしまう。没落《ぼつらく》とか、崩壊《ほうかい》をきたす重要《じゅうよう》な要因《よういん》で、霊《れい》的経済学《てきけいざいがく》の一課目《かもく》とすらなるものです。現代人《げんだいじん》の目《め》が曇《くも》っていることを示《しめ》すものでもあります。

かくして、正法神向《せいほうしんこう》の信仰《しんこう》をもつことや、ご先祖祀《せんぞまつ》りの正《ただ》しい祀《まつ》り方《かた》をするかしないかは、目《め》には見《み》えませんが、舞台裏《ぶたいうら》に仕組《しく》みがあり、その人《ひと》の所属《しょぞく》する霊幽界《れいゆうかい》では間断《かんだん》なく仕《し》組《く》まれ、よい仕《し》組《く》みを受《う》ける人《ひと》と悪《わる》い仕《し》組《く》みやいい加減《かげん》の仕《し》組《く》みを受《う》ける人《ひと》によって、人生《じんせい》に非常《ひじょう》に差格《さかく》を生《しょう》じてくるのです。

ですから、守護霊《しゅごれい》が低位《ていい》の方《かた》ですと、ご本人《ほんにん》がいかに現界《げんかい》で真面目《まじめ》にし、努力家《どりょくか》であっても、霊層《れいそう》の向上《こうじょう》なくしてはうまくいかない。苦労《くろう》するだけの運命者《うんめいしゃ》となります』と、救《すく》い主《ぬし》・聖凰真光大導主様《せいおうまひかりだいどうしゅさま》はご教導《きょうどう》を下《くだ》されております。

もう一《ひと》つの守護霊《しゅごれい》

霊視能力者《れいしのうりょくしゃ》の宜保愛子様《ぎぼあいこさま》は、昭和《しょうわ》六十二年《ねん》（一九八七）に大陸書房《たいりくしょぼう》から発行《はっこう》されました、『宜保愛子《ぎぼあいこ》の霊視開運法《れいしかいうんほう》』で、「宗教《しゅうきょう》や霊視《れいし》は商売《しょうばい》ではない」と仰《おっ》しゃられております。

『残念《ざんねん》な事件《じけん》が最近多発《さいきんたはつ》しています。なにも知《し》らないお年寄《としよ》りに、壺《つぼ》や仏壇《ぶつだん》などを法外《ほうがい》な値段《ねだん》で売《う》りつける、「霊感商法《れいかんしょうほう》」といわれる事件《じけん》です。また、一部《いちぶ》の占《うらな》いをする人《ひと》や新興宗教《しんこうしゅうきょう》の関係者《かんけいしゃ》で、仏具売買《ぶつぐばいばい》の斡旋《あっせん》をしてリベートをとるとか、眉《まゆ》をひそめたくなる話《はなし》も耳《みみ》にします。私《わたくし》も「霊能者《れいのうしゃ》」という立場《たちば》にある以上《いじょう》、その同類《どうるい》と見《み》られるのではないか、とずいぶん迷惑《めいわく》に思《おも》うとともに、そういう行為《こうい》をする人《ひと》たちは、いったいどういう姿勢《しせい》、考《かんが》え方《かた》で悩《なや》める人々《ひとびと》に対処《たいしょ》しているのか、まったく理解《りかい》できません。

私《わたくし》は既成宗教《きせいしゅうきょう》でも新興宗教《しんこうしゅうきょう》でも、そのなかで宗教者《しゅうきょうしゃ》として真摯《しんし》な姿勢《しせい》をとりつづけている方々《かたがた》を何人《なんにん》も知《し》っています。複雑化《ふくざつか》し、機械化《きかいか》していく現代社会《げんだいしゃかい》に生《い》きる人々《ひとびと》には、やり場《ば》のない悩《なや》みがたまっていくのでしょうか、解決《かいけつ》の糸口《いとぐち》を見《み》つけたいと願《ねが》う人《ひと》はますます増《ふ》えています。こういう人々《ひとびと》を「需要《じゅよう》」とするならば、あまりにも安直《あんちょく》な「供給者《きょうきゅうしゃ》」があふれ過《す》ぎているのではないでしょうか。

神仏《しんぶつ》の神髄《しんずい》にふれるまで自《みずか》らを鍛練《たんれん》もせず、ただ名《な》だけをふりかざして、自分《じぶん》を大《おお》きく見《み》せようとする、これはまさに詐欺行為《さぎこうい》に等《ひと》しいと思《おも》うのです。

こういうインチキをする人《ひと》は、最初《さいしょ》の嘘《うそ》につじつまをあわせているうちに、だんだん自分《じぶん》を失《うしな》って、偽《いつわ》りの姿《すがた》を本当《ほんとう》の自分《じぶん》だと思《おも》い込《こ》んでしまいます。哀《あわ》れでさえあります。

しかし、本当《ほんとう》にかわいそうなのは、こうした人《ひと》たちの詐欺行為《さぎこうい》の犠牲《ぎせい》になった方々《かたがた》です。どんな神仏《しんぶつ》でもいいからすがって救《すく》われたいと思《おも》っている人《ひと》のなかには、生活《せいかつ》費《ひ》にもことかく方《かた》も当然含《とうぜんふく》まれているでしょう。こうした追《お》いつめられた人々《ひとびと》がさらに追《お》い討《う》ちをかけられるように被害《ひがい》をこうむるのを、私《わたくし》は見《み》ていられません。

いまでは、人《ひと》の死《し》に関《かん》する問題《もんだい》や死後《しご》の世界《せかい》、つまり霊界《れいかい》などにも関心《かんしん》をもつ人《ひと》が増《ふ》え、一歩進《いっぽすす》んで霊界《れいかい》の存在《そんざい》を信《しん》じる人《ひと》が増《ふ》えているのも、たいへん喜《よろこ》ばしいことだと思《おも》っています。しかし、これらを認識《にんしき》できるのは、一部《いちぶ》の特殊《とくしゅ》な能力《のうりょく》をもつ人《ひと》だけです。このために、前述《ぜんじゅつ》のような残念《ざんねん》な事件《じけん》が起《お》こるのです。

霊界《れいかい》の正《ただ》しい知識《ちしき》と基本《きほん》がわかっていただければ、私《わたくし》は二度《ど》とこうした忌《い》まわしい事件《じけん》の犠牲者《ぎせいしゃ》は出《で》ないと思《おも》います。毎日《まいにち》の地道《じみち》な先祖《せんぞ》の供養《くよう》と、霊《れい》を慰《なぐさ》めようとする心《こころ》さえあればいいということです。高価《こうか》な仏壇《ぶつだん》も、立派《りっぱ》な葬式《そうしき》も不要《ふよう》です。こうしたことを繰《く》り返《かえ》し訴《うった》えてきたつもりです。これらを多少《たしょう》なりとも納得《なっとく》され、幸多《さちおお》い人生《じんせい》を歩《あゆ》まれることを切望《せつぼう》しています』

それから、平成《へいせい》三年《ねん》（一九九一）に大陸書房《たいりくしょぼう》から発行《はっこう》されました、『宜保愛子《ぎぼあいこ》の幸《しあわ》せを呼《よ》ぶ守護霊《しゅごれい》』から、「創始者《そうししゃ》の守護霊《しゅごれい》が会社《かいしゃ》を繁栄《はんえい》に導《みちび》く」と教《おし》えて頂《いただ》きました。

伊藤忠商事《いとうちゅうしょうじ》（株）はご存《ぞん》じのように大阪《おおさか》から出発《しゅっぱつ》した商社《しょうしゃ》です。近年《きんねん》ますます業務内容《ぎょうむないよう》を拡大《かくだい》し、日本《にほん》を代表《だいひょう》する商事会社《しょうじがいしゃ》として世界的《せかいてき》に名《な》をとどろかせています。最大《さいだい》の成長《せいちょう》市場《しじょう》である通信分野《つうしんぶんや》でも、他社《たしゃ》に一歩先《いっぽさき》んじているといわれ、業績《ぎょうせき》も好調《こうちょう》。売上高《うりあげだか》も二、三年前《ねんまえ》に、念願《ねんがん》の業界《ぎょうかい》トップに躍《おど》り出《で》ました。

東京《とうきょう》の港区北青山《みなとくきたあおやま》にある同社《どうしゃ》の東京本社前《とうきょうほんしゃまえ》を通《とお》ったときのことでした。頑固《がんこ》そうなおじいさんが、会社《かいしゃ》の窓《まど》から外《そと》を眺《なが》めているのに出会《であ》ったのです。なぜかそのまま通《とお》り過《す》ぎることができなくて、思《おも》い切《き》って私《わたくし》はそのおじいさんに声《こえ》をかけてみました。

「あなたは、どなたですか」と。すると、そのおじいさんは笑顔《えがお》で応《こた》えてくれました。

「私《わたくし》はこの会社《かいしゃ》の創始者《そうししゃ》です。自分《じぶん》の名前《なまえ》がこの会社《かいしゃ》についているんですよ。だから、名前《なまえ》に恥《はじ》をかかせないようにと、いつもこうして会社《かいしゃ》を訪《たず》ねて見守《みまも》っているのです」

あとで聞《き》くと、その方《かた》は伊藤忠兵衛《いとうちゅうべえ》氏《し》といって、伊藤忠商事《いとうちゅうしょうじ》の創始者《そうししゃ》に当《あ》たる方《かた》でした。亡《な》くなった後《あと》も、創立《そうりつ》した会社《かいしゃ》の守護霊《しゅごれい》となってしっかりと会社《かいしゃ》を守《まも》り、目配《めくば》りを欠《か》かさないのです。その会社霊《かいしゃれい》は、現在《げんざい》もなお会社《かいしゃ》を引《ひ》っ張《ぱ》りつづけています。とても忙《いそが》しい霊《れい》で、ここにいたかと思《おも》うと、次《つぎ》の瞬間《しゅんかん》にはまたあちこちと、社内《しゃない》を走《はし》り回《まわ》っています。企画会議《きかくかいぎ》、重役会議《じゅうやくかいぎ》などが開《ひら》かれるときには、かならず出《しゅっ》席《せき》してアイデア（思《おも》いつき。考《かんが》え）を引《ひ》き出《だ》すように力添《ちからぞ》えをしています。この会《かい》社霊《しゃれい》の先見性《せんけんせい》やバイタリティ（生命力《せいめいりょく》。活力《かつりょく》）が、伊藤忠《いとうちゅう》の進取《しんしゅ》の気風《きふう》につながっているといっても過言《かごん》ではありません。

会社《かいしゃ》の建物《たてもの》の玄関《げんかん》を支《ささ》えるように立《た》っている二本《ほん》の太《ふと》い円柱《えんちゅう》。これが社内《しゃない》の人間《にんげん》関係《かんけい》のよさを象徴《しょうちょう》しています。どちらかの一方《いっぽう》が崩《くず》れても会社《かいしゃ》は崩壊《ほうかい》してしまいます。この二本《ほん》の円柱《えんちゅう》こそ、人間関係《にんげんかんけい》の大切《たいせつ》さを訴《うった》える霊《れい》の教《おし》えの現《あらわ》れだといえるでしょう。

多分《たぶん》、この会社《かいしゃ》はずっと以前《いぜん》に、他《ほか》に例《れい》を見《み》ないほどの大掛《おおが》かりな企業合併《きぎょうがっぺい》を体《たい》験《けん》しているはずです。そのような場合《ばあい》、通常《つうじょう》ならば社内派閥《しゃないはばつ》ができて対立関係《たいりつかんけい》を生《しょう》じやすいのですが、伊藤忠《いとうちゅう》ではそのようなことは意外《いがい》に少《すく》なく、全社員《ぜんしゃいん》が一枚岩《いちまいいわ》となっています。会社《かいしゃ》の内部《ないぶ》にはまだ封建的《ほうけんてき》なところが残《のこ》っていますが、新《あたら》しいことのみがいいわけではありません。むしろ、この会社《かいしゃ》には適当《てきとう》に古《ふる》いものを残《のこ》しておくほうがよく、新旧相交錯《しんきゅうあいこうさく》（入《い》り交《ま》じること）するところに会社《かいしゃ》の特性《とくせい》が見《み》られます。

優秀《ゆうしゅう》な人材《じんざい》をどんどん輩出《はいしゅつ》し、新会社《しんがいしゃ》を次々《つぎつぎ》に創設《そうせつ》して、会社《かいしゃ》の基盤《きばん》を着実《ちゃくじつ》に堅《けん》固《ご》（堅《かた》くて動《うご》かないようす）なものとしているのです。それが可能《かのう》になっているのも、創始者《そうししゃ》である伊藤忠兵衛《いとうちゅうべえ》氏《し》の守護霊《しゅごれい》あってのことです。この会社霊《かいしゃれい》、守護霊《しゅごれい》の教《おし》えに従《したが》っている限《かぎ》りにおいて、伊藤忠《いとうちゅう》の将来《しょうらい》は盤石《ばんじゃく》（堅固《けんご》なこと）だといえるでしょう、と教《おし》えて頂《いただ》きました。

おわりに

今《いま》から四十八年前《ねんまえ》、昭和《しょうわ》四十二年《ねん》に、世界真光文明教団《せかいまひかりぶんめいきょうだん》の初代教《しょだいおし》え主《ぬし》であらせられます、聖凰真光大導主様《せいおうまひかりだいどうしゅさま》、岡田良一《おかだよしかず》師《し》からご教導賜《きょうどうたま》わりました「神理正法《しんりせいほう》のみ教《おし》え」が忘《わす》れられたため、これが誤《あやま》り伝《つた》えられ、「教《おし》えが変《か》わってしまったのではないのか」との疑問《ぎもん》から、この書《しょ》を編《あ》ませていただきました。

これからを、地上天国《ちじょうてんごく》、大平《たいへい》の世《よ》とならせていただくためにも、我《わ》が師《し》、聖凰様《せいおうさま》のみ教《おし》えに元還《もとがえ》りさせていただき、ご聖言《せいげん》「人類永遠《じんるいとわ》の生命《いのち》の師《し》」にありますように、『神向《かみむ》きの法《のり》一切《いっさい》は師《し》の申《もう》す通《とお》り実践《じっせん》するを「組《く》み手《て》の行《ぎょう》」と心得《こころえ》、師《し》、聖凰《せいおう》の思《おも》うこと慮《おもんぱか》り、成就《じょうじゅ》せんと思《おも》うことを成就《じょうじゅ》せしめんを本念《ほんねん》とさす事重大《ことじゅうだい》となる世《よ》とならん。組《く》み手《て》よ。神《かみ》がなさんとすることを、とりも直《なお》さず聖凰《せいおう》は行《おこな》わんとすればなり』を実践《じっせん》していただければと思《おも》います。

そして、『自分《じぶん》を捨《す》てて、己《おの》れのためでなく、「世《よ》のため、人《ひと》のため」にと考《かんが》えて、一生懸命《いっしょうけんめい》にやっていれば、人間《にんげん》は弥栄《いやさか》にできているのです。ですから困《こま》っている人《ひと》は、そういう生《い》き方《かた》をしてごらんなさい。私《わたくし》と同《おな》じように復活《ふっかつ》します。それを「自捨新生《じしゃしんせい》」といいます。だから「想念《そうねん》の転換《てんかん》」だと思《おも》うのです。救《すく》おう、人《ひと》のためになろうという「利他愛《りたあい》」なのです。施《ほどこ》しが大切《たいせつ》です』と、

それから、『今《いま》まで仏教《ぶっきょう》で説《と》いてきた布施《ふせ》には、観音経《かんのんきょう》にあるように、三施《さんせ》というのがあります。三施《さんせ》とは、法施《ほうせ》、行施《ぎょうせ》、物施《ぶっせ》のことです。法施《ほうせ》というのは説法《せっぽう》することで、仏教《ぶっきょう》でいえば釈尊《しゃくそん》の教《おし》えを伝《つた》える、あるいは日蓮《にちれん》の教《おし》えを伝《つた》えるというふうに、法《ほう》を説《と》く、また法《ほう》を施《ほどこ》すことです。陽光子《ようこうし》の立場《たちば》でいうと、真吼《まぼ》えして神理正法《しんりせいほう》を説《と》いていくことになります。たとえば、どのように嘲笑《ちょうしょう》されても、変《へん》なのに憑《つ》かれたんじゃないかといわれても、いたるところで正法《せいほう》を説《と》く、これが法施《ほうせ》です。それから行施《ぎょうせ》ですが、これは近代的《きんだいてき》な言葉《ことば》でいうと勤労奉仕《きんろうほうし》のことです。次《つぎ》に物施《ぶっせ》についてですが、お金《かね》や物《もの》を献納《けんのう》することを物施《ぶっせ》といいます』と、ご教導下《きょうどうくだ》されております。

経済不況《けいざいふきょう》の今日《こんにち》、私《わたくし》は借金《しゃっきん》を抱《かか》え、家《いえ》は傾《かたむ》いておりますが、ご神策成就《しんさくじょうじゅ》、すな

わち弥勒《みろく》の世《よ》、順序正《じゅんじょただ》しい限定《げんてい》のみ代《よ》の実現《じつげん》を願《ねが》っております。趣旨《しゅし》をご理解《りかい》の上《うえ》、本書《ほんしょ》は間違《まちが》っている点《てん》もあるでしょうから、ご指摘《してき》を賜《たま》わりまして、補修完成《ほしゅうかんせい》させていただきたく思《おも》います。

また、上毛《じょうもう》カルタに「平和《へいわ》の使徒《つかい》」とうたわれております、上州《じょうしゅう》の先人新島《せんじんにいじま》 襄《じょう》先生《せんせい》が「同志社大学《どうししゃだいがく》」を創立《そうりつ》し、弟子《でし》たちにより「新島学園《にいじまがくえん》」が設立《せつりつ》されたのはご存《ぞん》知《じ》のことと思《おも》います。そのように、いずれ「聖凰真光大学《せいおうまひかりだいがく》」の創設《そうせつ》と「聖凰真光全《せいおうまひかりぜん》集《しゅう》」の編集《へんしゅう》を、愛《あい》と真《まこと》の想念《そうねん》から願《ねが》っております。

また、格別《かくべつ》なるご配慮《はいりょ》を頂《いただ》き、さまざまな問題点《もんだいてん》について重要《じゅうよう》な示唆《しさ》を頂《いただ》きました、たま出版《しゅっぱん》の中村利男様《なかむらとしおさま》をはじめスタッフの皆様《みなさま》には大変感謝《たいへんかんしゃ》しております。真《まこと》にありがとうございました。

平成《へいせい》二十七年《ねん》（二〇一五）六月《がつ》二十三日《にち》

北関東《きたかんとう》の末端《まったん》の組《く》み手《て》　堀口甚左衛門芳雄《ほりぐちじんざえもんよしかつ》

●参考文献

『母と子におくる教科書が教えない日本の神話』出雲井晶著（産経新聞）
『古事記』倉野憲司校注（岩波文庫）
『幸福への軌跡』大坪ハル著（ＭＯＡ商事）
『盟主様に照らされた日々』小田信彦著
『古神道は甦る』菅田正昭著（たま出版）
『出口王仁三郎の霊界からの警告』武田崇元（光文社）
『日本百科大事典』（小学館）
『この一冊で「宗教」がわかる！』大島宏之著（三笠書房）
『宜保愛子の霊視開運法』（大陸書房）
『宜保愛子の幸せを呼ぶ守護霊』（大陸書房）

〈著者プロフィール〉

堀口 よしかつ（ほりぐち よしかつ）

昭和23年（1948）2月、群馬県前橋市木勝島町で生まれる
昭和55年（1980）4月、32歳の時、神組み手にならせて頂く

神理正法《しんりせいほう》のみ教《おし》え　初代教《しょだいおし》え主《ぬし》・聖凰《せいおう》真《ま》光《ひかり》大導主様《だいどうしゅさま》のみ意《こころ》

2016年 9 月 8 日　初版第 1 刷発行

著　者　堀口 よしかつ
発行者　韮澤 潤一郎
発行所　株式会社たま出版
〒160-0004 東京都新宿区四谷4-28-20
☎ 03-5369-3051（代表）
FAX 03-5369-3052
http://tamabook.com
振替　00130-5-94804
組　版　一企画
印刷所　株式会社エーヴィスシステムズ

ISBN978-4-8127-0389-2　C0011